司法人员分类管理综合配套改革
若干问题研究

李忠勇　夏明玥　任　静　著

群众出版社
·北京·

图书在版编目（CIP）数据

司法人员分类管理综合配套改革若干问题研究／李忠勇，夏明玥，任静著. —北京：群众出版社，2021.12

ISBN 978-7-5014-6111-0

Ⅰ.①司… Ⅱ.①李…②夏…③任… Ⅲ.①法律工作者—人事管理—管理体制—体制改革—研究—中国 Ⅳ.①D926.17

中国版本图书馆 CIP 数据核字（2021）第 257338 号

司法人员分类管理综合配套改革若干问题研究

李忠勇　夏明玥　任　静　著

出版发行：	群众出版社
地　　址：	北京市丰台区方庄芳星园三区 15 号楼
邮政编码：	100078
经　　销：	新华书店
印　　刷：	北京市泰锐印刷有限责任公司
版　　次：	2021 年 12 月第 1 版
印　　次：	2021 年 12 月第 1 次
印　　张：	14
开　　本：	787 毫米×1092 毫米　1/16
字　　数：	259 千字
书　　号：	ISBN 978-7-5014-6111-0
定　　价：	56.00 元
网　　址：	www.qzcbs.com
电子邮箱：	qzcbs@sohu.com

营销中心电话：010-83903991
读者服务部电话（门市）：010-83903257
警官读者俱乐部电话（网购、邮购）：010-83901775
教材分社电话：010-83903259

本社图书出现印装质量问题，由本社负责退换
版权所有　侵权必究

前　言

本书是作者结合参与本轮司法人员分类管理改革的经历，对司法人员分类管理改革实践中若干重点难点问题的初步思考。① 通过整体思考和具体分析相结合的形式，介绍了当前人员分类管理综合配套改革推进情况及在实践中遇到的问题，并从实际操作层面提出了一些深化推进改革的意见和建议。

本书第一章到第四章从整体上介绍了司法人员分类管理改革的背景和要求，明确了改革的方向和坚持的原则，提出人员分类管理改革应遵循公务员分类管理的一般要求，着力在系统性、整体性、协同性上下功夫；从深化法官员额制改革、不同类别人员间改革的协调联动、相关配套机制建设等方面介绍了改革的重点和难点，从思想认识、改革举措本身、统筹协调等方面分析了影响改革深入推进的原因，建议整体上从十个方面深化推进司法人员分类管理改革。

本书第五章到第十三章具体分析了实践中的几个热点难点问题。第五章是关于未入额法官办案，在员额制改革初期对于未入额法官如何分流安置争议较大，随着改革的深入，相关问题已逐步解决，但考虑到现在仍有相当一部分未入额法官以法官助理身份从事审判辅助工作，了解相关问题的由来仍具有现实意义。第六章是关于分类管理后法院领导干部的培养，提出立足于院庭长的审判和管理双重职责，根据不同层级干部对审判和管理职责的要求不同，同时兼顾《中华人民

---

① 如无特别说明，本书"司法人员分类管理改革"指人民法院司法人员分类管理改革。

共和国法官法》①和《党政领导干部选拔任用工作条例》②的规定。第七章是关于直辖市中级人民法院③法官助理入额,分析了法官助理一般到基层法院入额及必要时也可到中级法院入额规定的含义、适用条件,对直辖市中级法院法官助理在本院入额的可行性进行了探讨,以回应法官助理的普遍关切。第八章是关于法官员额的退出,分析了作为法官管理重要手段的退出员额制度如何具体适用,提出从法官的公职人员属性,行使审判权的公正性,履行职责的现实可能性等角度入手进行综合分析判断。第九章是关于法官助理的差异化培养,针对法官助理以成为法官为唯一职业目标、成长路径单一的问题,从法院工作实际出发提出法官助理应差异化培养。第十章是关于司法行政人员补充机制完善,针对司法改革后,司法行政岗位吸引力下降、人员补充难问题,提出应根据不同岗位特点多渠道补充。第十一章是关于人员跨类别交流,提出人员分类管理后不同类别人员之间可根据需要适度跨类别交流。第十二章是关于聘用制法官助理,对聘用制法官助理在法院工作中的职能定位进行了分析,提出了完善建议。第十三章是关于审判团队,就中级法院如何充分调动不同类别人员积极性,组建运行协调高效的审判团队进行了探讨。

  本书仅选取了人员分类管理改革中的部分问题,限于作者的知识和眼界,在写作和文字表达上尚有不少缺憾。作为人员分类管理改革的具体落实者,我们真诚地希望,本书的出版能够引起人们对于司法人员分类管理改革问题的更多关注,协力推动有关问题的逐步解决,为中国的司法改革贡献一份力量。

2021 年 9 月

---

① 如无特别说明,《中华人民共和国法官法》简称《法官法》。
② 如无特别说明,《党政领导干部选拔任用工作条例法》简称《干部选拔任用条例》。
③ 如无特别说明,中级人民法院简称中级法院。

目 录

引 言 …………………………………………………………… 1

第一章　人员分类管理综合配套改革的任务和要求 …………… 2
一、增强改革的系统性、整体性、协同性 ………………… 2
二、准确把握公务员分类管理的历史演变及规律 ………… 4
三、深刻认识推进改革的紧迫性和必要性 ………………… 7
四、明确改革的方向和坚持的原则 ………………………… 9

第二章　人员分类管理综合配套改革的重点和难点 …………… 12
一、法官员额制改革深化方面 ……………………………… 12
二、不同类别人员间改革协调联动方面 …………………… 17
三、人员分类管理改革配套机制方面 ……………………… 22

第三章　影响改革推进的原因分析 ……………………………… 29
一、思想认识层面 …………………………………………… 29
二、改革举措本身 …………………………………………… 31
三、统筹协调层面 …………………………………………… 33
四、相关配套层面 …………………………………………… 34

第四章　深化改革的整体进路 …………………………………… 36
一、健全完善法官员额动态调整机制 ……………………… 36
二、健全完善法官员额常态化遴选机制 …………………… 37
三、健全完善法官员额退出机制 …………………………… 38
四、健全完善法官助理使用和培养机制 …………………… 39

五、健全完善司法行政人员补充机制 …… 40
　　六、健全完善三类人员跨类别交流机制 …… 41
　　七、加强院庭长培养选拔配套机制建设 …… 42
　　八、加强司法人员职业保障配套机制建设 …… 43
　　九、加强司法人员绩效考核配套机制建设 …… 44
　　十、加强审判监督管理配套机制建设 …… 45

第五章　未入额法官办案　46
　　一、对办案权的争议 …… 46
　　二、相关政策规定梳理 …… 50
　　三、办案的三种模式 …… 51
　　四、未入额法官办案的隐忧 …… 52
　　五、存在问题的原因分析 …… 55
　　六、若干建议 …… 57

第六章　《法官法》和《干部选拔任用条例》的衔接　62
　　一、问题的由来及适用中的困惑 …… 62
　　二、双重职能的属性比较 …… 65
　　三、不同岗位对两种职能的要求 …… 68
　　四、双重职能与任职的多重考量 …… 69

第七章　直辖市中级法院法官助理入额　74
　　一、到基层法院入额的原因 …… 74
　　二、入额的现实困境 …… 77
　　三、本院入额的可行性 …… 78
　　四、本院入额的合理性 …… 80
　　五、破解入额难题的若干设想 …… 82

第八章　法官员额退出的反思和厘清　84
　　一、问题的提出 …… 84
　　二、员额退出的规定情形 …… 84
　　三、实践中的若干争议 …… 88
　　四、员额退出的多层次分析 …… 90

第九章　法官助理的差异化培养 ····················· 95
一、现状分析 ································· 96
二、差异化培养的必要性和可行性 ··················· 98
三、影响差异化培养的因素 ························ 100
四、差异化培养模式的具体构建 ····················· 103

第十章　司法行政人员补充机制的完善 ················· 107
一、补充模式的一元到多元 ························ 107
二、不同补充模式的利弊分析 ······················ 112
三、职位管理理论的引入 ·························· 114
四、双轨模式的构建 ······························ 117

第十一章　人员跨类别有限交流 ······················· 123
一、样态的失范与无序 ···························· 124
二、交流的多维考量 ······························ 127
三、不同岗位能力需求的差异化 ····················· 129
四、差异化能力需求对交流的影响 ··················· 131
五、完善建议 ··································· 133

第十二章　聘用制法官助理制度的完善 ················· 136
一、产生及职责定位 ······························ 136
二、实践考察 ··································· 139
三、运行中存在的问题 ···························· 142
四、存在问题的原因分析 ·························· 144
五、若干建议 ··································· 145

第十三章　中级法院的审判团队 ······················· 148
一、不同组建模式比较 ···························· 148
二、存在问题 ··································· 151
三、原因分析 ··································· 153
四、中级法院的特殊性 ···························· 154
五、关系协调 ··································· 156
六、完善建议 ··································· 157

参考文献 ··· 161

附录 ··· 167
    中华人民共和国公务员法（节录） ······································· 167
    中华人民共和国人民法院组织法（节录） ······························· 171
    中华人民共和国法官法（节录） ··· 176
    中华人民共和国法官职业道德基本准则（节录） ······················ 181
    最高人民法院关于完善人民法院司法责任制的若干意见（节录）········ 184
    最高人民法院关于落实司法责任制完善审判监督管理机制的意见（试行）
    ·· 192
    最高人民法院关于进一步全面落实司法责任制的实施意见（节录）····· 195
    最高人民法院关于全面深化人民法院改革的意见
        ——人民法院第四个五年改革纲要（2014—2018）（节录） ········ 201
    最高人民法院关于深化人民法院司法体制综合配套改革的意见
        ——人民法院第五个五年改革纲要（2019—2023）（节录） ········ 203
    省级以下人民法院法官员额动态调整指导意见（试行） ················ 205
    最高人民法院关于深化司法责任制综合配套改革的实施意见（节录） ··· 207
    人民法院法官员额退出办法（试行） ····································· 211

引　言

建立符合职业特点的司法人员分类管理制度，是党的十八大以来司法体制的重要组成部分。按照中组部、最高人民法院[①]联合印发的《人民法院工作人员分类管理制度改革意见》，法院工作人员分为法官、审判辅助人员、司法行政人员三类。[②] 经过四年的试点推广，到党的十九大召开，以法官员额制为核心的司法人员分类管理制度已经基本建立。在此基础上，党的十九大报告进一步提出："深化司法体制综合配套改革，全面落实司法责任制，努力让人民群众在每一个司法案件中感受到公平正义"。标志着司法体制改革进入综合配套改革阶段。从党的十九大以来改革推进情况看，与改革进入新阶段的任务要求相比，部分法院和法院司法人员仍存在一些认识上的误区。有的对改革精神领会不到位，落实中存在"走样变形""温差落差"等问题；有的改革创新能力不足，协调配套不够，制定政策时考虑基层实际不充分，影响到整体效能；有的制约监督措施落实不到位，院庭长还存在不会管、不愿管、不敢管现象；有的法官认为"员额"就是待遇，没有责任感，甚至以为入额就是进入"保险箱"等。[③] 在人员分类管理综合配套制度落实中，由于未能准确理解把握改革定位和内涵要求，在具体工作中存在认识不清、推进缓慢、统筹不足等问题，影响了人员分类管理综合配套改革的效果。鉴于此，本书一方面，拟从整体上对司法人员分类管理综合配套改革的任务和要求进行明确，对当前改革的推进情况进行评估，分析存在的问题及原因，提出对策建议；另一方面，就未入额法官办案、分类管理后法院领导干部的培养、法官助理入额、司法行政人员补充，不同类别人员交流等分类管理综合配套改革中的重点和难点问题进行深入探究，以期对改革的深化推进有所裨益。

[①]　如无特别说明，最高人民法院简称最高法院。
[②]　最高人民法院司法改革领导小组办公室．最高人民法院关于全面深化人民法院改革的意见读本．人民法院出版社，2015：254．
[③]　最高人民法院政治部，最高人民法院司法改革领导小组办公室．人民法院全面落实司法责任制读本．人民法院出版社，2021：2．

第一章　人员分类管理综合配套改革的任务和要求

作为司法体制改革的重要组成部分，人员分类管理及其综合配套改革直接关乎法院干警的切身利益，关注度、敏感度、复杂度高，具有很强的现实意义和理论意义。准确理解和把握人员分类管理综合配套改革的任务和要求，一方面，要找准司法人员分类管理综合配套改革在干部人事制度改革中的定位，遵循公务员管理规律和关于分类管理改革的相关要求；另一方面，作为司法体制综合配套改革的一部分，司法人员分类管理综合配套改革，要紧紧围绕落实司法责任制相关要求，着力在系统性、整体性和协同性上下功夫。党的领导是司法改革等各项事业取得成功的根本保证，在人员分类管理综合配套改革推进过程中，必须始终将党的领导置于首要位置，坚持正确的政治方向不动摇。

一、增强改革的系统性、整体性、协同性

"综合配套改革"在司法体制领域首次出现于2017年7月习近平总书记对全国司法体制改革推进会作出的批示。在批示中习近平总书记要求"推动司法体制综合配套改革试点，提升司法的整体效能"。党的十九大报告进一步强调"坚持全面深化改革，着力增强改革系统性、整体性、协同性"。

（一）系统性

系统性是综合配套改革的首要特征。习近平总书记在主持中央政治局第二十次集体学习时指出："要坚持发展地而不是静止地、全面地而不是片面地、系统地而不是零散地、普遍联系地而不是单一孤立地观察事物，准确把握客观实际，真正掌握规律，妥善处理各种重大关系。"① 综合配套改革首先就是要以系统集

---

① 范义. 论习近平"系统性"辩证思想方法. 思想政治工作研究，2015（6）.

成的思维和视野来推进工作,注重各改革举措之间的关联性,使改革各领域、各举措能够彼此串联、形成有机整体。① 具体来说,系统性的特点主要体现在三个方面:一是体现在与我国当前司法环境的统一上,改革要"坚持遵循司法规律,始终坚持问题导向和目标导向相统一"。② 例如,要处理好其与我国当前正在推进的司法体制综合配套改革的关系,要处理好与我国当前人民法院人事制度改革的关系,要适应我国审判工作实际需要等。二是体现在与我国法院三类人员自身身份、职能特点的统一上,如法官既是员额法官,也具有公务员身份;法院院庭长既具有法官身份,也具有公务员、领导干部身份等。三是体现在各项改革举措的相互联系上,人员分类管理改革的各项举措具有先后连贯性、相互关联性的特点,要用发展的、联系的眼光看待改革的推进,要解决好员额制改革前的"老人"和改革后的"新人"适用政策的衔接问题,要处理好法官员额补充与司法行政人员补充的关系等。总体来说,就是要让改革的推进"有机联系和统一"③,既要适应现实环境,又要符合客观规律,又相互关联、相互促进,实现改革"联动效应"。

(二) 整体性

习近平总书记在主持中央政治局第十一次集体学习时指出:"我们提出全面深化改革的方案,是因为要解决我们面临的突出矛盾和问题,仅仅依靠单个领域、单个层次的改革难以奏效,必须加强顶层设计、整体谋划。"《五五改革纲要》也提出,加强统筹谋划和整体推进,厘清各项改革举措之间的整体关联性、层次结构性、先后时序性。具体来说,整体性要求处理好"部分"与"整体"的关系,各项改革举措要坚持整体目标导向,人员分类管理改革虽然涉及的人员类别不同,方法举措不同,但总体目标是要全面推进人民法院队伍革命化、正规化、专业化、职业化建设。要实现这一总体目标,需改变"单兵突进"思维,加强对法官员额制改革、审判辅助人员管理、司法行政人员管理改革的统筹谋划。同时,要完善作为"部分"的改革举措,包括提升已有改革举措的精细化水平,及时发现改革过程中出现的新问题、查漏补缺,解决人员分类管理改革中未明确的问题等。既抓落实、补短板、强弱项,又谋长远、破难题、克难关。

---

① 胡仕浩. 关于全面落实司法责任制综合配套改革的若干思考. 中国应用法学,2019 (4).
② 如无特别说明,最高人民法院《关于深化人民法院司法体制综合配套改革的意见——人民法院第五个五年改革纲要(2019—2023)》简称《五五改革纲要》。
③ 从中文字面来看,"系"指关系,联系,"统"指有机统一,"系统"指有机联系和统一(参见邱昭良. 如何系统思考. 机械工业出版社,2020:28)。

(三) 协同性

习近平总书记在中央全面深化改革领导小组第三十六次会议上指出: "改革越深入, 越要注意协同, 既抓改革方案协同, 也抓改革落实协同, 更抓改革效果协同, 促进各项改革举措在政策取向上相互配合、在实施过程中相互促进、在改革成效上相得益彰。"① 司法人员分类管理改革涉及法官员额制改革、员额编制动态管理改革、法官单独职务序列改革、法官助理和书记员职务序列改革、司法人员工资制度改革等一系列司法人事管理制度, 具有改革力度大、内容广泛的特点, 涉及法院系统内外部的协作配合。从改革共识的协同上看, 要解决不同地区不同层级法院对改革政策的理解认识不统一等问题, 促进改革准确落实落地。从改革方案的协同上看, 司法人员分类管理改革必须与落实司法责任制改革、司法职业保障制度改革等统筹一体推进。② 从改革落实的协同上看, 要求法院内部不同层级法院, 法院与编制、组织、人社、财政、纪检等不同国家机关的协同配合。举例来说, 对内看, 法官逐级遴选、初任法官到下级法院入额等制度的实施要注重法院自上而下的统筹部署; 对外看, 编制及员额动态调整制度的落实, 需要与编委、组织部门、政法委等加强沟通交流。

系统性、整体性、协同性三者既有区别又相互联系。改革的系统性使得改革的各个领域被有机联系起来, 为改革协同性要求下的各领域相互促进、良性互动打下了基础; 改革的整体性保证了建立改革的整体格局, 有利于形成改革合力, 产生改革"联动效应"; 改革的协同性则是将改革从认识推进到实践层面, 是对系统性和整体性改革的实际操作, 是对制度、体系、能力的具体构建方法。③ 因此, 深化人员分类管理综合配套改革, 要着力在系统性、整体性、协同性上下功夫, 由点到线、由面成体, 聚焦各类改革举措的巩固深化、查缺补漏、配套衔接、整体协同。

二、准确把握公务员分类管理的历史演变及规律

分类管理是实现公务员科学管理的前提和基础。按照公务员法的规定, 分类管理是指根据公务员职位的性质、特点等, 将公务员划分为若干类别, 对不同类

---

① 习近平谈治国理政 (第二卷). 外文出版社, 2017: 109.
② 胡仕浩. 关于全面落实司法责任制综合配套改革的若干思考. 中国应用法学, 2019 (4).
③ 王培洲. 充分认识全面深化改革的整体性, 系统性, 协同性. 求知, 2015 (7).

别的公务员有针对性地实施制度。从改革开放以来干部人事制度改革的内容和重点看，分类管理一直以来既是改革的指导思想，又是改革的目标要求。自 1987 年党的十三大明确提出"建立国家公务员制度"以来，有中国特色的公务员制度法规体系不断完善，分类管理逐步细化，管理机制日益科学，总体上经历了三个阶段。

（一）公务员从"大一统"的干部管理体制中逐步分离，成为单独一类

新中国成立后到改革开放前，我国人员类别的划分相对单一，大体上居民先按照户籍分为农民和市民，在此基础上，城市居民又可分为工人和干部，[①] 国家机关工作人员在人员类别上属于干部范畴，没有单独的公务员概念。改革开放后，传统的干部人事制度与新形势不相适应的矛盾日益凸显。邓小平同志在 1980 年 8 月 31 日中央政治局扩大会议的讲话中指出："坚决解放思想，克服重重困难，打破老框框，勇于改革不合时宜的组织制度、人事制度。"[②] 按照邓小平同志的思想，干部人事制度改革的突破口和重点是建立公务员制度。1984 年，党中央决定制定《国家工作人员法》，自 1985 年开始起草，名称和内容几经变更最终确定为《国家公务员暂行条例》，于 1993 年正式颁布，标志着我国公务员制度的建立，其后，随着《国家公务员录用暂行规定》《国家公务员考核暂行规定》等配套规定的颁布，公务员制度逐步完善，机关、事业单位、国有企业干部分类管理的格局基本形成。

（二）公务员系统内部，根据不同职位的性质和特点进一步划分为不同的类别

早在公务员制度的创建阶段，对公务员进行分类管理的思想就已经有所体现。为贯彻干部分类管理的思路，1989 年国家开始在国家审计署等六个中央单位开展职务分类试点，人事部职位司起草了《国家公务员分类暂行办法》等法规性、标准性文件对试点工作予以指导。通过试点强化了职位职责的观念，厘清了每个职位的职责范围，为机构编制科学化和分类管理打下了基础。[③] 1993 年颁布的《国家公务员暂行条例》（已失效）第八条第一款规定："国家行政机关实行职位分类制度。"但并未明确具体的分类方法及类型。2005 年颁布的《公务员

---

① 上学和参军是农村人口向城市流动的主要渠道。
② 邓小平文选（第二卷）．人民出版社，1994：322．
③ 余兴安，唐志敏．人事制度改革与人才队伍建设（1978-2018）．中国社会科学出版社，2019：34．

法》第十四条规定："国家实行公务员职位分类制度。公务员职位类别按照公务员职位的性质、特点和管理需要，划分为综合管理类、专业技术类和行政执法类等类别。国务院根据本法，对于具有职位特殊性，需要单独管理的，可以增设其他职位类别。各职位类别的适用范围由国家另行规定。"该法首次从法律层面明确了公务员分类管理的依据及办法，对综合管理类公务员的职务设定予以了明确规定，为公务员内部分类管理奠定了基础。以此为契机，国家于2008年在全国工商行政系统和深圳市开展了行政执法类公务员分类管理试点，于2010年在深圳开展专业技术类公务员分类管理试点。经过探索实践，在分类管理试点、分类管理法规制定等方面取得了阶段性成果。

（三）根据某一类型公务员内部不同岗位的职责、性质和管理特点对公务员做更进一步的划分

党的十八届三中全会提出，"深化公务员分类改革，推行公务员职务与职级并行、职级与待遇挂钩制度，加快建立专业技术类、行政执法类公务员和聘任制人员管理制度"，就深化公务员分类改革做了进一步部署。这其中，最为法院工作人员所熟知的就是司法人员分类管理改革。为了贯彻习近平总书记在中央政法工作会议上关于推进司法人员分类管理改革的有关讲话精神，落实党的十八届四中全会提出的"加快建立符合职业特点的法制工作人员管理制度，完善职业保障体系，建立法官、检察官、人民警察专业职务序列及工资制度"要求，自2014年开始，司法人员分类管理改革在上海等首批试点省市开始逐步推进，法院和检察院的公务员按照职责不同分为法官和检察官、司法辅助人员、司法行政人员三类，不同类别人员设定不同比例，实行不同职务职级及工资待遇保障制度。到党的十九大召开时全国法院、检察院系统的人员分类管理改革整体上宣告完成。[①]2018年及以后相继修订的《公务员法》《检察官法》[②]《法官法》等肯定和确认了司法人员分类管理改革的成果。目前，在法院系统内部，以法官员额制为核心的司法人员分类管理制度已经形成。

人员分类管理综合配套改革作为公务员分类管理改革的组成部分，应遵循人事制度改革的路线、方针和政策规定，不能脱离人事制度改革的大背景。实际上，在法院内部关于法官助理制度的探索早在2000年左右就已经开始，之所以

---

① 魏婧，周强．司法人员分类管理改革基本到位　审判质效提升．[2017-11-01]．http：//www.china.com.cn/news/txt/2017-11/01/content_41829639.htm.

② 如无特别说明，《中华人民共和国公务员法》简称《公务员法》，《中华人民共和国检察官法》简称《检察官法》。

没有取得成功，很大程度是因为这种改革比较超前，脱离了当时人事管理制度实践，未能与人事制度同频共振。自党的十八大以来的人员分类管理改革之所以能够整体上较为顺利的推进，主要是由于改革从整体设计、法律依据、待遇保障等方面都是在国家整体人事改革制度设计框架内进行的。分批次全国试点，修订《公务员法》《人民法院组织法》《法官法》，落实"三类人员两种待遇"[①]，建立法官单独职务序列等都是立足于国家改革的大背景和人事管理改革统筹推进的结果。人员分类管理综合配套改革只有紧紧依靠、自觉融入国家人事制度改革中，才能获得坚实依靠和充分保障。人员分类管理综合配套改革如不能融入国家大的人事制度改革背景中，必将成为无本之木、无源之水。

三、深刻认识推进改革的紧迫性和必要性

（一）加强人员分类管理改革是满足人民群众对司法审判新要求新期待的必然选择

中国特色社会主义进入新时代，我国社会主要矛盾已经转化为人民日益增长的美好生活需要和不平衡不充分的发展之间的矛盾。在新的时代背景下，如何让人民群众在每一个司法案件中感受到公平正义，既是法院工作的起点，也是最终的工作目标。近年来，法院案件数量迅速上升，办案压力不断增大。面对这种情况，是走过去不断增加编制、增加人员的"粗放型"老路，还是在分类管理、专业化建设上下功夫，走提升素质、聚合内力的"集约型"新发展道路，需要选择。五年多的实践[②]表明，将司法人员划分为法官、审判辅助人员、司法行政人员三类，分类设置岗位、配备人员，将不同类别的人员根据其专业特长、能力禀赋安排到相应的工作岗位上，让他们各司其职、互相配合，能够实现审判资源的合理配置，进一步提高法院运作效能，提升法院围绕中心服务大局、服务人民的能力，切实满足人民群众日益增长的司法需求。

（二）加强人员分类管理改革是深化司法体制改革的必然要求

完善司法责任制、实行司法人员分类管理、完善司法人员职业保障、实行省级以下法院人财物统一管理等四项改革在本轮司法体制改革中居于基础性地位，

---

① 孟建柱. 坚定不移推动司法责任制改革全面发展. 中国应用法学，2017（1）.
② 2016 年以法官员额制为核心的司法体制改革在全国全面推开。

对于保障人民法院依法独立公正行使审判权具有重要意义，是中央确定的本轮司法改革的重点。毛泽东同志曾指出，政治路线确定之后，干部就是决定的因素。① 任何改革都要靠人去推动，任何改革举措都要落实到人，才能见到成效。人员分类管理改革直接关乎法院干警身份的确认，与审判责任的确定相失联，与职业待遇保障挂钩，是最受关注、最为敏感、最为复杂的改革领域，其推进程度直接影响着其他三项改革的落实。在当前法官员额制和法官单独职务序列改革已经基本完成的背景下，进一步加大人员分类管理改革力度，健全完善与法官单独职务序列相关的配套机制，推动司法辅助人员职级管理改革，健全完善司法行政人员分类管理制度，有助于进一步明确责任、强化保障和人财物省级统管的完善，是从整体上系统推进深化司法改革的必然要求，也是司法体制综合配套改革的重要内容。

（三）加强人员分类管理改革是建设高素质专业化队伍的必然要求

着力建设高素质专业化干部队伍是党的十九大报告提出的明确要求。长期以来，司法人员一直按普通公务员进行管理和考核，法院各类人员在身份和职业保障上与普通公务员几乎没有区别。这种管理方式影响了司法人员的整体素质，进而在一定程度上影响了法院审判执行工作的质效，不利于司法人员，尤其是法官的专业化培养和司法能力素质的进一步提升。以法官员额制为核心的人员分类管理改革推开后，全国法院按照以案定额、按岗定员、总量控制、省级统筹的原则，经过严格考试考核、遴选委员会专业把关、人大依法任命等程序，从原来的211990名法官中遴选产生120138名员额法官，② 法官的素质和能力进一步提升。实践表明，面对不断攀升的案件数量和不断增加的办案压力，在法官总体人数减少的情况下，依靠高素质的法官队伍、明确的司法责任、科学的团队分工合作以及强有力的职业保障，人民法院的办案质效不仅没有下降，反而实现了大幅提升。以 B 直辖市某中级法院为例，2017 年，审判执行工作取得了历史最好成绩，全年结案率高达 98.72%。加强人员分类管理，实行法官员额制、法官单独职务序列，推进司法辅助人员职级管理改革，有助于法院队伍的专业化、职业化和正规化建设，是法院长远发展的必然要求。

---

① 毛泽东选集（第二卷）. 人民出版社，1991：526.
② 人民法治编辑部. 实行"司法人员分类管理"使法官走向"精英化". 人民法治，2018（1）.

四、明确改革的方向和坚持的原则

（一）坚持党对改革工作的绝对领导

党的十九大报告强调："坚持党对一切工作的领导"，"必须把党的领导贯彻落实到依法治国全过程和各方面"。在上一阶段的司法体制改革中，党中央统一领导和部署司法改革在总揽全局、协调各方、整体推进、督促落实等方面发挥了不可取代的作用。[1] 在人员分类管理综合配套改革推进过程中，必须坚持党的领导，把政治建设摆在首位，把执行党的政策与执行国家法律统一起来，确保党的领导和党的建设统领人民法院司法改革全领域、贯穿司法改革全过程。必须认真贯彻落实《中国共产党政法工作条例》，健全维护党中央权威和集中统一领导工作机制，严格执行政法机关党组织向党委请示报告重大事项规定。必须严格落实各级人民法院党组的主体责任，健全完善党组责任清单、党组议事规则、党组成员依照工作程序参与重要业务和重要决策、重大业务工作督查反馈等制度，发挥好党组把握政策取向、改革方向、办案导向的作用，确保党的基本理论、基本路线、基本方略在人员分类管理综合配套改革工作中不折不扣地落到实处。

（二）切实贯彻落实新时代党的组织路线

2018年7月，习近平总书记在全国组织工作会议指出："组织路线对坚持党的领导、加强党的建设、做好党的组织工作具有十分重要的意义"。人员分类管理综合配套改革中要注意改善组织机构和干部制度，按照德才兼备的原则选拔干部，维护党的纪律。坚持把政治标准作为第一标准，在法官遴选任命、考核评价、监督管理、培养锻炼、奖励惩戒等工作中全面加强政治把关。严格落实党管干部原则，按照政治过硬、业务过硬、责任过硬、纪律过硬、作风过硬的要求，注重在大要案审理、改革落实等重点领域发现、考察、提拔干部，[2] 打造忠诚干净担当的高素质专业化法院队伍。坚持结合人民法院实际，区分人员类别建立干部素质培养、知事识人、选拔任用、从严管理、正向激励体系，健全发现培养选拔优秀年轻干部工作机制，健全激励干部担当作为工作机制。

---

[1] 陈卫东. 十八大以来司法体制改革的回顾与展望. 法学，2017（10）.
[2] 中央党校（国家行政学院）研究员胡仙芝说"在硬仗中发现，考察和提拔年轻干部，有利于精准识别干部特性，全面了解干部能力，全方位看到干部优缺点"（参见张康喆. 在硬仗中选拔培养年轻干部. 瞭望，2020（4））.

(三) 坚持以人民为中心

党的十九大报告强调:"深化司法体制综合配套改革,全面落实司法责任制,努力让人民群众在每一个司法案件中感受到公平正义"。人员分类管理综合配套改革作为司法体制改革的组成部分,必须将是否有利于提升人民群众对司法审判工作的获得感作为工作的出发点和最终归宿。必须将以人民为中心和为人民服务的价值追求转化为深化人员分类管理配套改革的具体举措,通过人员分类管理综合配套改革,理顺关系,强化保障,促进法官、法官助理、书记员、司法行政人员各司其职、各尽其能,推动司法责任制落实,实现"让审理者裁判,由裁判者负责",切实为公正、高效、权威的社会主义司法制度提供保障,实现公正与高效的平衡,专业和权威的兼顾,① 不断满足人民群众日益增长的司法需求。

(四) 坚持符合国情和遵循司法规律相结合

习近平总书记在主持中共中央政治局就深化司法体制改革、保证司法公正进行的集体学习时强调:"要坚持符合国情和遵循司法规律相结合,坚定不移地深化司法体制改革,不断促进社会公平正义。"② 国情是司法改革的前提和基础。在推进人员分类管理综合配套改革过程中,必须从我国的基本国情出发,符合我国人民法院的实际情况,必须立足于我国当前的政治、经济、社会发展水平,立足于我国的文化传统和社情民意,确保各项改革举措与我国根本政治制度、基本政治制度和经济社会发展水平相适应。同时,司法活动有其固有的规律性,要严格遵循司法活动的客观规律,要体现司法活动亲历性规律和权责统一、权力制约、公开公正、尊重程序等特点要求。

(五) 坚持守正和创新相结合

习近平总书记指出,"无论时代如何发展,我们都要激发守正创新、奋勇向前的民族智慧"③。一方面,人员分类管理综合配套改革要遵循干部人事工作规律、司法人员培养规律,完善法官培养、选任和培训机制,强化干警政治训练、知识更新、能力培训、实践锻炼,努力提升队伍政治素质、职业素养、司法能力

---

① 姜伟. 司法体制综合配套改革的路径和重点. 中国法学, 2017 (6).
② 坚持符合国情和遵循司法规律相结合——学习贯彻习近平总书记关于司法改革重要讲话系列评论之三. 人民法院报, 2015-4-3.
③ 习近平. 在纪念中国人民志愿军抗美援朝出国作战70周年大会上的讲话. 人民日报, 2020-10-24.

和专业水平,全面推进人民法院队伍革命化、正规化、专业化、职业化建设,确保各类人员职能分工明晰、职业保障到位。另一方面,要立足法院工作实际,在前期人员分类管理改革基础上深化和拓展,发挥基层创新作用,促进改革举措更接地气、更有针对性。

(六)坚持有序放权和有效监督相统一

习近平总书记在十九届中央纪律检查委员会第二次全体会议上强调,"有权必有责,用权受监督","没有监督的权力必然导致腐败,这是一条铁律"。放权是司法发展的需要,是司法规律的反映。监督是正确行使权力的保证,是历史经验的总结,有序放权与有效监督是保障公正高效权威司法、维护社会公平正义的必然要求。人员分类管理综合配套改革既涉及人事制度改革,又涉及司法体制改革,必须加强监督不放松,统筹深化司法体制综合配套改革与党风廉政建设,改进监督管理方式,不断完善监督制约机制,充分利用信息化手段,实现监督管理全程留痕、规范运行,促进依法正确履行职责。要优化审判权运行机制,全面加强以员额法官为主导的审判团队建设,配齐配强法官助理和书记员,改进专业法官会议和审判委员会制度,优化绩效考核,切实从制度机制上为依法独立公正审理案件创造更加积极有利的条件。

第二章 人员分类管理综合配套改革的重点和难点

"深化改革需要坚持问题导向，善于抓住主要矛盾和矛盾的主要方面，注重抓重要领域和关键环节，确定法院改革的工作重点和突破点"[1]。当前，以法官员额制为核心的人员分类管理制度已经基本建立，但与科学规范、系统完备、运行高效的改革要求还有差距。法官员额制改革还需在员额动态调整、法官遴选、员额退出等纵向上不断深化，与法官员额制相关的法官助理培养、司法行政人员合理配备补充、不同类别人员之间的科学交流等横向联动机制还需不断健全完善，人员分类管理改革同党的干部人事政策等的衔接还需进一步加强。

一、法官员额制改革深化方面

（一）编制、员额动态调整机制尚不完善

编制员额动态调整是司法人员分类改革的基础性问题。《五五改革纲要》《省级以下人民法院法官员额动态调整指导意见（试行）》及最高人民法院《关于深化司法责任制综合配套改革的实施意见》[2] 均提出了动态调整编制员额的要求，[3] 在具体落实中，以下几个问题亟待解决。

1. 关于政法专项编制调整与案件的变化不匹配问题。编制是员额调整的基

---

[1] 江必新. 以改革促进审判制度的完善——兼论法院改革之初心、问题与路径. 中国应用法学，2020（1）.

[2] 如无特别说明，最高人民法院《关于深化司法责任制综合配套改革的实施意见》简称《实施意见》。

[3] 《五五改革纲要》提出"完善编制动态调整机制"，《省级以下人民法院法官员额动态调整指导意见（试行）》和《实施意见》，把"推进法官员额动态管理"和"推进政法专项编制动态管理"作为完善人员分类管理制度的主要内容分两节进行了专门设置。

础，员额是按照编制数量的一定比例设定的。自 2000 年中央机构编制改革以来，全国法院的编制虽然也在逐步增加，但增长速度大幅落后于案件增长速度。2000 年到 2020 年，全国法院审理的案件以年均约 20% 的速度上升，而编制的年均增速则约为 2%，案件与编制的比例也从 2000 年的约 25∶1 拉大到 2020 年的约 80∶1。总体看编制增加的数量与经济社会发展并不同步，无法满足案件数量和案件审理难度等增长对法官数量增长提出的要求。此外，在编制调整上，政法编制实行"统一领导，分级管理"，地方调整编制总额需要国务院批准，① 调整方式是自上而下的，与员额调整并未建立有效联系，存在调整方式科学性和灵活性差的问题。调研了解到，某直辖市中级法院 2019 年集中管辖了全市破产案件，但因编制不能自下而上流动，导致大量基层人民法院②案件到中级法院审理后，人员不能及时补充到位，给正常审判工作的开展带来了很大压力和困扰。

2. 关于"以案定额"中"案"的合理确定问题。从《实施意见》规定来看，基层法院、中级法院、高级人民法院③员额配置均以法院"办案总量""法官人均办案量"为主要依据。④ 办案量是确定员额的主要依据，但案件数量多和法官工作量大之间并不是绝对对应关系。一审案件和二审案件、简单案件和复杂案件、巡回办一个案件和在法院内办一个案件，法官所耗费的时间、精力是不一样的，单纯以办案数量作为确定员额编制的依据并不科学。从各地的探索看，有的法院曾引用美国联邦法中心的法官工作量"案件权值"（CASE WEIGHT）计算法对法官工作量进行测算⑤；有的法院采用"统一度量衡"模式，以确定的标

---

① 《地方各级人民政府机构设置和编制管理条例》第十六条规定："地方各级人民政府的行政编制总额，由省、自治区、直辖市人民政府提出，经国务院机构编制管理机关审核后，报国务院批准。"

② 如无特别说明，基层人民法院简称基层法院。

③ 如无特别说明，高级人民法院简称高级法院。

④ 《实施意见》第十四条规定："……基层人民法院的法官员额配置，应当以核定编制、办案总量、法官人均办案量为主要依据，高级、中级人民法院的法官员额配置可适当考虑对下业务指导等工作量……"

⑤ 即设置一般权重系数、固定权重系数和浮动权重系数三类案件权重系数，主要考核案件审理天数、笔录字数、庭审时间、法律文书字数四项要素，以类案审理的案均四项要素与全部案件审理的案均四项要素之比，为该类案件的权重系数；设立个别案件因存在特殊因素而增加的权重量作为浮动权重系数；同时兼顾繁简分流，对某些繁简分流案件的权重系数按一定的比例关系作出修正（参见上海市高级人民法院课题组．案件权重系数研究与运用．全国法院优秀司法统计分析文集．法律出版社，2017：147-165）。

杆案件为基础，根据案件难易增加或减少变量，测定每一个案件的工作量；① 也有法院采用以时间作为衡量单位，通过确定审判程序中普遍共有的流程节点的工作用时，如庭前准备、开庭审理、合议庭合议、制作裁判文书等，将各类型的案件的工作量换算为工作时间，来判断法官的工作量是否合理并对法官进行及时调整。这些探索虽不能百分之百做到科学精确，但至少表明在确定法官员额时，不能仅以案件数量多少作为主要依据。

3. 关于"调人"还是"调案"的问题。当不同法院或部门的编制员额需要调整时，既可以通过调整员额数和法官数来实现法官工作量的均衡，也可以通过调整案件管辖来实现法官工作量的整体均衡。在改革推进过程中，一些地方出现法官员额数量调整过于频繁而影响审判工作的情况，还有一些地方出现案件数量测算不准，过早调整法官数量造成人员闲置的情况，不仅造成法官员额的浪费，还对法院队伍的稳定和长远发展造成不利影响。因此，即便出现"案件数量急剧增加、行政区划调整、机构撤销或设立"② 等情况，考虑到调人的复杂性，如果能够通过"调案"解决，就不一定非要"调人"。

（二）法官遴选机制运行尚不顺畅

自 2014 年上海法院启动首批法官遴选以来，经过 7 年的逐步推进，全国大部分地区法院目前均已完成 3~4 次遴选。从遴选结果来看，大部分入额法官都是从本院改革前便具有审判职务的人员中遴选产生，基层法院初任法官遴选及中级以上法院从下级法院遴选的法官数量占比较少，从律师或者法学教学、研究人员中选拔法官数量更是微乎其微。随着法院原来具有审判职务人员陆续入额或退休，可以在本院入额的法官"存量"将被逐步消化，未来的法官补充将以"初任法官遴选+逐级遴选"为主，以"从律师或者法学教学、研究人员中选拔法官"为辅的模式进行。对于这种模式，以下几个问题需要关注：

---

① 即构建"标杆案件对比，节点系数叠加"计量体系，直观呈现选定期间内各部门工作量，人均工作量和案件平均工作量等横向对比情况，反映出各审判部门的业务难度、工作强度和人力需求（参见刘静，王要勤. 让数据为测算法官员额作答——北京二中院科学量化审判执行工作 动态配置审判资源. 人民法院报，2014-11-13）。

② 《省级以下人民法院法官员额动态调整指导意见（试行）》第八条规定："出现下列情形之一的，应当及时对法官员额进行调整：（一）法院案件数量大幅增加，法官员额明显不能适应办案工作需要的；（二）因行政区划调整、机构撤销或设立等导致法院编制发生较大调整，案件数量或工作量发生重大变化的；（三）法官办案数量较少，存在明显闲置的；（四）其他确有必要调整员额的情形。"

1. 法官遴选增补不及时问题。虽然最高法院《省级以下人民法院法官员额动态调整指导意见（试行）》明确要求建立员额法官常态化增补机制，定期开展遴选，并提出了"递补法官"制度，① 在一定程度上缓解了缺额补充不及时的问题。从实践看，受遴选委员会人员变更等因素影响，遴选周期不固定或遴选工作周期较长的情况依旧存在，以几个直辖市法院开展法官遴选工作为例，自 2016 年以来，有的隔 2 年开展一次，有的隔 1 年开展一次遴选。遴选周期不固定导致因机构变动或法官调岗、辞职、交流的人员调整等原因员额出现空缺时，法官不能及时增补，进一步加剧了案多人少的矛盾，影响审判执行工作正常运行。

2. 法官助理入额难问题。在 2020 年《实施意见》出台前，基层法院一度是四级法院法官助理入额的唯一通道，考虑到最高法院和高级法院的法官助理数量较少，在《实施意见》允许最高法院和高级法院的法官助理在中级法院入额后，基层法院仍然是法官助理入额的主要阵地。入额基数增大，但员额数根据案件情况确定，并没有随之增加，导致基层法院入额通道十分拥挤，能够遴选入额的法官人数偏少。同时，也在一定程度上助长了基层法院的"地方保护主义"，他们更倾向于遴选本院法官助理，对于其他法院的法官助理的接受意愿较低，导致法官助理整体入额难。

3. 法官逐级遴选制度落实效果不好问题。一方面，由于逐级遴选往往涉及法官跨地市调动，而配套机制（包括住房、配偶工作、子女教育等）目前尚不健全，特别是在地域面积大、地区发展不均衡的省份，跨地市调动带来的一系列社会和生活成本基本都要由个人承担，工作开展难度较大，有的法院至今未开展从基层法院遴选法官工作，有的虽然开展了，但未遴选到合适人选或遴选法官数量较少，逐级遴选工作成效还不够理想；另一方面，不同层级法院对法官能力要求的侧重点存在差异，从其他层级法院遴选法官时，入额法官如何尽快适应本院工作也成为新问题。

4. "从律师或者法学教学、研究人员中选拔法官"作用有限问题。从律师或者法学教学、研究人员中选拔法官在干部内部选任传统背景下补充法官的数量有限，开展选拔的省市较少，即使开展了，选拔的资深律师、学者不多，与预期差距较大，未能成为法官来源的有力补充。

---

① 即法官遴选过程中，在向省级法官遴选委员会推荐拟入额人选时，可以综合考虑法官人均办案工作量、近期拟退休法官人数等因素，按照不高于法官空缺数 30% 的比例推荐递补人选．下次遴选工作启动前，法官员额空缺的，可以直接从递补人选中推荐拟入额人选，按程序报高级人民法院审批后办理任职手续（参见《省级以下人民法院法官员额动态调整指导意见（试行）》）。

(三) 法官员额退出机制尚不精细

建立法官员额退出机制，是员额动态调整的必然路径。① 2020 年 1 月，《人民法院法官员额退出办法（试行）》明确了员额退出情形、退出程序、监督复核等工作要求，为各级法院落实员额退出制度提供了依据，部分省市法院也陆续制定了员额退出实施细则。从实践看，以下几个问题需进一步解决。

1. 员额退出与法官业绩考核的衔接不顺畅问题。最高法院出台的员额退出办法和各省市的细则均明确了"办案业绩考核不达标的，不能胜任法官职务的，应当退出员额"。《人民法院法官员额退出办法（试行）》第七条对"办案业绩考核不达标，不能胜任法官职务"作了进一步界定，即"（一）办案数量、质量和效率达不到规定要求，办案能力明显不胜任的；（二）因重大过失导致所办案件出现证据审查、事实认定、法律适用错误而影响公正司法等严重质量问题，造成恶劣影响的；（三）多次出现办案质量和办案效果问题，经综合评价，政治素质、业务素质达不到员额法官标准的；（四）负有审判监督管理职责的法官违反规定不认真履行职责，造成严重后果的；（五）其他不能胜任法官职务的情形"。姑且不论将政治素质作为办案业绩考核内容是否科学，在界定过程中所提的"办案能力明显不胜任"，"造成恶劣影响"等标准本身亦难以明确，总体上，对于法官"办案绩效考核不合格退额"还是缺乏可操作的标准。目前各地法院法官员额退出以到龄退休、调离办案岗位或身体原因不能坚持办案等客观原因为主，除了个别法官因违法违纪被追究责任退出员额外，鲜有法官因办案质效不达标、办案能力不足等原因而退出员额。

2. 员额退出程序还不够完善问题。法官退出的情形可归纳为三类：第一类是自然退出，即法官死亡、退休、辞职、调出审判业务岗位或调出法院；第二类是主动退出，即法官因个人原因主动申请退出员额；第三类是被动退出，如因任职回避、办案业绩考核不达标等不宜继续担任法官职务。从目前的规定和实践来看，自然退额、主动退额、被动退额均适用相同的退出程序，即由所在法院党组研究后层报高级法院审批。针对因办案业绩考核不达标、违法违纪、法官惩戒委员会意见等原因而"被动退额"的，由于具有较强的惩戒性质，② 在启动退额程序、核实退额原因和相关证据、听取有关单位意见等方面不做区别性规定，提出

---

① 陈建华. 困境与出路：论我国员额法官退出机制之构建. 山东法官培训学院学报，2018（5）.

② 宗志强. 如何构建和完善员额制改革下的法官选拔和退出机制. 山东审判，2015（1）.

更高的审核要求，员额退出的公正性无法保障，易增加法官的心理负担，让法官陷入随时丧失身份的焦虑中。

3. 退额法官再入额标准不够具体问题。《人民法院法官员额退出办法（试行）》虽提出法官因惩戒委员会意见退出员额五年后，或因自愿申请、办案业绩考核不达标退出员额两年后，可以重新申请入额。但对于退额后的法官如何再培养使用等问题，政策基本未作回应，尤其是对于因考核不合格等原因被动退出员额的法官，退额后法官的去向、职业规划和发展培养等尚处于无据可依的状态，不利于法官身份转换后的管理使用。

二、不同类别人员间改革协调联动方面

（一）法官助理培养使用规划尚不清晰

法官助理是法官的主要来源，法官助理的培养使用，既是法院人才储备和队伍梯队建设的需要，同时作为法官办案的重要辅助力量，其培养使用的情况也直接关乎法院审判执行工作的正常运行。关于法官助理培养机制至今仍未有系统与完善的制度规定和方案设计。在实践中，法官助理与法官之间的配合及其自身养成问题还比较突出。

1. 法官助理职责界定的科学性还需提升。关于法官助理的职责，《人民法院组织法》第四十八条和《法官法》第六十七条规定一致，即"在法官指导下负责审查案件材料、草拟法律文书等审判辅助事务"。最高人民法院《关于完善人民法院司法责任制的若干意见》第十九条将审判辅助事务进一步细化为七项。[①] 这一规定，虽在一定程度上回答了法官助理到底该做些什么的问题。但由于法官助理组成多样，有未入额的审判员、助理审判员，有通过公务员考试录取的法律专业毕业大学生，有书记员转任的法官助理，有聘用制法官助理等，法官助理职责难以统一定位；部分法院出现了法官助理定位不明、权责不清，与法官、书记

[①] 最高人民法院《关于完善人民法院司法责任制的若干意见》第十九条规定："法官助理在法官的指导下履行以下职责：（1）审查诉讼材料，协助法官组织庭前证据交换；（2）协助法官组织庭前调解，草拟调解文书；（3）受法官委托或者协助法官依法办理财产保全和证据保全措施等；（4）受法官指派，办理委托鉴定、评估等工作；（5）根据法官的要求，准备与案件审理相关的参考资料，研究案件涉及的相关法律问题；（6）在法官的指导下草拟裁判文书；（7）完成法官交办的其他审判辅助性工作。"

员职责交叉,法官助理内部工作内容不一等问题,① 也有部分地区法院在使用法官助理时,未能将其与所在法院的人员和案件配比情况相结合,未根据案件和人员增减情况适当扩展或缩小法官助理的工作内容,机械固守,法官助理与法官、与书记员之间的工作分配与配合不顺畅,导致忙闲不均,人力资源浪费,影响队伍稳定。法官助理职责定位不清晰,功能作用发挥不充分,既不利于法官助理的成长,也不利于将法官从繁杂的审判辅助事务中解放、提高审判效率,在一定程度上背离了法官助理制度的设计初衷。

2. 法官助理的使用和培养未能统筹推进。在法官助理的差异化培养方面统筹不够,要么简单地作为助理使用,未将其作为员额法官重要后备力量培养;要么将所有助理都作为法官来规划,未能针对不同法官助理的能力水平,规划不同的职业发展路径。《人民法院组织法》第四十八条第二款规定:"符合法官任职条件的法官助理,经遴选后可以按照法官任免程序任命为法官。"《法官法》第六十七条第二款规定:"人民法院应当加强法官助理队伍建设,为法官遴选储备人才。"法官助理是员额法官最重要的后备力量,如何既稳定法官助理队伍,又能够让法官助理顺利成长为"预备法官",是当前法院无法回避的问题。一方面,改革取消了助理审判员的任命,且规定从法官助理遴选为员额法官一般至少需要工作四年或五年,② 这使得法官助理的任职年限较改革前拉长了一年或两年,加之大部分法院尤其是基层法院法官员额空额有限,入额时一般会优先改革前已任命的审判员、助理审判员等,进一步拉长了法官助理入额的年限。长时间的法官助理任职生涯加剧了法官助理迷茫、焦虑心态,他们觉得"从事的辅助工作几年内没有变化,自身已经学不到新的知识"③,产生了懈怠的心理或辞职的想法。另一方面,对于如何加强法官助理的培养,尚未形成健全完备的方法。从实践看,部分地方法院进行了一些探索,例如,有的法院将法官助理分为初级、高级法官助理,④ 分级定职,初级助理主要从事常规性的辅助工作,高级助理主

---

① 最高人民法院政治部,最高人民法院司法改革领导小组办公室. 人民法院全面落实司法责任制读本. 人民法院出版社,2021:77.

② 《法官法》第十二条规定:"担任法官必须具备下列条件:……(六)从事法律工作满五年。其中获得法律硕士、法学硕士学位,或者获得法学博士学位的,从事法律工作的年限可以分别放宽至四年、三年……"

③ 作者在工作中了解到,大部分已经任职 5 年以上的法官助理认为除了自主开展的调研等工作外,辅助法官的工作大多是重复性的,其从事的审判辅助工作内容常年变化不大,对自身的提升作用不大,部分法官助理觉得可以考虑辞职,改变一下工作环境或工作内容。

④ 卢燕. 司改三个月试点设法官助理让审案效率大大提升. 青年报,2014-12-12.

要负责主持庭前调解、草拟裁判文书等具有裁判性质的辅助工作；有的法院建立"基础+提升+培优"三段式进阶培养模式，① 将青年法官助理自入职后的五年分成基础、提升、培优三个阶段，突出阶段性培养管理重点任务，确立"择优进阶"机制，产生了较好效果，这些法院的尝试尚处于各自摸索阶段，举措还不够系统科学，需要在实践中继续完善。

3. 从法官助理到法官的过渡衔接不够顺畅。改革后，"法官助理—员额法官"成长路径取代原有的"书记员—助理审判员—审判员"的路径，法官助理直接大跨步成长为员额法官，也就是从审判辅助事务阶段直接跨越至行使审判权阶段，缺少过渡阶段，容易导致法官助理实践办案经验欠缺，法官助理的培养机制与初任法官入额之间衔接不够。尤其在中级法院、高级法院法官助理到下级法院遴选入额成为常态后，由于中级法院、高级法院与基层法院在案件类型、审理形式、审理内容等方面均具有一定差别，中级法院、高级法院与基层法院法官助理培养模式也存在一定程度的不同，法官助理培养与法官入额衔接过渡机制不足的问题相对更突出。例如，在某直辖市法院2021年年初任法官遴选中，由于中级、基层法院法官助理工作内容差异较大，中级法院法官助理到基层法院入额时，在办案业绩考核上，因难以做到与基层法院考核标准相统一，只能主要通过测评打分等主观手段评定，给报名入额的助理和报名法院均造成了很大困扰。从各地实践看，为最高法院和高级法院法官助理到中级法院入额、中级法院助理到基层法院入额提供公平、可操作性强的衔接配套机制已经非常迫切。

(二) 司法行政人员补充机制尚不科学

同法官员额制的推进相比，涉及司法行政队伍的配套制度的建设相对滞后，法院司法行政人员一度成为改革的"洼地"。改革后，司法行政人员力量精简与实际工作量日渐增多间的矛盾、较重要的岗位职责和较轻的角色定位间的矛盾、较高的任职条件和较低岗位吸引力间的矛盾越发突出，传统人员补充模式面临着挑战。

1. 存在重视不够的思想误区。执法办案是法院的第一要务。法官是执法办案的核心力量。围绕审判一线和员额法官配备资源一直是法院干部人事工作的重点。为保障法院工作整体运行和各项工作的有序推进，在突出重点的同时，也应对其他方面予以兼顾。司法行政工作是法院工作不可缺少的部分，在人员队伍保

---

① 江苏省苏州市姑苏区人民法院．"三段式"培养模式助力法官助理成长．人民法院报，2020-7-17．

障方面应予以相应的重视。相较于法官和法官助理,在改革过程中,各地对于司法行政人员的关注还不够,与其在法院工作中的地位作用相比尚需加强。在实践中,有很大一部分人认为司法行政工作专业性不强,相较审判工作简单,在工作力量配备上重视不够。例如,作者在调研中曾了解到,某东部经济发达城市法院的政治部主任辞职后因找不到合适人选,岗位空缺近2年。实际上,即便在司改后,法院综合职能部门对于法院工作正常运转的重要性亦未曾发生改变。法院的综合职能部门在司改后亦面临着很大的工作压力。有法院曾对干警加班情况进行统计,结果发现,加班前三名的部门均为本院综合职能部门。部分综合职能部门承担临时任务多、处理突发情况多,工作呈现出紧迫、非常规、琐碎化的特点,工作任务量一直很大,且因司改后很多精锐人员回归审判致力量被削弱,工作压力更大。同审判部门相比,综合职能部门工作量难以像法官一样以办案量和结案数来直观统计,难以用数据量化,人员补充需求不容易获得支持。若长期得不到改善,则有可能产生短板效应,影响法院整体工作。

2. 补充的司法行政人员岗位适配性不高。人岗相适是优化资源配置的有效方式,也是人员补充的关键。司法行政岗位的职责按其与审判核心工作的关联度大体上可以分为三类:一类是与审判工作关联性较大的职位(如人事、监察等)需配备一部分既具有管理素质又具有法律知识、了解审判规律的人员;另一类是与审判工作有一定联系但不直接影响的职位(如党建、新闻宣传等)可以配置非法律专业但需要对审判运行和法院工作有整体认知的人员;还有一类是与审判工作几乎没有关联的职位(如财务人员、技术人员、档案管理人员等)则可配置非法律专业人员。在实践中,部分法院对司法行政人员的职责认识不充分,招录方式粗放,"一刀切"地招录不了解司法运行规律的非法学专业人员从事司法行政工作,从实际效果看,虽能够短期内缓解人手短缺问题,但人岗适配程度低,使司法行政工作质量和效果打了折扣。

3. 司法行政岗位吸引力下降。人员分类管理改革前,司法行政人员往往从法院内部选任工作经验丰富、业务能力强、综合素质高的审判人员担任。改革后,司法行政岗位的吸引力下降,审判人员不再倾向转任为司法行政人员,不同类别人员交流较改革前减少,法院司法行政人员的补充以新录用大学生、接收军转干部和未入额法官分流安置为主体。因在司法行政岗位的工作经历在入额时不能算作审判岗位任职经历,新录用大学生几乎没有人愿意长期在综合职能部门工作。一些诸如法官管理、教育培训、审判管理等与审判业务关联性较大、需要具有审判经历才能胜任的职位,目前以未入额法官为主要人员补充来源,他们逐步交流到审判业务庭入额,或到龄退休后,相关岗位的人员补充难题将更为突出。

由于没有法律职业资格的司法行政人员无法交流到法院内部其他岗位，如果采取单一接收军转干部或招录无法律职业资格人员进行补充，容易导致同类人员淤积，在职级晋升方面受到影响。如何稳定队伍，扩充人员的来源渠道，在司法行政人员队伍管理中需要予以关注。

（三）人员跨类别交流机制尚不健全

法官员额制改革后，司法人员被严格划分为三大类别，非审判岗位不设员额，入额必须到审判业务部门办案，否则就得退出员额。不同类别人员，尤其是法官与其他类别人员在身份取得和职级待遇保障上差别较大，给人员跨类别交流增加了难度。从《五五改革纲要》提出"结合公务员职务与职级并行制度，建立健全内部岗位交流机制"及《实施意见》强调"规范交流任职程序"以及工作实际需要看，人员分类管理后不同类别人员之间的交流仍需持续推进。面临以下问题：

1. 跨类别交流与人员分类管理的平衡问题。人员分类管理后，不同类别间人员能不能交流、要不要交流在实践中认识不同，把握不一。有的法院对交流存有疑虑，认为除法官助理可以参加法官入额遴选外，其他人员的身份一旦确定，就不能再更改，审判岗位与非审判岗位的人员之间几乎没有交流，对人员交流严格控制；有的法院对人员跨类别交流持较为宽松态度，定期组织"大轮岗"，人员交流较为频繁。[①] 从实践效果来看，严格限制交流保证了各类人员界限分明，但易引发干部知识结构单一，复合型人才紧缺的问题；频繁交流虽然有利于干部综合能力培养，但对一些专业性较强的岗位来说有损工作的延续性，也与人员分类管理改革的"专业化"目标不相符。上述虽然是个例的极端做法，但也暴露出实践中法院对开展人员跨类别交流的认识不统一的问题。

2. 跨类别交流与干部综合能力培养的衔接问题。《五五改革纲要》强调"完善人民法院综合业务部门人员交流机制和人才培养机制"，人员交流是干部培养的有效手段之一，但改革后实践中交流工作较改革前减少了很多。一方面，目前留在综合职能部门，尤其是具有审判职称的人员，基本上都是司改前从业务庭抽调后留下的，人员交流基本上都是由综合职能部门流向审判业务庭，从业务庭选派到司法行政岗位培养锻炼进行逆向交流较少，司法行政人员由于对审判业务了解不够，工作效果受到不利影响；另一方面，法院审判业务庭的综合管理岗位

---

① 主要是指法院人员定期进行轮岗交流，包括跨类别和跨区域交流（参见吴云青．对基层法院干警轮岗的分析与对策．西部法制报，2017-5-7）。

(庭长、副庭长)需要一批政治素质过硬,党建水平高,懂业务,又懂管理的复合型人才,改革前一般是抽调业务骨干交流至综合职能部门加强锻炼,此后回到审判业务部门担任领导职务,改革后这一做法阻碍较大,部分新提拔的干部缺乏综合职能部门的岗位历练,对于法院的中层领导干部,尤其是中层正职,仅精通审判业务,不熟悉党建队建工作,不利于其履行职责。

3. 跨类别交流机制的健全完善问题。从《党政领导干部交流工作规定》和《公务员法》第六十九条至第七十三条规定看,干部交流按照目的主要包括培养型、回避型、廉政风险防范型和岗位需要型四种。回避型交流在交流事由出现时就必须启动交流程序。廉政风险防范型交流则一般以工作一定期限为启动条件,如按照《党政领导干部交流工作规定》干部在同一地区工作十年以上的,应该交流。岗位需要型交流则在岗位出现空缺,且交流对象符合岗位需求时,可启动。而对于培养型交流,则相对宽泛,没有明确标准。对于法院不同类别人员之间的交流,既需要考虑专业化审判能力培养的需要,还需要兼顾审判权运行机制改革后法官权力扩大及落实司法责任制的相关要求,须在遵循《公务员法》和《党政领导干部交流工作规定》相关要求的前提下,进一步细化。同时,还需要考虑不同类别人员之间职务职级转化的不同规定。

三、人员分类管理改革配套机制方面

(一)法院院庭长培养与干部选拔任用机制尚不配套

法院院庭长兼具法官和领导干部的双重身份,选任需同时符合《法官法》和《干部选拔任用条例》的规定。员额制改革后院庭长原有培养模式、选任方式被打破,由此引发了以下新的问题:

1. 院庭长任职与法官入额的衔接问题。从法官法对法官的界定概念来看,法官是"类"概念、"身份"概念,院庭长为"种"概念,属法官"类"人员。按照法官法规定,法官实行员额制管理。院庭长需满足法官任职资格和领导干部任职资格,那么,院庭长的法官任职资格是否等同"已经入额为员额法官"?符合法官任职资格条件的干部是否应该先入额再选任领导干部,还是可以先选任领导干部再入额,在实践中也存在不同的做法,有的法院持"审判职务"观点,即选任院庭长需要有审判职务,院庭长可从未入额法官中选任,有的则持"员额法官"观点,即需要从已入额的员额法官中选任。《法官法》第十四条第二款规定:"人民法院的院长应当具有法学专业知识和法律职业经历。副院长、审判委员会委员应当从法官、检察官或者其他具备法官条件的人员中产生。"根据这一规定,法院的副院长和审判委员会委员可以先任命再入额。但对于具有法学专业知识和法律职业经历却不符合法官入额资格条件的院长,能否入额却没有规定。目前,这种特殊情形在实践中还未出现。一旦出现,无论入额与否都需要对现有制度进行调整。此时,如果允许其入额,意味着一种新的特殊入额方式(有别于正常法官的任职资格条件)的产生,如在院长的级别上不加限制,对于员额制改革的努力是一种巨大冲击。如果不允许其入额,则无法作为法官主持召开审判委员会和参与案件办理相关工作,不能完整地履行院长职责。此外,庭长、副庭长可否先任行政职务再按入额程序成为法官也需要进一步明确。

2. 法院干部培养与法官遴选制度的衔接问题。无论是员额制改革前还是改革后,法官都是院庭长人选的主要选任来源,改革前,大部分法院从书记员或助理审判员阶段便开始有序培养法官助理、法官的素质能力,且施行了一些行之有效的交流锻炼机制,例如,将拟进一步使用的法官助理提早纳入视野,有计划地加强培养锻炼,虽有个别外单位交流,但主要在本院内进行培养,这种培养方式有利于法院年轻干部快速成长为领导干部,促进法院干部年轻化建设。改革后,基于初任法官一般到基层法院任职,上级法院法官一般逐级遴选的要求,中级法院、高级法院若从法官助理开始培养锻炼,法官助理要经历从基层法院任职后再回到中级法院、高级法院的过程。法院干部培养的阵地便从各级法院自主培养转移到了基层法院,中级法院、高级法院的干部培养模式面临重塑。目前中级法院、高级法院法官助理到基层入额培养,待符合中级法院、高级法院法官入额条件后再逐级遴选回上级法院的人才循环机制尚未建立,传统的从法官助理开始培养干部的做法也无法延续,如何建立符合法官逐级遴选形势下的干部培养机制是中级法院、高级法院必须考虑的问题。

3. 院庭长选任条件与法官单独职务序列管理制度的衔接问题。法官单独职务序列管理改革后员额法官等级、晋升年限、晋升程序等单独设置,与公务员职级、领导职务并不是一一对应关系。相较于公务员职务职级并行后的综合管理类公务员,公务员职级与领导职务并行的同时有"桥梁"可实现转任或兼任,[①] 法官等级和领导职务层次之间并没有"桥梁"联通。例如,某法官入额前为正科级审判员,提任副处职领导时可以从其任正科级起算下一级任职时间,入额后不

[①] 《公务员职务与职级并行制度实施方案》第六条规定:"……公务员可以根据职级晋升领导职务……晋升县处副职,应当任一级、二级主任科员及相当层次职级累计3年以上,或者任二级主任科员及相当层次职级3年以上……"

再有"副科级—正科级"的过程,而是走"二级法官——一级法官"的法官等级按期晋升渠道,对于其是否符合选任领导职务任职年限的问题尚无法可依,在实践中也存在不同的看法,有的认为应该从一级法官起算,有的认为应该从副科级起算,一定程度上影响了优秀年轻法官的选拔使用。

(二)职业保障制度落实尚不充分

以法官为核心逐步完善职业保障制度,积极协调地方有关部门贯彻落实相关制度,解决司法人员的后顾之忧,是全面落实司法责任制综合配套改革的重要内容。① 党的十八届三中全会明确提出要健全法官职业保障制度,《法官法》《五五改革纲要》《实施意见》均对职业待遇保障制度予以了明确规定,但在实践中司法人员职业保障由于涉及范围广,涉及部门多,部分配套举措还需进一步完善:

1. 法官薪酬待遇保障的配套问题。总体上,目前"三类人员两种待遇"已经落实。一方面,法官遴选与法官身份确认、待遇兑现尚未协同配套,如调研中了解到某市开展首批入额遴选中要求法官须为正科以上,否则不能任审判员,致使一批副科入额的法官未能任命为审判员,办案过程中引起了部分当事人的猜疑,给办案带来了不便;在二批入额中要求正科满4年,否则不予确定法官等级、不予兑现员额法官工资,以致一批任正科级不满4年的已入额法官②,虽已入额,实际也从事法官工作,却未能确定法官等级、未享受法官的工资待遇,致使权责利失衡。另一方面,社保、养老金等制度尚未与法官单独职务序列管理协同跟进。例如,2015年法官单独职务序列管理开始试点推广,直至2020年法官、检察官养老保险待遇政策才出台,其间退休的法官退休待遇如何执行一直未予以明确,在实践中大部分法官退休待遇暂时比照司法行政人员确定,员额法官退休待遇兑现不够及时。

2. 法官履职保护的配套问题。《法官法》第五十五条第一款规定:"法官的职业尊严和人身安全受法律保护。"但并不详尽,可操作性不强。例如,职业保障区域范围和对象范围不够明确,有学者指出侵害行为主要发生在法庭和执行场所,但近几年法官在居住地遇害时常出现,利用电话等通信方法或互联网对法官进行语言攻击屡屡发生,③ 在实践中对法官担心的法院周边等场所及法官近亲

---

① 胡仕浩. 关于全面落实司法责任制综合配套的若干思考. 中国应用法学,2019(4).
② 如B市某法院2016年二批入额时,共28名法官通过法官遴选委员会入额,却因正科未满4年未确定法官等级,未兑现法官待遇。
③ 张青. 法官职业安全的刑事法保护. 法学,2019(12).

属的安全保障不足。保护法官仅依靠法院是不可能实现的，但现阶段与公安机关的联防联动机制尚处于探索阶段，协调当地公安机关采取保护措施方面尚未落实。

3. 司法人员职级管理的协同问题。在实践中，法院三类人员职级晋升渠道有快有慢，落实进度、效果不一，干部身份转化还不顺畅，易导致相互比较，使工作积极性受损。目前，法官等级晋升已经常态化，由于主要采取按期晋升的方式，在本院晋升至较高等级后，除逐级遴选到上级法院外，晋升基本会停滞，以直辖市中级法院法官为例，通过按期晋升达到三级高级法官一般在40~45岁，此后大部分法官很难再选升为二级高级法官，开始面临"天花板"问题。如何用足用好法官等级政策，激发法官工作积极性还需要进一步研究。司法行政人员受职数比例限制，影响较高级别职级数量的设置，现阶段晋升渠道十分有限，甚至出现由于高级别职级人员较多导致调研员以上职级被占满而无法晋升的情况。不同类别人员之间晋升职级的概率相差较大，容易导致心理落差，影响队伍稳定和工作积极性。此外，如何运用职级管理促进职业化法官助理队伍建设方面，目前研究还不够。

（三）考核评价机制的针对性还不强

随着司法责任制、司法人员分类管理、司法人员薪酬保障制度等改革的深入推进，通过业绩考评为法官遴选、等级晋升、薪酬待遇、奖励惩戒、员额进退等提供导向、标准和依据的趋势越来越清晰。[①] 健全绩效考核制度已经成为完善人员分类管理改革配套的重要内容。

1. 分类考核区分度不高问题。针对不同类别人员如何设置不同的考核指标和权重，使考核更具有针对性，是当前法院考核体系构建过程中首要解决的问题。从实践看，对法官的考核，各地法院对审判业绩考核探索较多，有的已经形成了可借鉴的工作经验，[②] 但对法官其他专项工作、审判调研、业务指导等的评价方式尚未明确，法官审判工作与其他工作的关系尚未厘清，既遵循审判权运行规律和法官职业特点，突出法官的办案主体地位，又全面客观评价法官工作量的法官业绩考核评价机制尚未建立；对审判辅助人员、司法行政人员的考核，大部分法院还停留在起步阶段，有的法院对审判辅助人员、司法行政人员仍沿用改革

[①] 李岳，陈淋清. 法官业绩考评制度的构建与完善——以S市M区法院的探索与实践为例. 上海法学研究集刊，2019（12）.

[②] 上海市第一中级人民法院. 突出审判质量　具象个体考核　完善审判绩效考核机制. 人民法院报，2020-2-3.

前的公务员考核办法，简单统一设置"德、能、勤、绩、廉"的考核指标，对两类人员的工作职责、履职方式未予以区分，然而审判辅助人员以协助审判团队、法官履行办案职责为主责，司法行政人员以完成政工党务、纪检监察、行政事务等岗位工作为主责，具有明显区别，在如何合理设置考核指标，充分调动审判辅助人员、司法行政人员的工作积极性上尚未形成可推广的做法。

2. 分层考核体系的完善问题。法院的人员构成，按照干部管理权限一般可以分为三个层级，第一个层级是院长、副院长等院级领导，一般由党委组织部门负责日常管理并考核；第二个层级是本院内设机构的领导干部，一般由所在法院党组进行管理并考核；第三个层级是本院的非领导干部，由本院党组进行管理并考核。从实践看，党委组织部对于院级领导的考核主要着力在领导能力、领导素质等领导干部履职方面，一般较为宏观。对于院级领导是否办案，办案质效是否符合规定等作为法官履职方面的要求关注不多。对于院级领导的办案考核多由上级法院进行，存在两头考核的问题。一直以来，对于法院中层干部和其他人员的考核，采用的是院长考核庭长，部门（庭领导）考核部门人员的行政化垂直考核，这种考核未能兼顾审判团队组建、随机分案、院庭长行权方式等的变化，已经不能适应审判权运行机制改革后法院考核工作实际需要，需按照司法责任制的要求进行相应调整完善，在扁平化考核等方面加大力度。

3. 考核的结果运用问题。法律的生命在于实践，考核的生命在于运用。《党政领导干部考核工作条例》第三十七条规定："坚持考用结合，将考核结果与选拔任用、培养教育、管理监督、激励约束、问责追责等结合起来，鼓励先进、鞭策落后，推动能上能下，促进担当作为，严厉治庸治懒。"《公务员法》第三十九条规定："定期考核的结果作为调整公务员职位、职务、职级、级别、工资以及公务员奖励、培训、辞退的依据。"《法官法》第四十二条第二款规定："考核结果作为调整法官等级、工资以及法官奖惩、免职、降职、辞退的依据。"实际运行中，考核结果在工资、奖励、调整职级等有明确硬性规定方面运用较好，在教育培训、干部培养选拔、干部能上能下等弹性较大的工作中，主动运用、针对性运用还不多；对于正向激励运用方面较好，对于反向激励鞭策方面运用不够，同反向激励鞭策相关的程序机制还不配套，存在重奖轻罚的思想；对于考核结果的综合分析不够，考用两张皮的情况还一定程度上存在。

（四）权力监督制约机制建设有待加强

为保证司法公正，确保法官依法履职，当前制度设计为法官设置了三重审判监督执纪体制，包括审判监督管理机制、法官惩戒制度①及国家纪检监察机关的监督。② 三重监督执纪追责形式虽各不相同，但也具有高度的交叉性和重合性，因此，在落实中需要关注以下问题：

1. 法院内部审判监督管理机制的协调问题。从现行规定看，法官内部监督管理机制包括多项工作内容，如健全信息化全流程审判监督管理机制，明确院庭长审判监督管理职责，完善"四类案件"识别监管机制，强化案件质量评查，建立法官惩戒制度、开展司法巡查、审务督察③等，相关措施共同构成了法院内部审判监督管理制度机制体系。但在实践中，各项审判监督管理措施存在各行其是、碎片化推进的问题。有的改革举措推进力度不均衡，如案件质量评查与法官惩戒制度衔接不畅，对案件质量评查发现问题的，移交法官惩戒委员会进行审查决定的案例几乎没有，有关规定也未明确相关衔接机制。有的改革举措尚不成熟，实施范围还不够明确，如审中监管和判后审查尚未有效衔接，有的法院对某类案件进行无差别大范围的审判质量评查，不同程度地给作为监督对象的法官及司法辅助人员带来了压力。

2. 法官惩戒调查和纪检监察调查的衔接问题。对涉及违法审判的问题，法官惩戒调查与纪检监察调查、法官惩戒委员会审查程序与纪检监察审查程序的衔接尚不顺畅。一方面，根据《惩戒意见》及各省市相关规定，法官在审判工作中故意违反法律法规的，或因重大过失导致裁判错误并造成严重后果的，应当追究违法审判责任的，有关法院党组可以依照有关规定对其作出惩戒决定，涉嫌违法犯罪的，由纪检监察部门将线索移送有关纪检监察机关、检察机关依法处理。④ 但在实践中，法官惩戒委员会空转现象比较严重，据统计，《惩戒意见》自2016年颁布到2019年，全国只有一例案例。⑤ 另一方面，《实施意见》虽然明确"纪检监察机关依法对法官涉嫌违纪、职务违法、职务犯罪进行调查的，法官惩戒委员会可以从专业角度提出审查意见，供纪检监察机关参考"，但并未提

---

① 最高人民法院、最高人民检察院《关于建立法官、检察官惩戒制度的意见（试行）》在法官责任认定和追责程序上提出了明确要求，要求成立法官惩戒委员会。如无特别说明，最高人民法院、最高人民检察院《关于建立法官、检察官惩戒制度的意见（试行）》简称《惩戒意见》）。

② 2018年3月，《监察法》颁布实施，将所有行使公权力的公职人员纳入监察范围，法官作为在国家审判机关行使国家审判权的公职人员，也属于监察委员会的监察对象。

③ 《实施意见》第十四条至第十七条。

④ 《北京市法官惩戒工作实施细则（试行）》第二十四条。

⑤ 许永俊，鲁晓慧．司法责任制背景下法官惩戒制度若干问题研究——以贵州省8法院247份调查问卷切入的实证分析．人民司法，2019（25）．

及如何与纪检监察部门进行对接,《监察法》亦未明确与法院、法官惩戒委员会的对接程序。① 纪检监察部门发现法官违法线索或违法问题进行立案、侦查后,移送给所在法院或法官惩戒委员会进行专业审查的案例也基本没有,"专业审查意见"如何在纪检监察机关调查审查过程中发挥作用也不明确。

3. 法官责任追究和权利保障尚不平衡问题。落实责任和强化保障是一个问题的两个方面。因此,在加强责任追究的同时,也需要坚持问责与免责相结合、责任与保障相匹配,既及时追究违法审判责任,又保护司法人员依法正常履职。② 从相关规定看,最高法院对法官责任追究、法官监督管理规定较多,如上述三重监督执纪工作模式;但对法官权利保障着墨不多,虽然提出了"健全专业法官会议制度和审判委员会制度""健全完善法律统一适用机制"等工作机制,但相关机制尚不健全,效果尚未充分显现。责任的加大,虽一定程度上可以保证法官严谨履行职责,但如果没有行之有效的保护来平衡压力,则也不利于法官队伍积极性的调动和稳定在实践中,有的法官因此提出"退额",有的法官助理因此不愿意入额。

---

① 刘峥,何帆,危浪平.《最高人民法院关于深化司法责任制综合配套改革的实施意见》的理解与适用.人民法院报,2020-8-6.
② 刘峥,何帆,危浪平.《最高人民法院关于深化司法责任制综合配套改革的实施意见》的理解与适用.人民法院报,2020-8-6.

第三章 影响改革推进的原因分析

当前，人员分类管理改革已经进入深水区，需要从全面深化改革的角度出发，找准人员分类管理改革面临问题的原因，采取综合配套改革的方法予以解决。① 概括来看，影响人员分类管理综合配套改革深入推进的原因，有的是思想认识不统一，导致改革的合力未能形成；有的是改革举措本身不科学，导致改革难以融入实际推行；有的是改革中的统筹不够，导致各自为政、裹足不前；有的是同改革相关的配套措施未及时到位，导致工作无法深入。

一、思想认识层面

(一) 对司法人员的多重身份理解和把握不准确

法院司法人员普遍具有多重身份，法官具有公务员和法官两重属性；法院院庭长则更复杂，既是公务员，又具有领导干部身份，又是法官；审判辅助人员中法官助理、书记员虽然按照综合管理类公务员管理，职级与综合管理类公务员职级一一对应，但职务名称单独设置，因其审判辅助的职能定位与综合管理类公务员不同，在管理上仍有必要区分；司法行政人员在职务、职级上同综合管理类公务员一致，但在人员补充、职业发展等方面仍具有不同于一般公务员的特性。从实践看，相关文件和改革举措对司法人员的"多重身份"综合考虑不够，遇到问题时只能从改革前的政策规定中寻找解决办法，不能满足改革后各类人员培养发展需求。以法院院庭长为例，司法人员分类管理改革前，司法人员类别相对单一，法官和领导干部并未完全"分立"，法官选任和领导干部选任并无冲突；员额制改革后，法官任职条件较其他公务员有了明显差别，初任法官任职、法官遴选、法官晋升等规定也明显区别于其他公务员，法院院庭长的选任，既需"走"

---

① 姜伟. 司法体制综合配套改革的路径和重点. 中国法学, 2017 (6).

法官入额遴选和法官单独职务序列，又需兼顾领导干部身份，满足《党政领导干部选拔任用条例》相关要求。由于对院庭长双重身份认识不够，一方面，在人才培养中未能统筹考虑法官审判职能和庭长的管理职能，提前进行培养规划，导致部分法院综合型人才紧缺，部分领导岗位空置；另一方面，在干部提拔选任过程中未能综合考虑其职级发展、待遇保障等因素，导致法官等级与院庭长领导职务层次衔接不畅。例如，我国一直以来对法官助理作为法官储备的身份重视不够，制度设计主要围绕其审判辅助功能展开，① 2018年《人民法院组织法》才首次从制度层面明确了法官助理具有审判辅助和法官养成二元功能，② 导致法官助理二元功能定位失衡。随着未入额法官逐步消化后，法官助理在法官养成方面定位弱化之弊端也逐步凸显，不少地区出现了法官储备不足的情况。

（二）内外合力推动改革的共识还未完全形成

一方面，法院系统内部对于一些改革政策的理解和认识还存在分歧。例如，最高法院于2019年提出要探索建立下级人民法院法官到上级人民法院交流担任短期法官助理工作机制③和探索中级法院法官助理采用挂职锻炼方式到基层入额，各地对于这一工作权限是在高级法院还是法官遴选委员会的认识不同，大部分地区高级法院未对挂职锻炼进行统筹规划，导致中级法院、高级法院与基层法院双向挂职交流工作推进缓慢，影响了中级法院、高级法院法官年轻化建设，部分法院办案力量出现断层。再如，在对待三类人员的交流问题上，由于各地对改革精神把握不够透彻，对中央的政策认识不够清晰，在实践中存在不愿交流、不敢交流、不会交流、不能交流的问题，导致人员固化、复合型干部紧缺。另一方面，法院系统内外对一些涉及司法人员的改革政策的理解也不尽一致。例如，法官单独职务序列的初衷在于将法官作为一类特殊的公务员进行管理，在制度上有别于普通公务员。但由于各地组织人事部门对政策的理解不同，政策执行也不尽一致。以直辖市中级法院入额资格条件的设置为例，对于在本院入额的，有的地

---

① 最高人民法院《关于在部分地方人民法院开展法官助理试点工作的意见》第四条规定："……法官助理是协助法官从事审判业务的辅助人员……法官助理在法官指导下……审查诉讼材料……组织庭前证据交换……接待、安排案件当事人……协助法官采取诉讼保全措施……准备与案件审理相关的参考资料……草拟法律文书……"

② 《人民法院组织法》第四十八条规定："人民法院的法官助理在法官指导下负责审查案件材料、草拟法律文书等审判辅助事务。符合法官任职条件的法官助理，经遴选后可以按照法官任免程序任命为法官。"

③ 《五五改革纲要》第五十六条。

方彻底贯彻与行政等级脱钩的要求，未对行政等级是否为正科做出要求，有的地方要求任正科级满4年，有的地方则要求正科满3年，有的地方甚至曾将基层工作经历作为法官入额的基本条件，仍参照领导干部的任职条件要求法官，背离了员额制改革的初衷，这都是由于未能结合司法工作的实际特点理解把握改革政策所导致的。

（三）对司法改革政策的期待与实际情况存在偏差

改革初期，部分法官对于员额制改革后法官待遇提升和自由裁量权扩大有较大期待，对于法官责任的认识不充分，未能从责、权、利一体的角度看待员额制改革，对于责任的承担缺乏切实体会。随着后期对法官责任的逐步强调，他们感觉压力倍增，难以适应。部分法官助理对于员额制改革后入额的年限延长、难度增加还缺乏认识，依然将过去任助理审判员的标准和年限作为将来入额的参照，对员额制改革的目的和手段理解不够透彻，期待进入法院工作3~5年后就能入额成为法官，一旦期待落空，便会产生强烈的失落感，认为自身等待入额的机会成本过高，转而放弃助理身份，谋求其他出路。[1]

二、改革举措本身

（一）部分改革政策与我国司法实际尚需进一步磨合

一方面，部分借鉴国外的制度，落实过程中还需加强配套。以"从符合条件的律师、法学专家中招录立法工作者、法官、检察官制度"制度的落实为例，受限于目前我国法院法官薪资待遇等相关配套保障，法院还不足以吸引优秀的律师、法学专家。另一方面，部分改革举措的落实与四级法院的职能定位还需进一步统筹。例如，法官逐级遴选和"初任法官一般到基层人民法院任职"制度将法官培养这一重点任务的主要部分集中到基层法院，忽略了我国80%以上的案件由基层法院管辖与审判这一客观现实，[2] 每次逐级遴选都将基层法院经过长达5~10年培养出的最优秀法官抽走，影响基层法院审判力量的稳定性，不利于缓解基层法院办案压力。同时，这一制度也未能考虑到我国中级法院仍然受理相当多简单案件的司法实际，逐级遴选势必造成层级越高，法官年龄越大，以致中级法

---

[1] 张瑞. 法官助理的身份困境及其克服. 法治研究，2019 (5).
[2] 黄祥青. 关于完善法官遴选制度的几点思考. 人民法院报，2020-11-12.

院的法官队伍年龄结构普遍偏大，中级法院法官队伍梯次化建设势必受到影响。总体看，无论是从学者、律师队伍中选拔法官，还是建立法官逐级遴选制度，目标都是建立专业化、职业化法官队伍，以满足当前法院审判工作需要，但我国司法实践的复杂性决定了改革方案很难一次性解决所有问题，甚至在改革过程中会引发一些新问题，在综合配套改革推进中，如何使改革政策与我国国情和司法规律结合得更加紧密，更加兼顾我国法院审判工作特点和各地各级法院的个性化需求，还需要进一步研究。

(二) 部分改革举措本身的稳定性需进一步增强

以未入额法官 3~5 年办案过渡期为例，在能否办案的问题上，政策前后出入较大，给司法人员安排和干警的个人选择带来了很大困扰。部分省市法院在入额资格的设置上，前后变化也很大，在某直辖市自 2016 年以来先后开展的 4 次遴选中，每次入额的资格条件都不一样，增大了人才培养和队伍日常管理的难度。对于初任法官任职的政策规定也几经变动，从初任法官一律到基层法院入额①到修订后的《法官法》明确初任法官一般到基层法院任职②，再到提出可探索中级法院法官助理采用挂职锻炼方式到基层入额，再到明确最高法院、高级法院法官助理根据工作需要可到中级法院入额③，不论何种原因，这种关乎干警核心利益的政策摇摆不定，无论是对干警建立稳定的职业预期，还是对法院统筹规划干部队伍建设都会造成不利影响。

(三) 部分改革举措不够明确具体

部分改革举措，虽然在制度层面提出了任务目标，但针对性不够，推进措施精细化程度不高，实施过程中缺少明确指引，制度难以落实落地。例如，法官员额退出方面，"办案业绩考核不达标的，不能胜任法官职务"作为明确的退出员额的类型，就因为相关规定不够细致，导致有的法院存在畏难情绪，担心"被退

---

① 最高人民法院《关于全面深化人民法院改革的意见——人民法院第四个五年改革纲要》第五十条规定："……健全初任法官由高级人民法院统一招录，一律在基层人民法院任职机制……"如无特别说明，最高人民法院《关于全面深化人民改革的意见——人民法院第四个五年改革纲要》简称《四五改革纲要》。

② 《法官法》第十七条规定："初任法官一般到基层人民法院任职。上级人民法院法官一般逐级遴选……"

③ 《实施意见》第十八条规定："……最高人民法院、高级人民法院法官助理初任法官的，除原则上到基层人民法院任职外，也可以根据需要到中级人民法院任职……"

额"法官有异议、引发舆情等原因，或不予提请退额，或不予审批退额，在实践中以业绩不合格为由启动退额还较为少见。又如，《法官法》已明确"人民法院应当加强法官助理队伍建设，为法官遴选储备人才"，但针对法官助理如何成长为合格的初任法官政策规定几近空白。法官员额制改革后，一方面，法官绝对数量减少，对法官的职业化、专业化水平必然提出更高要求，随之对初任法官的培养也提出更高要求；另一方面，法官助理任职时间加长，法官助理培养机制建立的基础发生了变化，建立让未曾亲历办案的初任法官尽快适应法官岗位要求的初任法官培养机制是随改革产生的新需求。但在政策指引、制度设计上均还未对此作出回应，导致初任法官的成长脱节，既影响法官助理队伍自身稳定性，也影响法官职业化建设。

三、统筹协调层面

（一）对改革举措间的关联性考虑不够充分

改革深入推进后，不同改革举措间的关联性明显开始增强，如各方面改革措施相互牵扯甚至相互抵触，改革的"联动效应"便很难实现。例如，法官员额退出机制和员额增补机制必须要统筹考虑才能相辅相成，员额增补机制只有在全面考虑到员额退出的相关情况时，才能保证法官及时足量的补充；而员额退出的情况也会影响到员额增补的频率、数量等。又如，初任法官遴选机制必须与法官助理的培养综合考虑，法官助理的培养规划直接影响初任法官的能力素质，而初任法官遴选机制运行是否顺畅又关系到法官助理的职业发展，影响法官助理队伍的管理使用。改革推进过程中，如果不能用系统思维来认知和推进改革，统筹兼顾改革涉及的不同方面的问题，就无法有效处理各个改革举措和其他改革举措的关系，使改革沿着正确的道路持续深入推进。

（二）对改革政策的先后连贯性兼顾不够

改革中出台的一些新政策连续性和整体性还有待提升，未能结合不同人员的职业背景和职业预期综合考虑，在改革前后部分的衔接上做得不够，引发争议。例如，"初任法官一般在基层人民法院任职"制度忽略了部分员额制改革前进入高级法院、中级法院工作的法官助理，他们于改革前招录虽未任命审判职务，但是作为助理审判员的后备人才、以在本院成为法官为前景而录取的，当时也未明确不能在本院入额。因政策变化而不允许他们从本院入额，从契约精神考虑，会对其职业预期造成冲击，有的心存希望还能在本院入额，有的对入额不存期望而谋求其他发展，导致队伍不稳定。如果说前期改革中采取"一刀切"的模式不允许他们在本院入额，是为了保证改革的进度，那么在综合配套改革阶段他们能否作为二般的例外？针对过于绝对的政策是否应予以适当调整，针对前期未能兼顾的特殊情况是否特殊处理才更为合理。

（三）对改革举措的层次结构统筹不够

随着改革深入，前期着力不均、进度不同的做法开始产生不同程度的问题，甚至可能导致出现"木桶效应"。例如，员额制改革作为人员分类管理的起点，居于重要的核心地位，改革后员额法官职业发展空间得到了明显拓宽，也建立了等级晋升常态化机制。而法官助理制度作为员额制改革的次改革，前期着力不多，后续改革中，其补充、培养、使用、考核等机制都不尽完善，职责定位不清晰、职业发展空间变窄、数量不够、补充困难等问题相继出现，已成为制约人民法院工作良性发展的重要因素。[①] 这就是由于前期改革中，以"抓重点"的方式推进了员额制改革和法官单独职务序列管理，综合配套改革中，审判辅助人员相关改革举措却未能跟上，未能做到齐头并进，[②] 未能充分结合重点突破和整体推进，影响改革的整体成效。

四、相关配套层面

（一）部分人员分类管理措施与人事管理制度不配套

一方面，员额动态调整与编制管理同步机制尚未建立。员额动态管理一般由各地区高级法院统筹负责，编制管理由各地编委负责，分属不同部门管理。从运行效果看，二者之间尚未建立联动机制，沟通不够及时充分，员额调整的需求不能很快得到编制调整的支持。另一方面，员额动态调整与人事调整同步机制未建立。按照"以案定额"原则，在基层法院案件数量变化不大的情况下，员额数量也不会有太大变化，但改革后由于"初任法官一般到基层人民法院任职"，去基层法院入额的法官助理数量大大增加，竞争人数增加，而竞争岗位数不变，入

[①] 刘峥，何帆，危浪平.《最高人民法院关于深化司法责任制综合配套改革的实施意见》的理解与适用. 人民法院报，2020-8-6.

[②] 强梅梅. 法院人员分类管理改革的历程、难点及其破解. 政治与法律，2017（1）.

额难度必然加大；此时需要及时开展逐级遴选，将基层法院法官输送到中级法院或高级法院，基层法院才有可能空出员额，但逐级遴选不仅涉及员额制改革，还涉及人事关系变动，需要不同法院人事部门甚至省级组织部门的配合协同，如衔接不紧则易造成迟滞，影响人才循环流动体系的建立。

（二）部分法官履职保障相关制度适应性不强

改革后，员额法官的职责权限和履职方式发生了一定程度的改变，但法官依法履职保障制度未能及时适应这一变化。一方面，员额制改革后法院办案模式逐渐由法官"单打独斗"向团队协作方向转变，审判团队的组建以法官与法官助理、书记员的职责分工、相互配合为基础，现阶段关于各类人员职责定位虽有笼统规定，但缺少具体的操作细则，各法院、同一法院的不同部门、同一部门的不同审判团队可能做法都不一致，法官和法官助理的职责界限争议一直不断，职责不明确直接导致权利和责任难以界定，法官办案过程中为了逃避责任出现了消极履职或"大包大揽"的极端情况。另一方面，法官依法履职保护和依法追责制度衔接不畅，现阶段审判瑕疵和违法审判，故意责任和重大过失责任的界限不明，依法免责的情形和条件不明确，免责和容错纠错制度尚不健全，受到侵害救济保障和不实举报澄清机制尚不完善，影响法官专心办案、安心办案、尽心办案。

（三）部分司法人员待遇保障措施跟进不够及时

司法人员分类管理改革后，相关工资待遇、社保、住房、交通等方面的保障制度尚未完全同步跟进。一方面，员额法官养老待遇核算制度尚不完善，在实践中，部分地区存在养老金与法官等级衔接不够紧密问题；另一方面，三类人员职级套改完成后，各类人员晋升进度由各院自行掌握，省级层面对各法院职级晋升工作开展周期基本不做要求，而法官助理相关政策大多在公务员职务职级相关政策之后出台，导致同一地区各法院和同一法院各类人员的职级晋升落实进度有先有后，一些地区法官助理职级首次或二次晋升的时间晚于同等条件司法行政人员，享受待遇时间和任职年限起算时间也会相应延迟。

第四章　深化改革的整体进路

2019年9月9日，习近平总书记在中央全面深化改革委员会第十次会议上讲话指出："落实党的十八届三中全会以来中央确定的各项改革任务，前期重点是夯基垒台、立柱架梁，中期重点在全面推进、积厚成势，现在要把着力点放到加强系统集成、协同高效……"因此，深入推进人员分类管理综合配套改革，既要从统一思想认识、凝聚改革合力方面着手，正确认识司法人员的身份定位，正确理解人员分类管理改革的目标方向，确保改革协同推进；也要在前期改革的基础上，细化完善相关改革举措，着力健全相关配套措施，提高改革举措的精细化、科学化水平，既与前期的改革彼此呼应、紧密相连，又实现建章立制向落实落地转变，促进改革系统推进。

一、健全完善法官员额动态调整机制

（一）推进政法专项编制动态增减

加强与编制部门的沟通协调，争取编制部门对于法院编制动态管理工作的支持，争取简化编制调整程序，在一定条件或一定编制总量下给法院编制管理自主权，推进编制资源动态管理的实质化，使编制调控更好地适应审判任务变化。建立审判任务量变化与编制增减管理深度融合机制，定期对辖区司法人员编制、案件数量、机构设置等进行调查评估，综合考虑各法院辖区面积、自然条件、人口数量、经济社会发展水平、案件规模及对下业务指导等因素，编制分配时向工作压力大的法院倾斜。

（二）构建科学合理的案件工作量评估机制

定期启动或遇有重大调整变化时及时启动办案工作量相关数据收集。及时收集掌握审判执行案件数量变化、案件管辖职能调整（整合、划转等）、员额法官数量、各类人员分布、审判团队组建、法院人均办案工作量等数据。建立健全法院审判执行工作量测算与评估标准机制，通过自我测算上报、上下法院协同测算、邀请第三方机构评估测算等相结合的方式，及时对各级法院、各审判领域、各审判部门的审判执行任务量进行评估，为编制和员额动态调整奠定坚实的基础。

（三）坚持"调人"和"调案"相结合

对审判工作任务量大幅增加、现有编制员额不能适应办案工作需要的，适当增加编制和员额；对案件数量或工作量减少，编制、员额明显空置的法院，适当减少编制和员额；针对一些临时性的、短期的案件任务量变化，可以根据工作需要，采取借调的方式暂时将法官及审判辅助人员配置到需要补充力量的法院和部门，避免员额、编制频繁调整；对因案件数量大幅增加、行政区划调整、机构撤销或设立等而产生的重大审判任务工作调整变化，可考虑采取"调案"的方式，最终实现"人案相宜"。

二、健全完善法官员额常态化遴选机制

（一）健全完善法官入额遴选机制

定期遴选和专门遴选相结合。每年至少开展一次入额遴选。遇有法官因调岗、辞职、交流等原因导致法官空缺超过应设员额数五分之一时自动触发程序，启动专门入额遴选。完善递补法官工作机制，科学测算、合理安排递补法官的数量、专业，明确递补法官审批入额的工作流程，递补法官审批入额的排序规则等，确保空出员额时及时补充相应专业领域、适合岗位需求的法官。

（二）探索试点直辖市中级法院法官助理在本院入额

直辖市中级法院不承担对辖区基层法院审判管理、审判事务保障、干部人事建议等方面的职能，这与普通中级法院存在区别。同时，直辖市中级法院无对应的同级人大，在业务庭领导和法官任免上依赖高级法院的领导和协助。从受理案件数量和类型上看，直辖市中级法院与基层法院差别不大，甚至案件更为复杂，从这个角度看，直辖市中级法院等同于一个大的基层法院。综合考虑直辖市中级法院法官能力素质培养和目前遴选工作现状，在初任法官遴选时，可探索构建初任法官到直辖市中级法院和区法院入额的遴选机制，以缓解法官助理入额难和逐

级遴选难的压力。

(三) 完善法官逐级遴选相关配套举措

加强入额遴选与逐级遴选的联动。一般情况下,为保障正常的审判执行工作开展,逐级遴选前后应及时开展入额遴选。加强法官向上逐级遴选与法官助理向下入额遴选的协调,加强省市区内三级法院员额编制的统筹,推动中级以上法院法官助理有序到基层法院入额。加强与教育、公安、人才等部门的沟通,逐步探索解决与法官逐级遴选机制相关的住房落户、子女教育、家属就业等配套问题。

三、健全完善法官员额退出机制

(一) 明确细化员额退出的具体情形

法官退出包括自然退出、应当退出、申请退出三种情形。自然退出是指当法官出现丧失国籍、退休、辞职的、辞退、开除等情形时,自动退出员额。应当退出是指法官出现长时间不能履行职责、违法违纪不宜担任法官职务等规定的退额情形时,员额法官所在法院应主动启动退额程序,为符合条件的法官办理退额。申请退出是指法官因身体健康原因不能持续履行审判职责、个人能力素质不能适应办案要求等正当理由自愿提出申请经审批退出员额。

(二) 准确理解把握退出的判断标准

从法官的公职人员属性,行使审判权的公正性,履行职责的现实可能性等角度入手进行综合分析判断。从公职属性上看,法官丧失公职身份或不能在政治上做到忠诚可靠的,应当退额。从行使审判权的公正性上看,已经影响或可能影响审判公正的,应考虑退额。从行使职权的可行性上看,如无行使职权的条件和可能,也应办理退额。总之,法官退额应从审判工作实际需要出发,坚持标准,个案判断,审慎处理。

(三) 分类细化员额退出程序

自然退出应适用确认程序,由所在法院干部人事部门提请党组确认相关情形存在后,法官从退额事项出现之日起退出员额,退额具有溯及力。应当退出,由所在法院干部人事部门提出,所在法院研究同意后报高级法院审批决定是否退出,自审批同意之日起退出员额。自愿退出,由所在法院干部人事部门初审后报党组研究,同意报高级法院审批的,自审批同意之日或审批确定之日起退出员额。法官符合自然退出或应当退出情形,但主动申请退出的,按符合退出的具体情形办理,不以申请退额论。

四、健全完善法官助理使用和培养机制

(一) 准确理解把握法官助理的职责

法官助理在法官的指导下负责审查案件材料、草拟法律文书等审判辅助事务。根据人员实际和工作需要,细化法官助理的职责,在明确的法官助理职责范围内,不必搞助理职责的"整齐划一"[①]。法官与助理是业务上的指导与被指导关系,在考核助理履行审判辅助事务质效时,可赋予法官一定的权重,但法官不是助理的领导。在考核法官履行审判职责时,亦可听取助理的意见。法官与助理是法官主导下的协作办案关系。法官助理的定位不能简单地等同于法官的助理,法官助理有明确的工作职责,对其承担审判辅助事务承担责任。根据法院职能定位、审级情况、审判领域、部门和人员编制实际,合理配备法官助理和书记员,不搞"一刀切",不简单地追求固定比例配置。对于审判辅助事务工作量大的,可以配备多个助理,对于审判辅助工作量少的可以多个法官配备一个助理。

(二) 合理规划法官助理的职业发展

树立差异化培养理念,加强法官助理队伍建设,为法院工作储备人才。结合人员分类管理实际,在将法官作为助理终极培养或主要培养目标的同时,兼顾法院工作对其他类别人才实际需求和法官员额有限这一客观实际,构建以培养法官为主体兼顾其他类别人才培养的法官助理培养体系。探索推行"阶梯式+树状型"相结合的培养模式,以进阶成为法官为培养目标,将法官助理分为初级、中级、高级,不同层级法官助理承担不同的审判辅助职责,级别越高所从事的辅助职责专业性越强,离独立行使审判权的能力要求越近。定期对法官助理进行考核,对于经考核能力素质与遴选法官条件要求差距较大的,合理引导其从事其他岗位工作。加大入额政策、入额条件、员额比例等政策和实际情况的宣讲,帮助法官助理合理规划职业发展。

[①] 最高人民法院政治部,最高人民法院司法改革领导小组办公室. 人民法院全面落实司法责任制读本. 人民法院出版社,2021:78.

(三)完善法官助理到法官的过渡衔接

注重平时培养,循序渐进,逐步深入,从源头提高法官队伍整体职业化水平。对于经考察考核具有法官培养潜质的法官助理,通过预备法官、候补法官、助理法官、试署法官、陪席法官等"阶梯式"的历练,不断加大案件裁判规则、审理思路、庭审驾驭、裁判文书制作等能力的训练,通过有计划地实践锻炼培养,帮助他们逐步积累系统、全面、实用的司法技能,为入额遴选成为法官奠定基础。加强法官助理到法官的身份转变衔接机制建设,细化"初任法官实行统一职前培训制度"①,填补"过渡阶段",在审判团队组建中注重初任法官和资深法官的搭配,在入额初期加强平时性的考核考察,针对性补齐初任法官短板弱项,以专业培训、定期考评等方式帮助初任法官尽快适应法官身份。

五、健全完善司法行政人员补充机制

(一)正确把握司法行政岗位的定位

正确认识法院司法行政岗位对于保障审判执行中心工作开展的重要作用。肯定司法行政人员对于审判事业发展的贡献。结合司法行政岗位人员特点,健全完善符合司法行政人员职业特点的业绩考评、奖惩、晋升、交流转任工作机制,拓宽司法行政人员职业发展空间。充分发挥司法行政岗位综合能力培养的优势,将法院司法行政岗位作为法院后备人才实践锻炼平台和综合能力素质培养的重要基地,拟提拔担任领导干部的,或已经担任领导干部但缺乏司法行政岗位历练的,应有计划、分步骤安排到司法行政岗位进行培养锻炼。

(二)坚持"人岗相适"的补充原则

厘清司法行政岗位性质,坚持以责定岗,以岗定人,坚持司法行政人员专业化补充,依据司法行政人员职责需要来补充人员,距离审判核心事务近、对法学专业能力要求高的,原则上从审判业务部门选任;距离审判核心事务远、对非法学专业如财会、档案管理等知识要求较高的,原则上定岗招录非法学专业人员或接收军转干部从事,作为专业化人才长期培养。

---

① 《法官法》第三十条。

(三) 完善司法行政人员多元补充机制

优化司法行政人员补充模式,坚持多渠道补充司法行政人员。探索"三个三分之一"配置司法行政人员,即三分之一的非法学专业人员长期从事,三分之一的具有法律专业相关知识的人员长期从事,三分之一的后备干部短期交流。充分发挥未入额法官的作用,对需要熟悉审判专业知识的岗位,如纪检监察、法官管理、教育培训等,可由综合素质较高的未入额老法官或因个人原因申请退出员额的法官来从事;对于政工党务等与审判无直接关联,但对政治素质要求较高的岗位,可作为优秀法官、法官助理或司法行政人员短期交流锻炼的平台。

六、健全完善三类人员跨类别交流机制

(一) 准确把握三类人员跨类别交流的目的

坚持需求导向。不同类别人员之间是否需要交流以及如何交流,关键取决于其本身对于综合能力培养的需求度,对于综合能力培养需求较大的领导干部岗位人员,需要进行跨类别交流。不同类别岗位人员对于专业能力和综合能力的需求存在程度上的差别。在推进人员跨类别交流中,要注重区分不同岗位类别人员对于不同能力的差异化需求,平衡好专业能力和综合能力培养的关系,在遵循分类管理原则要求的前提下,审慎推进实施。

(二) 立足于工作岗位实际需要开展交流

坚持分类开展。对于院长,管理法院全面工作,应具有出色管理领导能力,需要跨类别和跨审级交流,设置2年及以上的交流期限确保其有足够的时间了解情况、丰富经历、提升能力;对庭长,在综合能力的需求方面仅次于院长,应交流至司法行政关键岗位从事管理工作,交流期限以1~2年为宜;对于普通法官,专业素质的要求是第一位的,一般不开展跨类别交流;中级法院和高级法院具有入额资质法官助理,可探索交流至辖区基层法院任职法官,以丰富其审判经验、提高其亲历性,以1~2年交流期限为宜;从事法官管理、纪检监察等事务的司法行政人员应具有审判业务部门工作经历,了解审判权运行机制,1~2年交流期限可以保障司法行政工作的质量。

(三) 拓宽交流渠道

坚持内外结合。以法院系统内部交流为主,规范法官、法官助理、司法行政

人员三类人员之间交流任职的程序，明确三者等级对应关系。将综合职能部门作为年轻法官、法官助理培养综合能力的平台。建立中级法院、高级法院法官助理和辖区内基层法院法官双向交流机制，逐步化解中级法院、高级法院干部基层工作经历难题。加大对外沟通协调力度，探索年轻法官、法官助理到其他党政机关、高校交流锻炼机制，培养懂审判业务、懂管理、懂党建的复合型人才。探索建立司法行政人员与其他党政机关双向交流机制，坚持综合职能部门人员有序流动和及时补充相结合，实现复合型人才培养。

七、加强院庭长培养选拔配套机制建设

（一）准确把握院庭长的双重职责要求

法院的院庭长既是行使审判权的法官，又是行使管理权的领导干部。具有双重身份，履行双重职责。两种职权有各自不同的特点。审判权具有判断性、专业性、相对独立性的特点，管理权具有服从性、综合性、领导性的特征。院庭长任职资格条件的设立来源于其承担的职能要求，培养选拔法院的领导干部需要同时遵循《法官法》和《党政领导干部选拔任用条例》[①]的规定，符合关于法官和干部的任职资格要求。

（二）充分考虑不同层级岗位对审判和管理能力的差异化需求

不同领导岗位对审判能力和综合管理能力的要求不同。有的岗位注重审判业务能力，有的岗位注重综合管理能力，有的岗位对审判业务能力和综合管理能力均要求较高。相对而言，层级较高法院的领导岗位对综合管理能力的要求高于中基层法院，职务较高的领导岗位对综合管理能力的要求高于较低职务的领导岗位。与此相反，职务较低领导岗位对审判业务能力的要求要高于职务较高的领导岗位。总体上看，法院层级越高对于两种能力的要求越高。在培养选拔领导干部时，要充分考虑不同领导岗位对审判和管理能力的要求，对以办案为主的副庭长岗位，综合能力要求可稍低；对以综合管理为主的院长岗位，在法官任职要求上可适当变通。

（三）统筹加强法院领导干部培养

加强与上级组织人事部门的请示沟通，充分考虑不同职务和岗位对于审判业

---

① 如无特别说明，《党政领导干部选拔任用条例》简称《干部选拔任用条例》。

务能力和综合管理能力要求的不同，在基层工作经历和法官任职资格等要求上适当区分。加强上下级法院的统筹协调，有序推动建立中高级法院优秀法官助理到下级法院入额后再回到中高级法院任职的人才流动机制，畅通中高级法院干部培养路径。健全法官选任为院庭长的衔接机制，明确法官等级与领导职务层次的对应关系，参照员额制改革时法官等级套改确定最低法官等级，同时设置最低任职年限，搭建法官等级和领导职务层次之间的联通"桥梁"。

八、加强司法人员职业保障配套机制建设

（一）强化职业待遇保障

加强与相关部门的沟通协调，健全完善与司法人员分类管理制度相衔接的社会保险制度，推动与法官职务等级相对应的社会保险待遇、退休待遇落实，健全完善员额法官工资待遇与其他类别人员待遇的衔接，明确不同类别人员之间工资待遇的对应关系，为法院不同类别人员之间的相互流动和建立能进能出的员额法官制度提供保障。

（二）进一步加强履职安全保障

加大对法官的关心关爱力度，结合信息技术运用，建立健康体检、心理疏解等制度，设法减轻法官的工作压力。及时澄清针对法官的诬告，依法保护法官的名誉。加强与公安机关、监察机关的协作配合，建立联防联动机制，适当延展职业保护的区域范围和对象，必要时将法官配偶、子女、父母等近亲属纳入保护对象范围内，解决法官后顾之忧。

（三）严格落实法官履职保护制度

坚持严肃追责和依法保护有机统一，法官依法履行职责受法律保护，非经法定程序、法定事由不得将法官调离审判岗位。正确认识落实司法责任制，明确"责任制不等于问责制"，不能因为实行责任制就让法官无所适从、畏手畏脚。[①]建立健全与司法职业规律相适应的案件评查制度、法官惩戒等制度，建立健全并落实法官在职权范围内对所办理的案件负责的具体办法。

---

① 最高人民法院政治部，最高人民法院司法改革领导小组办公室．人民法院全面落实司法责任制读本．人民法院出版社，2021：66.

九、加强司法人员绩效考核配套机制建设

（一）强化分类考核

理顺审判团队、审判组织与审判机构之间的关系，构建法官、审判辅助人员、司法行政人员三类人员个性化考核体系。以法官业绩考核为基础构建法官考核体系，同时将组织安排参与专项工作、审判调研、业务指导等纳入考虑，建立不同审判领域、不同合议庭、同一合议庭内不同法官业绩考核得分换算机制；以职责清单为基础构建审判辅助人员考核体系，避免法官和助理在工作任务上重复计算，综合业绩表现、法官、审判团队和审判庭意见进行考核评价，将裁判文书、调研成果、论文案例写作等有利于审判能力培养的因素纳入考核参考；结合司法行政人员岗位职责，探索司法行政工作任务测算指标和办法，坚持客观和主观评价相结合，自评和互评相结合。

（二）统筹不同类别考核

坚持平时考核、专项考核和年度考核相结合。强化平时考核，注重考核一贯表现，把功夫下在平时，坚持办案数量与办案质量相结合，合理量化工作任务量，及时发现不足，即时予以奖励，充分调动各类司法人员的工作积极性，为年度考核奠定扎实的基础。注重考核法官在承办重大疑难复杂案件等专项工作中的表现，突出考察法官的政治表现、综合处置能力和法律专业素养，发现储备干部。坚持业绩导向，奖勤罚懒，综合考虑平时考核、专项考核情况，做好年度考核工作，切实发挥考核的指挥棒作用。

（三）加强考核结果运用

将考核结果与三类人员评优评先、职级晋升、绩效奖金发放相挂钩，作为法官入额遴选、法官员额退出、法官等级晋升，法官助理、司法行政人员职级晋升等的重要依据。加强考核与初任法官、领导干部培养使用的衔接，在教育培训、人员交流等工作中加强绩效考核结果运用。

十、加强审判监督管理配套机制建设

（一）健全审判权力运行体系

处理好放权和监督的关系，完善审判人员权责运行机制，明确院长、庭长、合议庭、独任庭等组织和人员的权力和责任，严格落实独任庭、合议庭办案责任制，明确院庭长审判监督管理职责权限。同时，充分发挥专业法官会议、审判委员会的功能作用，提高监督管理的规范化、信息化水平，完善全院、全员、全过程的实时动态监督管理模式。

（二）健全完善法官惩戒制度

充分考虑法官职业的特殊性和审判工作的复杂性，在法官违法审判责任追究程序上，充分发挥法官惩戒委员会的专业把关作用，进一步细化完善法官惩戒工作制度建设，完善法官惩戒办法，通过公平、公正、公开的程序，提高责任追究的公信力、透明度，保障法官的合法权益。

（三）促进监督合力形成

坚持依法行使审判权和接受监督相统一，理顺院庭长日常监管与专业法官会议、审判委员会之间的关系，案件质量评查与法官惩戒、法官惩戒与纪检监察的关系，法院内部监督与权力机关外部监督、社会公众监督的关系，形成科学完备、符合规律、运行有效的监督制约体系，保障审判权公正行使。

第五章 未入额法官办案①

未入额法官是随着以法官员额制为核心的司法人员分类改革而出现的一个新群体。它是指在司法人员分类管理改革试点中未进入法官员额但此前已经法定程序被任命为审判员或助理审判员的人员。他们虽没有进入员额，但原有法律职务并未被免去，故称之为未入额法官。据初步估计，法官员制改革全面推开后，全国约有6.7万法官不能进入员额。② 这部分人的分流安置是司法改革试点工作推进中的一个难点。有观点认为全部就地转为法官助理或转为司法行政人员均不具有可行性和可操作性，需根据未入额法官的身份类型、年龄层次、能力素质等因素作出妥当安排，继续承办或参与案件审理就是可供选择的分流安置举措之一。也有观点认为没有入额便丧失了办案职权，不应再参与办理案件。未入额法官能否继续办案？是否需要办案？以何种形式办案等相关问题一度成为实践中争论较多的问题。

一、对办案权的争议

对于未入额法官能否办案，中央有关试点文件没有明确规定，在实践中存在截然相反的两种认识。

（一）支持未入额法官办案的观点及主要理由

这种观点认为，考虑到司改前后的衔接和平稳过渡，在案件压力大、人员分流安置难的情况下，应允许未入额法官继续办理案件。其主要理由如下：

---

① 未入额法官办案问题是人员分类管理改革初期争论较大的问题，也是改革中的难点问题。随着5年过渡期的结束以及改革的深入，此问题已成为历史。考虑到目前法院中仍有较大一部分未入额法官存在，了解这部分历史有助于解决相关问题，同时亦可为我们解决改革中的类似问题提供参考借鉴。

② 李少平. 当前深化司法体制改革的形势、任务及重点. 法律适用，2016（8）.

1. 未入额法官继续办理案件是其履行法定职责的要求。具有法官身份，是行使审判权、承担审判责任的前提。根据 2001 年《法官法》（已修订）的规定，未入额的审判员、助理审判员都是法官，是依法行使审判权的审判人员。《法官法》同时规定，法官非因法定事由、非经法定程序，不被免职、降职、辞退或者处分。中央有关试点文件明确指出，保留未入额的审判员和助理审判员的职务和待遇不变。按照要求，各地在推进司法改革试点工作中，也没有按照法定程序免除他们的法律职务。因此，就目前而言，未入额的审判员、助理审判员在法律上仍然是法官，他们行使审判权并不存在法律上的障碍。与此相反的是，行使审判权办理案件，恰恰是作为法官的职责。

2. 未入额法官继续办理案件对缓解现阶段的办案压力有积极作用。影响未入额法官办案的因素，有案件的因素，也有人的因素，但从当下来看，主要是案件的因素。对于法院而言，执法办案是第一要务，司法改革的目的也是要提升办案质效。允许未入额法官继续办理案件可以增加办案人数，分担入额法官的结案压力。考虑到目前司法人员分类管理改革推进程度的不同，法官员额制改革与审判团队组建、新审判权运行并未完全同步、人员分流安置难度大等情况，在新旧审判权运行机制过渡衔接阶段，允许、甚至提倡未入额法官继续办理案件，这样可以最大限度地调动办案力量来完成办案任务，具有一定的合理性。尤其是在一些案件量较大的法院，这种现实需求更为迫切。这一点，最高法院似乎也是支持的。最高法院副院长李少平曾撰文指出："让优秀人才充实到审判一线，凡有审判职务的人员原则上均应参与办案，入额法官必须到审判一线办案。"[①]

3. 继续办理案件是暂时安置未入额法官的有效方式。从人的因素看，允许、甚至强行要求未入额法官继续办案，是当前分流安置未入额老法官的重要手段。在推进法官员额制改革中，未入额老法官的安置是一个难点。在司改之初，曾有单位调研提出给予优惠待遇提前退休、交流到市级党政、国有企事业机关任职等建议，对未入额老法官进行安置。在调研中，有约 50% 的未入额老法官表示，可在给予相应优惠待遇后提前退休，但受法律政策限制，相关政策均未能落实。考虑到未入额老法官工作年限长、资历深，且大部分人都不愿从事法官助理工作，如将他们全部改任法官助理，在实际操作中沟通协调和管理的难度都很大。而司法行政、法警、审判管理等岗位的人员，受比例的限制，现在也基本饱和，即便出现个别岗位空缺，也难以满足安置未入额法官的需求。况且在能力素质上，未入额法官也未必能适应这些岗位的要求。因此，在未找到适合的安置方式之前，

---

① 李少平．大力推进繁简分流全面深化司法改革．人民法院报，2016-9-14.

允许未入额老法官继续办理案件，一方面可以继续发挥他们的办案经验优势，为一线执法办案贡献力量，避免司法资源的闲置；另一方面，可以确保队伍稳定，实现平稳过渡，似乎是较为可行的选择。总之，无论从结案角度考虑，还是从人员分流安置的角度考虑，在目前司法改革的过渡阶段，允许未入额法官办理案件具有一定的合理性。

4. 未入额法官继续办案对后续员额法官的培养有积极作用。以往的法官培养与选拔机制，大体上是按照法官助理—预备法官—助理审判员这样的模式进行的。从审判工作最基本的诸如案卷整理、庭审记录等工作做起，到能够独自审理一些简单案件以及在有经验的法官的指引下独立或者协助审理一些复杂案件，最后成长为一名合格乃至优秀的法官。这种渐进式的法官培养与锻炼模式，其实也暗含了职业法官的培养与成长规律。多年来，正是在这种畅通的培养模式下才保证审判人才源源不断地输向审判一线，进而保证我国的法院工作面对与日俱增的审判压力时不致停滞不前。员额制改革后，部分审判经验不够丰富、司法能力不够强的法官未能首批或二批入额。但是，按照过渡期"老人老办法，新人新办法"的原则，这部分未入额法官仍可以报名参加本院的下次员额法官竞争。一旦入额，将承担起严格、完整、终身的司法责任。目前，从法官助理到员额法官的培养机制尚在探索之中，审判经验积累、司法能力培养单靠法官助理岗位的培养锻炼还不能满足员额法官的任职要求，需要在法官助理与员额法官之间建立一种过渡机制，从办理简单的案件入手，通过办理一定量的简单案件或参与审理一定量的复杂案件后，再独立审理疑难复杂案件。允许未入额的年轻法官或有意愿争取入额的老法官继续审理案件，就可以起到这样的效果。

（二）反对未入额法官办案的观点及理由

这种观点认为，未入额法官继续办理案件与司法人员分类改革的初衷相悖，不利于法官专业化建设和司法责任的承担，是司法改革的倒退，反对未入额法官继续审理案件，主要理由如下。

1. 未入额法官继续办理案件与司法人员分类改革的精神不符。《中共中央关于全面深化改革若干重大问题的决定》提出了建立符合职业特点的司法人员管理制度，完善司法人员分类管理制度的要求。中央相关意见明确将司法人员分为法官、检察官，司法辅助人员和司法行政人员三类。[①] 中组部和最高人民法院关于

---

① 最高人民法院司法改革领导小组办公室．最高人民法院关于全面深化人民法院改革的意见读本．人民法院出版社，2015：254.

《人民法院工作人员分类管理制度改革意见》中也明确指出，法院的工作人员分为法官、司法辅助人员和司法行政人员三类。对司法人员进行分类，不仅是人员身份的变化，更与其工作的内容和职责紧密相关。按照中央的文件精神，在司法人员分类改革完成后，履行审判职能、承担审判责任的只能是法官。如果允许未入额法官继续办理案件，则意味着除法官外，还存在一类能实际行使审判权，但又不是法官的人员，不符合人员分类管理的要求。在司法人员分类管理改革后，未入额的法官，要么转为司法辅助人员，要么转为司法行政人员，不存在第三种身份。

2. 未入额法官继续办理案件并不是缓解办案压力的科学手段。在司法改革以前，增加办案人员数量是缓解办案压力的常用方式。考虑到人员编制的有限性，这种靠粗放式增加人力以化解结案压力的办法无法长久运行，只能通过改变现有办案机制、合理调配审判资源等方式予以解决。走集约化的发展之路，在参与办案的总人数大体不变的情况下，通过合理调配不同类别人员的工作，让他们各司其职，各负其责，形成工作合力。从长远看，随着各类人员职责分工的不断优化，改革的合力将会逐步显现，办理案件的质效也将获得提升，结案的压力也将随之消解。当前要做的，不是无限制地让未入额法官继续办案，而是要围绕入额法官厘清如何尽快组建审判团队，改革审判权运行机制，明确并强化各类人员的责任，提升审判团队的效能。

3. 个别法院未入额法官继续办理案件的必要性随着政策调整已经逐步降低。在支持未入额法官继续办案的理由中，"案件压力大，员额比例不能满足实际需求"是较为集中的一点。对此，孟建柱同志在 2016 年 7 月中央长春司改会议指出："对案多人少矛盾突出的区、县法院检察院，可考虑把事业编制人员纳入员额比例的基础，以留住原来在一线办案的业务骨干。在此基础上，如果这些地区仍存在案件多、办案人员不够的，可考虑把员额比例提高到 40% 左右。具体比例和基数，由各省区市司法体制改革领导小组把握。"[①] 按照这个精神，对于部分案件压力大、办案人员紧张的基层法院，可通过适当调整员额计算基数和比例，以增加员额法官的方式来缓解办案压力，而不是让未入额法官继续办案。

4. 未入额法官继续办理案件增加了人员考核管理的难度。从审判管理和考核角度看，如果允许未入额法官继续办理案件，就需要在三类人员之外另设一套系统对这类人员进行考核管理，不仅增加了考核管理的难度，还会使本已经较为紧张的司法资源更加紧张。

总之，从长远看，在人员分类改革完成后，未入额的法官，虽可按照政策保

---

① 孟建柱. 2016 年 7 月 18 日在全国司法体制改革推进会上的讲话. 长安, 2016 (10).

留入额前的身份和待遇不变,但不能再称为法官,也不能再行使审判权。如果允许未入额法官在人员分类管理改革完成后继续办理案件,将会在身份识别、责任承担、待遇保障等方面遇到困难,不利于专业化、职业化法官队伍建设。

二、相关政策规定梳理

（一）协助办案

按照中央有关试点文件精神,为确保改革平稳过渡,未进入员额的审判员、检察员和助理审判员、助理检察员保留法官、检察官职务和待遇,可协助员额内法官、检察官办案。这表明:其一,未入额法官可以办案,也可以不办案,不做强制性要求。其二,未入额法官办案居于辅助地位,系协助入额法官办案。其三,未入额法官协助员额法官办案是为了改革平稳过渡,是权宜之计,不是长久之策。

（二）承办简易案件

最高法院时任党组成员、政治部主任徐家新 2015 年 2 月在全国高级法院政治部主任会议上讲话指出:"各地要结合实际探索未入额法官协助办案的方式。过渡期内,未入额法官可以担任法官助理,也可以作为承办人独任审理简易程序案件,但仍需要审核把关;也可以作为合议庭成员参与审理案件,但不得作为审判长。"徐家新主任的讲话有如下变化:其一,明确了未入额法官可以承办案件,而不仅仅是协助员额法官办理案件;其二,未入额法官只能承办适用简易程序独任审理的案件,不能承办适用普通程序合议审理的案件,且承办的案件需审核把关;其三,能以合议庭成员的身份参与普通程序案件审理,但不能担任审判长。

（三）审批办理案件

B 省规定:"对于未进入法官、检察官员额但已有法律职务的人员,可以按照原有模式继续办案并按程序审批,按照法官助理、检察官助理标准确定薪酬待遇。"这种规定同中央和最高法院的规定相比有了进一步的突破,主要表现在:未入额法官办理案件的范围不再局限于适用简易程序审理的案件,适用合议制审理的案件未入额法官也可以承办,只是不能担任审判长,且需要按程序汇报或审批。这种变化为基层法院未入额法官承办合议制审理案件和中高级法院的未入额法官继续办理案件提供了政策依据。在未入额法官能否承办适用合议制审理的案件问题上，B省规定与最高法院徐家新主任的讲话基本一致，即"可以按照原有模式继续办案，作为承办人独任审理简易程序案件，并按程序审批，或者作为合议庭成员参与审理案件，但不担任审判长"。

（四）评析

关于未入额法官办案的相关规定有如下特点：

一是未入额法官继续办案应结合各地司法实际操作执行。对于未入额法官能否继续办案，中央相关试点文件没有作"一刀切"的规定。但从表述上看，中央相关试点文件使用的是"可协助员额内法官"的表述；尽管最高法院徐家新主任在讲话中指出未入额法官可以承办简易程序审理的案件或参与合议案件审理，但从其讲话中指出的"各地要结合实际探索未入额法官协助办案的方式"看，仍立足于协助入额法官办案。这表明，未入额法官已不再是办案的主体，原则上不应再继续办理案件，各地应当根据实际仅在必要时由未入额法官协助办案。

二是未入额法官继续办案是一项过渡性措施。"为确保改革平稳过渡""过渡期内"等表述，均表明未入额法官协助办案是一项临时性的安排，从长远看，留在法院系统内的未入额法官要么转为司法辅助人员，要么转为司法行政人员，终究要取消其承办案件的权力。而现阶段之所以允许其继续办理部分案件，系出于确保改革平稳推进的过渡措施。

三是对于未入额法官能否办案的认识有一个变化的过程。未入额法官能否继续办案是人员分类管理改革推进过程中出现的新难题，与改革进程的缓急、人员分类管理改革配套措施的跟进、审判辅助人员的配备建设等因素密切相关，对此问题的认识也随着改革向纵深推进不断深化，经历了不能办到协助入额法官办，从协助办到特定范围办，从特定范围办到有条件的大范围办的过程。

三、办案的三种模式

从各试点法院的情况看，对于未入额法官是否可以办案，哪些可以继续办案、具体如何办案、是否明确规定过渡期限等都存在不同的做法，归纳起来主要包括以下几种模式：

（一）隐名模式

未入额法官原则上不再继续办理案件。例如，H省法院对于未入额法官的总原则是转任为法官助理，不再继续办理案件。基于此指导原则，没有为未入额法官设置过渡期限。实际执行过程中,在员额压力不大,未入额法官人数不多的法院,原则上都转为法官助理,不再继续办案。但在部分结案压力较大的法院仍存在未入额法官继续办案的现象,对此,该省高级法院持保留意见,并未明确表示支持。同 H 省法院一样,G 省法院也明确规定未入额法官原则上应转为法官助理,但经个人申请,所在部门领导、所在审判团队的员额法官同意后,未入额法官可以继续办理案件,但不得对外署名,裁判文书的署名为员额法官。未入额法官实际办理案件数量计入绩效,绩效奖金在审判辅助人员的总量内发放,继续办案的未入额法官的奖金要高于其他审判辅助人员。

(二)限权模式

未入额法官享有一定程度的办案权。以 B 市法院系统为例,从办案权限上看,未入额法官只能承办适用简易程序审理的案件或作为合议庭成员参与普通程序案件的审理,但不得担任审判长。但在实际办案中,未入额法官承办案件并不局限于上述所列案件范围。从办案模式上看,对于承办案件的,继续按照原有模式办理并按程序审批;对于参与合议庭审理案件的,对自己的意见承担相应责任。从薪酬待遇上看,继续承办案件的未入额法官薪酬待遇按照法官助理、检察官助理标准确定。但从 2016 年执行的情况看,继续承办案件的未入额法官实际上参与员额法官年终绩效考核奖的分配,而对于参与案件审理的未入额法官,则没有得到体现。对于未入额法官继续办理案件的期限,没有明确规定。

(三)照旧模式

未入额法官过渡期内继续按司改前的方式办理案件。从办案权限和模式上看,S 市法院采取的是"老人老办法"的处理原则,在 2013 年 12 月前,具有审判员、助理审判员职务的未入额法官并未剥夺审判权,仍可以继续承办案件,对于未入额法官承办案件的范围未作明确规定。从期限看,以 2013 年 12 月为时间节点,明确了五年的过渡期,过渡期内未入额法官按照原有模式可以继续办案。从薪酬保障看,未入额法官的绩效奖金在审判辅助人员的总量内发放,继续办案的未入额法官的奖金要高于普通法官助理。

四、未入额法官办案的隐忧

(一)未入额法官办案的范围在实践中呈扩大之势

按照中央相关文件,未入额法官只能协助员额内法官办案。最高法院政治部时任主任徐家新 2015 年 2 月的讲话，虽然将未入额法官"协助办案"的形式扩大解释为承办简易案件或参与审议庭审理案件，但在对未入额法官办案的权力和范围进行限制上是一致的。考虑到中级法院管辖的案件适用简易程序审理的较少，如果严格按照上述文件和讲话的精神，能承办案件的主要应为基层法院的未入额法官，中级法院的未入额法官只能作为合议庭成员参与合议庭审理案件。而从实践情况看，无论是采取隐名模式的 H 省法院，还是采取限权模式的 B 市法院，承办案件的未入额法官均不限于基层法院法官，承办案件的类型也不限于简易案件，有的甚至和入额法官无异。这些做法同上级限制未入额法官办案的精神不一致，对于实践中扩大未入额法官办案范围的做法需要引起重视并予以规范。

（二）未入额法官审批式办案与审判权运行机制改革的方向相悖

有权必有责，失职必担责。任何权力的行使，都必须以问责为前提。司法改革前，法官办理案件需经行政式的层层审批才能最终出手，导致责任虚化、难以落实，一直为人所诟病。对于未入额法官继续办理案件如何进行管理，中央相关意见没有明确。时任最高法院政治部主任徐家新在讲话中指出：未入额法官承办独任审理的简易案件"仍需审核把关"，但对于以何种形式审核把关，亦未予以明确。B 市法院和 S 市法院的做法为"继续按原有模式办案"，实际上就是审批制。未入额法官的办案模式继续沿用改革前的审批制，在这种模式下，裁判结果体现的是领导意志而非承办法官意志，未入额法官易对领导办案经验、裁判能力及权力权威产生依赖，同时审批制度也是"审判分离"的典型表现，有违司法亲历性，使未入额法官的裁决受到来自法院内部的干预，也成为外部力量介入裁判的可能渠道，司法者立场中立缺乏制度庇护，司法公正可能受到影响。无论是庭长审批还是合议庭内员额法官审批，无论未入额法官是否署名，都无法摆脱审者不判，判者不审的现实困境。

（三）未入额法官继续办理案件在确定审判责任时存在身份上的困境

在开展司法改革试点工作前，对于适用简易程序审理的独任案件，在案件量较大的地区和法院，往往由法官当庭作出裁判，几乎没有审核把关的程序。从案件性质上看，可以适用简易程序独任审理的案件，案件事实清楚、法律关系简单，审理的难度不大，似乎也没有审核把关的必要。因此，如果未入额法官承办简易案件按原有模式办理，就意味着几乎没有审核把关环节，事实上就是独立办案，就应该承当相应的审判责任。按照最高人民法院《关于完善人民法院司法责任制的若干意见》第四十八条的规定,① 对于未入额法官审判责任的认定和追究应适用该意见。但该意见是按司法人员分类改革后的人员类别设计的,其中并无未入额法官这一人员类别,按何种人员类别确定其责任需要研究。考虑到未入额法官实际上行使了部分入额法官的权力,如果按审判辅助人员确定其责任,与其行使的权力并不对应。而按入额法官来确定其审判责任,可与其行使的权力对应,但在身份和待遇上又会出现新的不对应,容易导致责、权、利的不统一。

（四）未入额法官继续办理案件与审判辅助资源配置存在一定的矛盾

按照改革的总体设计,员额法官确定后,就应围绕员额法官组建审判团队,按新的审判权运行机制审理案件,落实有关法官办案质量负责制的相关要求,以真正做到"让审理者裁判,让裁判者负责"。在审判权运行机制改革中,审判辅助人员,尤其法官助理是一个承上启下的关键变量,法官助理的数量是否充足、质量能否满足需要,直接影响着员额法官办案的质效。从理论上讲,如果入不了额的法官都能转为法官助理,那么法官助理数量不足的问题将会得到很大程度的缓解。以 B 市某中级法院为例,入额前有法官 300 余名,一二批共有 180 余名法官入额,如果入不了额的近 120 名法官都能转为法官助理,加上近三年招录的大学生,法官与法官助理的比例能达到 1∶1,② 但是由于一些年龄偏大的未入额法官不愿从事法官助理工作,法官助理的缺口仍然较大,审判团队的组建也受到了影响。从审判资源的配置看,未入额法官继续办理案件一方面使得本该转为法官助理的未入额法官没有转任,减少了法官助理的来源;另一方面未入额法官继续办理案件意味着仍需为其配备一定数量的书记员,加大了审判辅助人员配备的负担,不仅没有增加审判辅助人员的力量,反而起到了削弱作用,不利于审判资源的优化配置。

---

① 最高人民法院《关于完善人民法院司法责任制的若干意见》第四十八条规定:"本意见适用于中央确定的司法体制改革试点法院和最高人民法院确定的审判权力运行机制改革试点法院。"

② 本文所引用的相关数据均截至 2016 年 11 月 1 日。

五、存在问题的原因分析

（一）对于中央和最高法院关于未入额法官办理案件的相关要求领会还不够深刻

从文件规定看，中央、最高法院对于未入额法官办案实际上并不鼓励。在涉及未入额法官办案问题时，相关文件和讲话均使用的是"可协助办案""可以办案"，而不是"应当办案"。而且在"可以"办案或协助办案的前面，又加了很多限定性的词或语句。例如，"为确保改革平稳过渡""过渡期内"等，从办案期限、办案范围等方面对未入额法官办案进行限制。这种规定表明，允许未入额法官继续办案是一种不得已而为之的权宜之计，其目的是确保改革的平稳过渡。同时也表明，如果未入额法官不继续办理案件也能确保改革平稳过渡或不至于从整体上影响到改革的平稳推进，则未入额法官一般应通过转任为审判辅助人员、司法行政人员等方式予以分流安置，不应再继续办案。对于中央文件精神领会的不到位、不深刻是造成实践中未入额法官办理案件的范围扩大的主要原因之一。

（二）未入额法官的分流安置渠道还不够通畅

未入额法官的分流安置问题，面临着总量多、渠道窄、难度大三大困境。从未入额法官数量上看，未入额法官在各院都占有相当的比例。以 B 市高级法院、某中级法院、某区法院为例，各院未入额法官分别为 98 名、118 名、98 名，分别占已有法律职务法官总数的 40%、38.6%、28.65%（如图 5-1 所示）。从渠道上看，目前未入额法官的分流安置大体上有三种渠道：一是交流转岗到法院系统外工作；二是给予一定的优惠待遇提前退休；三是在法院系统内转为司法辅助人员和司法行政人员。就目前而言，转岗到法院系统外的交流工作尚未建立有效机制，针对未入额法官的提前退休政策也似乎未曾听闻。对于内部转岗，虽然司法辅助人员比例较大，但未入额法官"就地卧倒"直接任法官助理转为辅助人员是不现实的，也是与中央精神相悖的，而各法院司法行政人员的比例基本已趋于饱和。从未入额法官的年龄分布上看，年纪较小或者年龄较大的未入额法官可以通过转任法官助理等待未来入额或者退休的方式分流安置，对于中间年龄层的未入额法官，他们大多是通过社会招考或中专毕业后就到法院工作，普遍从事审判工作时间较长，与员额法官的职业素养与专业水平还有一定差距，这部分未入额法官既不愿意转任为法官助理，又无法交流转岗到法院系统外，容易形成人员淤积。同样以 B 市高级法院、某中级法院、某基层法院为例，三个法院 46 岁至 55 岁未入额法官分别为 24 名、43 名、22 名，占各院未入额法官总数的 24.4%、36.4%、22.4%。这类未入额法官的分流安置工作难度最大（如图 5-2 所示）。

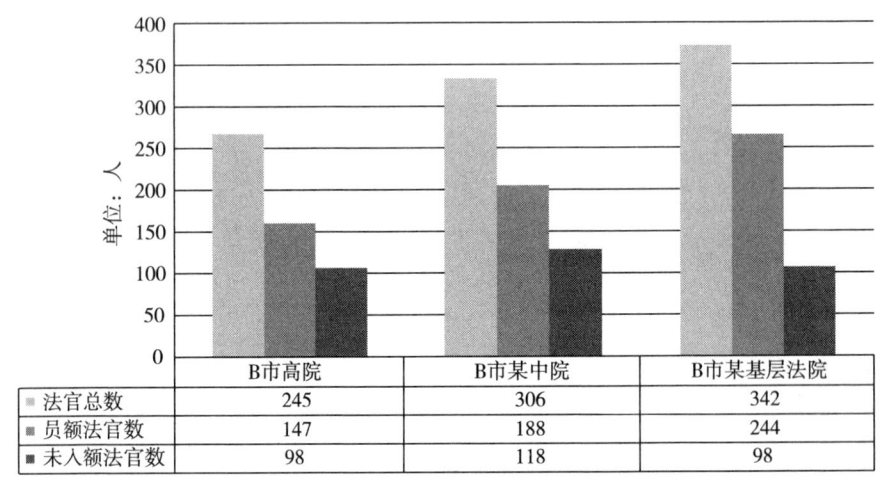

图 5-1 B 市部分法院未入额法官数量

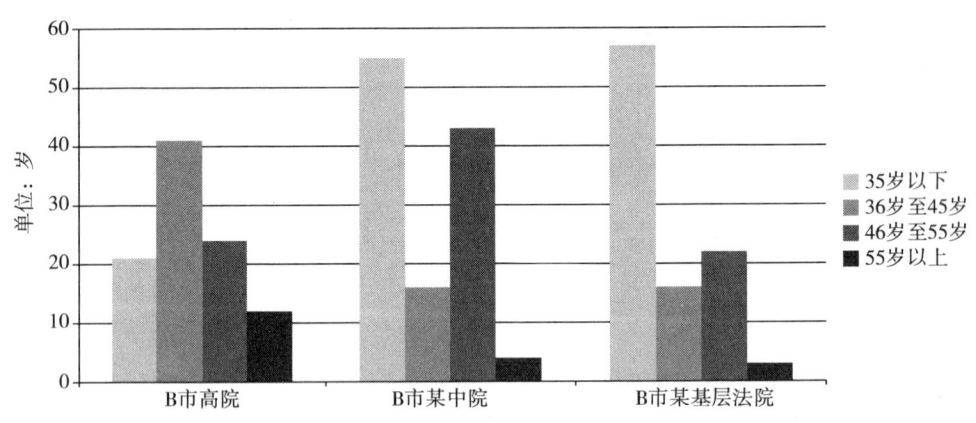

图 5-2 B 市部分法院未入额法官年龄分布

（三）对于人员分类管理改革的目的和意义理解还不到位

推进以法官员额制为核心的司法人员分类改革，提高法官的专业化、职业化水平与完成审判执行工作、提升工作质效并不矛盾。面对不断攀升的案件数量和不断增大的结案压力，是继续按照过去粗放扩张的模式通过增加法官数量来完成办案任务，还是走法官精英化之路，通过优化审判团队建设，以集约高效的方式来加以应对是摆在司法改革决策者面前的难题。从司法实践看，司法公信力不高是多年来困扰法院工作的一个突出问题。原因有很多，部分司法人员素质不高是主要的原因之一。孟建柱书记曾指出："就涉法涉诉信访案件来说，80%的问题属于执法司法瑕疵，而且大多数是由工作粗枝大叶等原因造成的。"这其中，有部分法官职业素养和专业水平不高的原因；也有法官管理制度不科学，将法官混同于普通公务员进行管理，法官难以集中精力研究事实证据认定和法律适用等原因。实行以法官员额为核心的司法人员分类管理改革，就是要按照司法规律配置司法人力资源，从现有法官中挑出最优秀的人员来办案，提升法官的职业素养和专业化水平，以实现办案质量、效率和司法公信力的提升。在实践中，主张未入额法官继续办案，以应对案件压力的观点一定程度上表明，我们的思想认识仍然停留在靠人海战术突击结案阶段，或者说是仍然受这种思维模式的深刻影响，对于司法人员分类管理改革的理解认识还不到位。

（四）从整体上对各个改革举措间的相互关系思考还不够深入

在此轮司法改革中，以员额制为核心的人员分类管理改革仅是司法责任制、司法人员分类管理、健全法律职业保障制度、推动人财物省级统一管理四项基础性改革之一。除上述内容外，本轮司法改革还包括司法管辖制度改革、建立排除司法干扰制度、人民陪审员制度改革等多项内容，他们之间紧密相连，彼此影响，有的具有牵一发而动全身的意义。如果不从整体上进行思考，而仅仅将目光局限在某一项改革或工作之上，就会陷入被动，不仅影响某一项工作的推动，还会影响其他改革工作的推进。未入额法官作为人员分类管理改革的产物，不管是否办案，最终都要按照人员分类管理改革的要求将他们在内部转任为司法辅助人员、司法行政人员，或交流转岗到法院系统外，这个方向，中央的相关文件是有明确的。如果对其身份问题不能予以清晰界定，司法责任制、职业保障等改革也将会受到影响。如果能够从全局上考虑未入额法官的办案问题，那么就能预测到未入额法官终将退出历史舞台，就不会设法扩大未入额法官办案的范围，而是设法逐步限缩，乃至设法取消。

六、若干建议

以法官员额制为核心的人员分类管理改革触动着大多数司法人员的神经，非常敏感。而未入额法官因为离员额最近，尤其敏感，也极其脆弱。未入额法官办案问题，从表面看是案件的问题，实质是人的问题，或者从根本上说是利益问题。正如马克思所说,"历史不过是追求着自己目的的人的活动而已"①,"人们奋斗所争取的一切,都同他们的利益有关"②。在处理未入额法官的问题上,办案也好,不办案也罢,其核心是如何在司法人员分类管理改革中明确未入额法官的身份地位,充分发挥他们的优势,调动他们的积极性,为司法改革服务,实现司法改革前后各项工作的平稳过渡和有序衔接。

（一）完善未入额法官办案需要处理好的几个关系

1. 要妥善处理好个人利益与改革发展的关系,引导未入额法官正确看待自己身份角色的变化。利益具有多元性,不同主体的利益需求存在差别。而这些不同的利益需求又具有层次性,可分为国家利益、集体利益和个人利益等。对于如何看待个人利益,马克思主义一方面承认个人利益的存在,并肯定其在社会发展中的积极作用,他指出:"把人和社会联系起来的唯一纽带是天然必然性,是私人利益。"③ 另一方面个人利益又必须服务服从于更高层次的普遍性的利益,马克思指出:"包含着特殊利益的普遍利益本身就是国家的目的这一论断抽象地规定了国家的现实性、国家的生存。"④ 法官员额制改革后,由于员额法官和未入额法官在身份和待遇保障上存在一定的差别,未入额法官在待遇、身份、荣誉感等方面都受到了影响,作出了一定的牺牲。考虑到员额有限,必然要有一部分原先的法官入不了员额,为保障司法人员分类改革以及其他司法改革工作的顺利推进,这种牺牲在所难免。但同时也应看到,未入额法官的薪酬保障同原来相比不仅没有降低,反而实现了增长,只是在增长的幅度上没有员额法官高。而进入员额除了薪酬保障增幅相对较大外,还面临更大的结案压力和更严格的司法责任。总体上,体现的是责、权、利的统一。引导未入额法官从责、权、利等多个角度对自己身份地位的变化进行分析,有助于解开心结,为其下一步转任合适的岗位做好铺垫,帮助他们逐步实现从办案到协助办案的转变。

2. 要处理好局部实施与整体推进的关系,使用好有限的员额编制。人财物省级统管改革的推进为员额编制在省以内按照审判工作需要进行调整提供了可能。以B市法院员额制改革的实施为例,一二批员额的比例设置均由市高级法院根据审判工作任务需要、辖区面积、人口等因素统一确定。这种在一定范围内打破辖区和行政区划配置员额编制的做法,可以将员额编制向案件压力大的地区和

---

① 马克思恩科斯全集（第2卷）. 人民出版社,1957:42.
② 马克思恩科斯全集（第1卷）. 人民出版社,1956:2.
③ 马克思恩科斯全集（第2卷）. 人民出版社,1957:8.
④ 马克思恩科斯全集（第2卷）. 人民出版社,1957:12.

法院倾斜，最大限度地破解"案多人少"的难题，实现员额编制的科学配置。直辖市、沿海等经济发达、人口较多的地区，虽然在整体上都面临"案多人少"的问题，但具体来看，这些地区内部也存在经济社会发展不平衡的问题，有的案件相对较多，有的案件相对较少。如果在配置员额比例时，充分考虑到这一因素，按照实际办案的需要，打破地区和审级的限制，在省以内合理的调配，则可以在很大程度上解决"案多人少"的问题。此外，具体到某一法院，案件压力在不同审判领域和审判业务部门之间也会存在差别，在具体配置法官员额时，也应对此情况予以考虑。总之，应从整体上思考"案多人少"的问题，充分合理运用现有的员额编制，将员额编制向案件压力大的地区或部门倾斜，充分发挥现有员额编制的作用，只有在现有员额编制比例不能满足办案需求时，才考虑让未入额法官继续办理案件。

3. 要处理好当前过渡与法院队伍长远发展的关系，确保改革平稳推进。总的来看，未入额法官办案作为一项过渡性举措，主要是为了实现"两个平稳过渡"。其一，实现案件的平稳过渡，即确保执法办案不因改革受到影响，办案的效率和质量不因改革而降低，这是首要的，也是第一位的。因为改革的最终成效要靠执法办案的效率和效果来检验，执法办案的效率和效果如何直接影响着公正高效权威的社会主义司法制度建设，关乎司法改革的目标的实现。其二，实现人员的平稳过渡，即确保改革前后人员的思想平稳，确保"人心不乱、队伍不乱、工作不断"。办案队伍是否平稳对办案质效平稳有直接的影响，要实现办案质效的平稳，首先要确保队伍的平稳。在改革开始阶段，尤其是员额确定前，大多数人对于是否申请入额和能否入额均不确定，思想波动比较大，确保改革中的队伍稳定的任务十分重要。但在员额基本确定一段时间之后，入额的、未入额的和根本没有入额资格的人均大体确定，队伍会逐步趋于平稳，未入额法官办理案件的必要性也随之逐步降低。如果继续办案，在薪酬待遇兑现后，反而会引发新的不平衡，引起新的波动。未入额法官办案在员额确定前后的短时间内（1年内）积极作用比较明显，但从长远来看，为了确保队伍稳定和案件质效的提升，未入额法官办案的时间不宜太长，并应逐步取消。

（二）具体建议

1. 从严掌握继续办理案件的人员范围。未入额法官原则上不再办理案件。根据所在法院的案件和人员分流安置情况，确需继续办理案件的，要综合考虑未入额法官的能力素质、年龄层次、自身意愿等确定具体的人员。优先考虑符合入额基本条件、有入额潜质的未入额法官或距法定退休年龄不满5年、有继续办案意愿、具备相应能力的未入额老法官继续办案。对于尚不符合入额基本条件的年轻法官一律转为法官助理，不安排继续办案。对于不符合入额法官要求且具法定退休年龄在5年以上的未入额法官原则上亦不安排办案。

2. 继续办理案件的人员应按程序严格审批。高级法院根据各院办案压力、人员安置等情况，从原则上确定各法院的未入额法官是否需要继续办案。对于高级法院同意未入额法官继续办案的法院，在具体确定继续办案的人员时，应由个人向所在审批业务部门提出申请，各审判业务庭根据本部门案件数量、案件性质及人员结构，综合考虑个人意愿与工作需要提出初步意见后提交各院司法改革领导小组审议决定。各法院应将本院未入额法官继续办理案件的情况定期向高级法院备案。

3. 严格控制未入额法官办理案件的范围。未入额法官只能承办适用简易程序审理的案件或作为合议庭成员参与审理案件，不能以个人名义实际承办需要适用普通程序审理的案件，确因工作需要承办的，应以入额法官的名义承办，由入额法官负责审核监督并承担责任。从工作便利的角度考虑，可以庭长（包括副庭长）的名义承办并由庭长（包括副庭长）负责审核监督。

4. 完善案件程序和承办人员变更机制。未入额法官在案件办理过程中或合议庭员额法官、庭长在履职过程中发现案件为重大、疑难、复杂、新类型等情况案件的，如是未入额法官承办的按简易程序审理的案件，应变更为普通程序审理，并将承办人变更为入额法官；如是未入额法官以入额法官名义实际承办的普通案件且难以继续审理的，应将实际承办人变更为入额法官，未入额法官继续作为合议庭成员协助入额法官审理。

5. 厘清审判管理权与监督权的界限。对于未入额法官承办的简易程序案件，可采取口头向庭长（包括副庭长）或指定的员额法官汇报、定期抽查等方式予以监督。对以入额法官名义实际承办的案件，由入额法官审批。未入额法官不同意采纳审批意见的，可建议庭长提请法官会议研究。

6. 明确未入额法官审判责任的承担方式。在合议庭中，仍应坚持法官平权原则，未入额法官和入额法官承担同等权责，作为合议庭成员参与案件审理的，承担合议庭成员的相应责任；作为案件承办人审理案件的，员额法官审批的案件由未入额法官与员额法官共同承担责任，报主管副庭长或庭长审批的案件由主管副庭长或庭长及员额法官共同承担责任。

7. 严格执行3到5年的过渡期。未入额法官可继续办理案件的期限原则上为3到5年。在条件允许的前提下，未入额法官办理案件的期限越短越好，人员结构较为合理，改革基础较好的法院，无须等待过渡期结束，即可终止未入额法官办案。过渡期结束后，未入额法官不得再行使办案权。

8. 明确未入额法官的身份地位。过渡期内，未入额法官从大的人员范围看属于司法辅助人员，但保留原有的职务和待遇不变，并按规定确定等级、晋升职务。过渡期结束后，按照规定兑现相应类别人员的职务等级。

9. 加大未入额法官的分流安置力度。在逐步取消未入额法官办案的同时，加大对未入额人员的分流安置力度，加强对员额法官的选拔培养机制的研究。抓紧通过过渡期来消化一部分未入额法官，届时减少未入额法官的整体规模，最终推进法官员额制和人员分类管理的实现。

10. 统筹推进其他改革举措。将未入额法官继续办案机制的完善同审判权运行机制改革、新型审判团队组建、员额法官的后续培养等统筹起来推进，实现改革的平稳过渡和各项改革举措的有序衔接。

第六章　《法官法》和《干部选拔任用条例》的衔接

2019年3月，中共中央印发新修订《干部选拔任用条例》，同年4月，全国人大常委会审议通过了修订后的《法官法》。修订后的《法官法》强调了法院审判业务部门领导干部的法官属性，明确规定，除院长外，符合员额法官任职资格是成为副院长、庭长、副庭长的基本条件。修订后的《干部选拔任用条例》突出了新时期好干部标准，强调了干部的政治素质、基层工作经历等。法院的院庭长兼具法官和领导干部双重身份，其选任需同时符合《法官法》和《干部选拔任用条例》的规定。同时，院庭长承担审判和管理两种职能，不同层级的领导岗位，不同审级法院的干部对于两种职能的要求各有侧重。因此，在培养选拔法院领导时，不宜"一刀切"，应从院庭长行使的审判职能和管理职能出发，分析不同岗位对审判和管理能力要求的差异，在资格条件要求上适当区别，以双重岗位职能为指导破解院庭长双重身份任职的难题。

一、问题的由来及适用中的困惑

司法人员分类管理改革前，法院人员类别相对单一，法官和领导干部并未完全"分立"，虽在身份上有审判与非审判、领导和非领导之分，但走的是同一职务职级序列，两者之间的转任衔接一般没有疑问。员额制改革后，尤其是《法官法》新修订后，法官任职条件较其他公务员有了明显差别，在选任、晋升等方面明显区别于其他公务员。在此背景下，具有双重身份的院庭长的选任，既需"走"法官入额遴选机制和法官单独职务序列管理，又需符合领导干部任职条件，两者之间既需兼顾也需互相衔接。从实践来看，两者之间衔接并不顺畅，法院在适用《法官法》和《干部选拔任用条例》时普遍存在以下困惑（如图6-1所示）。

> **困惑一：**
>
> 某法院 A 法官：
>
> 员额制改革前进入法院工作—任书记员—任助理审判员—员额制改革后遴选入额任员额法官—是否可选任庭长？
>
> 某法院 B 审判员：
>
> 员额制改革前进入法院工作—任书记员—任助理审判员、审判员—员额制改革后因工作需要等原因未遴选入额，任法官助理或综合部门司法行政人员（保留审判员法律职务）—调至审判业务部门后，暂未入额，是否可选任庭长？

> **困惑二：**
>
> 某法院 C 法官：
>
> 员额制前为审判员（正科级）—员额制后入额为一级法官—晋升为四级高级法官—是否可选任副庭长（副处职）？
>
> 某法院 D 法官：
>
> 员额制前为审判员（副科级）—员额制后入额为二级法官—晋升为一级法官—晋升为四级高级法官—是否可选任副庭长（副处职）？

> **困惑三：**
>
> 某基层法院 E 优秀法官助理：
>
> 员额制后进入某基层法院工作任法官助理—符合入额条件后在本院遴选入额任法官—是否可选任基层法院副庭长？
>
> 经法院逐级遴选到中级法院任法官—是否可选任中级法院副庭长？
>
> 某中级法院 F 优秀法官助理：
>
> 员额制后进入某中级法院工作任法官助理—符合入额条件后到基层法院入额任法官—是否可选任基层法院副庭长？
>
> 经法官逐级遴选到中级法院任法官—是否可选任中级法院副庭长？

> **困惑四：**
>
> 某法院 G 法官：
>
> 大学毕业后进入某中级法院工作——直在中级法院审判业务部门从事审判工作—员额制改革后在中级法院入额任法官—是否可选任中级法院庭长（处级）？

图 6-1　实践中法院庭长选任存在的困惑

（一）员额制管理后，法院院庭长是否一定是员额法官

《法官法》明确，法官实行员额制管理。院庭长需满足法官任职资格和领导

干部任职资格,但院庭长的"法官任职资格"是否就是"已经入额为员额法官"?即图 6-1 中 B 法官是否可先选任院庭长,再经遴选程序入额?从《法官法》规定来看,院长、副院长的任职资格条件较为明确,"人民法院的院长应当具有法学专业知识和法律职业经历。副院长、审判委员会委员应当从法官、检察官或者其他具备法官条件的人员中产生"①。可见,选任院长、副院长,并未要求必须是员额法官。但对庭长、副庭长的任职资格条件没有明确。在实践中,有的法院持"审判职务"观点,即选任院庭长须有审判职务,庭长可从具有审判职务的未入额法官中选任,有的则持"员额法官"观点,即需要从员额法官中选任。产生不同法院适法不统一的现象。

(二)法官等级与领导职务层次之间是否应有联系

《干部选拔任用条例》规定选任领导干部应符合任下一级职务一定年限的条件。② 法官单独职务序列管理改革后,入额法官的法官等级由法官入额前的行政职级套改而来,套改后员额法官等级与原行政职级完全并行,法官等级设置、晋升年限、晋升程序等与公务员职级、领导职务不具有一一对应关系。那么,法官等级与领导职务层次之间应该如何衔接?相较公务员职务职级并行后的综合管理类公务员,公务员职级与领导职务并行的同时有"桥梁"可实现转任或兼任,③法官等级和领导职务层次之间却没有"桥梁"联通。图 6-1 中 C 法官入额前为正科级审判员,提任副处职领导时可以从其任正科级起算下一级任职时间,D 法官入额后不再有副科级——正科级的过程,而是走二级法官——一级法官的法官等级晋升路径,对于其是否符合选任领导职务任职年限的问题尚没有明确依据。

(三)法院院庭长选任如何与法官入额遴选机制相联系

从审判工作需要看,法官是法院院庭长的主要选任来源。而现有法官入额遴选机制打破了中级法院和高级法院"书记员—助理审判员—审判员—庭长"的传统人才培养路径,中级、高级法院法官助理在符合入额条件后均要在或到下级法院入额,中级、高级法院干部培养的阵地便从各级法院自主培养转移到了下级法院,从实践来看,中级、高级法院法官助理到下级法院入额,待符合本院法官入额条件后再遴选回到中级、高级法院的人才循环机制尚未建立。目前来看,中

---

① 《法官法》第十四条。
② 《干部选拔任用条例》第八条。
③ 《干部选拔任用条例》第八条。

级、高级法院法官助理到下级法院入额,及从基层法院逐级遴选法官工作成效还不够理想,"向下入额"及"向上遴选"的数量均较少。

(四)领导干部任职条件是否需考虑法院审判工作特点

由于履职需求不同,法院领导干部培养和法官培养各有侧重。基于法官的专业性要求,在实践中多地法院已不再将基层工作经历作为法官遴选入额和法官等级晋升的必备条件。基于群众工作能力需求,《干部选拔任用条例》规定提任领导干部仍需具有一定年限的基层工作经历。[①] 两者如何兼顾,如对于基层工作经历的认定,中级、高级法院院庭长在"基层工作经历"的认定上是否可区别于其他党政机关领导干部?在中级、高级法院的业务和基层法院一致,甚至更复杂的情况下,能否将中级、高级法院审判业务部门也视为基层,按业务内容和性质,而不是按机构级别来认定基层工作经历?有的地方法院已经将在中级法院"信访接待部门"的工作经历视为基层工作经历。但这种"认定"仅是个别法院的做法,并没有普遍适用。

二、双重职能的属性比较

院庭长两种身份的重叠来源于其承担的审判职能和管理职能。其任职资格条件的设立也来源于其承担职能的履职需求。岗位职能不同,任职资格要求自然不同,要求同种职能的程度不同,任职资格条件也会有差异。做好双重身份下不同任职资格条件的衔接,应首先界定院庭长承担的双重职能并明确其特性。一般而言,院庭长的审判职能,主要是作为法官进行审判活动,或作为法官或审判委员会委员参加专业法官会议或审判委员会进行业务指导。[②] 院庭长管理职能包括审判管理、行政事务管理。其中审判管理包括审判流程管理、审判质效管理、审判监督管理等,行政事务管理包括队伍管理、事务管理、后勤保障管理等(如表6-1所示)。[③]

[①] 基层工作经历是指,在县(市,区,旗),乡镇(街道)党政机关,村(社区)党组织或村(居)委会,以及各类企业,事业单位工作过(参照公务员法管理的事业单位不在此列)。军队转业干部在军队团和相当团以下单位工作过,中央、国家机关干部在市(地)直属机关工作过,也可视为基层工作经历。(参见中共中央组织部干部一局.党政领导干部选拔任用工作条例学习辅导.党建读物出版社,2014:102)。

[②] 冯之东.审判委员会制度与司法责任制.上海政法学院学报,2016(2).

[③] 蒋惠岭.论法院的管理职能.法律适用,2004(8).

表 6-1 院庭长审判职能主要内容

审判职能		管理职能					
		审判管理			行政事务管理		
办理案件	业务指导	审判流程管理	审判质效管理	审判监督管理	队伍管理	事务管理	后勤保障管理
作为法官办理案件。其中，推进院长、庭长办案常态化，要健全院领导主要审理重大疑难复杂案件机制	通过办理疑难复杂案件、或作为法官或审判委员会委员参加专业法官会议或审判委员会进行业务指导	包括法律授权的程序性事项审批、依照规定调整分案、变更审判组织成员的审批等	根据职责权限，对案件整体质效的检查、分析、评估，分析审判运行态势，提示纠正不当行为，督促案件审理进度，统筹安排整改措施，对存在的案件质量问题集中研判等	对最高人民法院《关于完善人民法院司法责任制的若干意见》第二十四条规定的"四类案件"进行个案监督	包括政治思想建设、党组织建设、廉政建设、审判资源配置、人事管理、人员奖惩、组织机构设置等事项	包括信息宣传、调研、舆论管理，以及与上级机关、部门等其他单位的沟通、关系处理	包括经费使用、档案管理、安全保障、信息通信、设施管理、基础建设等后勤保障事项

从职能内容来看，院庭长审判职能和管理职能有如下几个特点：

(一) 审判职能的专业性和管理职能的综合性

法律是一门艺术，一个人只有经过长期的学习和实践，才能获得对它的认知。[①] 而审判的过程是要依据法律的规定，运用自己丰富的法律知识和社会经验进行推理和判断，以确定争议的性质和解决争议的方法，审判是一项高度专门化和技术性的工作，并非每个人都能运用它。虽然《法官法》对院长、副院长法官任职条件进行了特殊规定，但并不代表院长、副院长专业性要求不高，如院

---

① [美] 爱德华·S. 考文. 美国宪法的高级法背景. 强世功译. 三联出版社，1996：34.

长、副院长需要主持审委会会议,需要亲自办理一些疑难、复杂、重大案件或新类型案件,办理案件需能够发挥示范作用等,专业性要求并不低,反而比普通法官更高。同时,院庭长管理职能包括"审判管理"和"行政事务管理"两大场域,除审判管理职能外,其"行政事务管理"职能与其他行政机关领导干部管理职能差别并不大,包括人、财、物管理,上下协调,内外沟通等一系列事务,对综合素质能力水平要求较高。

(二) 审判职能的独立性和管理职能的领导性

司法权和行政权最大的区别是,前者是平权型的,权力主体之间没有服从与被服从的关系,相互之间也相互独立,互不干涉。① 审判组织依法对案件进行裁判时,不受其他组织或个人的干涉和影响,这是依法独立行使审判权的基本含义。院庭长审判职能并不受其管理职能的影响,其在履行办案职责时是以法官身份承办案件或参与审理案件,在参加审判委员会或专业法官会议时与其他审判委员会委员、其他法官并无地位上的差别。相对来说,管理职能的重要属性是领导性,是"对组织内群体或个人施加影响的活动过程",是指挥、带领、引导和鼓励部下为实现目的而努力的过程。因此,不同领导岗位管理职能具有领导群体多少、管理范围大小的区别。

(三) 审判职能的判断性和管理职能的执行性

从院庭长自身来看,其审判职能的实现主要在"审判席",是运用自己的法律知识和社会经验办理案件或发表法律意见,面对的是案件双方当事人、办理的是自身承办的案件,由审理者裁判、裁判者负责,审判职能的行使仅对案件负责。而从院庭长管理活动内容来看,包括与岗位职权相联系的公务事务或监督、管理公共财产的职责,是以履行国家意志为前提,根据国家意志来履行职能,强调的是执行性。2018 年最高人民法院《关于进一步全面落实司法责任制的实施意见》明确严格落实院庭长主体责任、履行"一岗双责"②。所谓"一岗双责",是指法院部门领导干部既要抓好审判工作,又要带好队伍,确保党风廉政建设不出问题,是从加强政治、思想、组织领导等层面保证审判工作的顺利有序进行。

---

① 陈丹,娄必县. 法院院庭长权力角色冲突及解决. 四川师范大学学报,2018(1).
② 最高人民法院《关于进一步全面落实司法责任制的实施意见》第十三条。

三、不同岗位对两种职能的要求

具体来看，院长、副院长、庭长、副庭长不同领导岗位的审判职能、管理职能也存在一定区别。有的办案数量较多，专业性要求更高，有的则管理范围更大、综合能力要求更高（如表6-2所示）。

表6-2 院庭长不同岗位审判职能、管理职能构成①

领导岗位		审判职能		管理职能					
		办理案件（数量）	业务指导	审判流程管理	审判质效管理	审判监督管理	队伍管理	事务管理	后勤保障管理
院长		*	****	****	****	****	****	****	****
副院长		**	****	****	****	****	***	***	***
庭长	中级、高级法院	***	***	***	***	***	**	**	
	基层法院	****	**	**	**	**	**	**	
副庭长	中级、高级法院	****	**	**	**	**	*	*	
	基层法院	*****	*	*	*	*	*		

（一）院长：以管理职能为主

院长是法院一把手和第一责任人，管理法院全面工作，承担的事务较为繁杂，必须花大量精力处理一院整体事务，办案时间被挤占，办案数量要求不高，如某地法院规定基层、中级法院院长每年作为承办法官审理案件和参加合议庭审理案件数量应当达到本院法官平均办案量的5%。但院长作为一院"首席法官"，其需办理重大疑难复杂案件，办理的案件需有示范作用，需主持专业法官会议、审判委员会讨论决定有关法律适用、总结审判经验等。在具备较高管理能力的同时，也应具备较高的法律专业能力水平。

---

① 以"*"数代表相关职能范围或职能大小，部分院庭长因特殊原因，可能存在不同之处，表中所示为一般院庭长职能构成。

（二）副院长：管理职能多于审判职能

从实践来看，在管理职能方面，副院长主要协助院长分管某一领域审判业务，主要抓审判管理，行政事务管理事项较少。在审判职能方面，副院长也主要办理重大疑难复杂案件，办理案件从数量上看较院长多，如某地法院要求基层法院副院长每年作为承办法官审理案件和参加合议庭审理案件数量应当达到本院法官平均办案量或本院所选相关领域法官平均办案量的30%，或不少于100件；中级法院副院长每年作为承办法官审理案件和参加合议庭审理案件数量应当达到本院法官平均办案量或本院相关领域法官平均办案量的20%。

（三）庭长：管理职能和审判职能大体相当

庭长作为法院内设机构负责人，管理范围较院领导小，所涉管理事务主要是本部门内审判事务、人员管理等。在审判职能方面，部分庭长为审委会委员，需履行审委会委员职责，同时在办案数量上庭长较副院长多，如某地法院要求基层、中级法院庭长每年作为承办法官审理案件和参加合议庭审理案件数量应当达到本部门法官平均办案量的50%。不同层级法院庭长职能也不同，例如，中级、高级法院案件多为二审案件，是在经过一审"第一道"程序后当事人对审理结果仍有异议，案件争议一般更为复杂，审理方式多为合议制。同时，中级、高级法院庭长需负责对本辖区（本省市或地区）范围内某类或某领域内案件的指导，在专业要求上较基层法院庭长应更高，在审判管理范围上较基层法院院庭长更广。

（四）副庭长：以履行审判职能为主

副庭长作为庭长副手，管理职能具有辅助性质，但副庭长办案数量要求与普通法官差别不大，如某地法院要求基层、中级法院副庭长每年作为承办法官审理案件数量应当达到本部门法官平均办案量的70%。在实践中，基层、中级法院副庭长一般为本部门办案骨干，侧重于办理案件。同时，受上下级法院间指导与被指导的关系影响，中级法院副庭长需协助庭长对辖区内本领域案件审理进行指导，因此，在指导审判、总结审判经验方面与基层法院副庭长职能也有所不同。

四、双重职能与任职的多重考量

从职能来看，院庭长一人承担双责，且不同领导岗位的院庭长职能构成也存在不同,有的审判职能更"深"更"多",有的管理职能更"宽"更"广",因此,在院庭长选任过程中,既不能"一视同仁"也不能"完全分立"。

(一)从审判职能需要出发确定院庭长"法官"任职条件

《法官法》明确了院长、副院长的"法官"任职条件,因此有必要对庭长、副庭长任职要求也进一步明确。基于庭长负责管理指导部门审判业务应具有较高审判业务能力,副庭长大多数为部门办案骨干,庭长、副庭长选任均应"具备法官任职条件"。由于法官实行员额制管理,明确未入额法官不得办案,院庭长要履行审判职能,应能够完成法官身份的"确认",即入额。因此,庭长、副庭长选任后,应在一定时期内完成入额遴选,其中副庭长基于履行办案职能需要,应在选任后短期内即可在本院遴选入额,以便尽快发挥审判职能(如表6-3所示)。

表6-3 院庭长法官任职条件

岗位	"法官"任职条件	依据
院长	应当具有法学专业知识和法律职业经历	《法官法》第十四条
副院长	应当从法官、检察官或者其他具备法官条件的人员中产生	《法官法》第十四条
庭长	建议从法官、检察官或者其他具备法官条件的人员中产生	庭长审判职能履职需要
副庭长	建议主要从法官中产生,或具备法官条件、提任后即可经遴选在本院入额	副庭长办案需要

(二)从履职专业要求出发考量选任院庭长的法官等级

法官等级与领导职务层次属于不同性质的等级形态,[①] 领导职务层次的核心在于其"职位",强调管理效能的实现,一般领导职务层次越高,管理范围越广。法官等级体现的是法官所应具备的专业知识与资历,一般法官等级高者,任职资历、审判经验、专业能力水平也较高。从我国法院组织管理体制来看,法院组织机构级别与其他行政机关机构级别设置差别并不大,法院内部审判庭的机构设置也基本与其他行政机关没有差别,总体来看,领导职务层次越高者,一般管理范围越广。从院庭长审判职能来看,虽然办案数量随着领导职务层次的升高而

---

① 刘忠.政治性与司法技术之间:法院院长选任的复合二元结构.西北政法大学学报,2015(5).

减少，但业务指导职能要求随着领导职务层次的升高而增加。因此，法官等级与领导职务层次之间应是"有限"的、"正相关"的关系，从法官中选任院庭长，其法官等级与领导职务层次之间应设立最低等级范围（如表6-4所示）。

表6-4 法官等级与领导干部职务的对应关系建议（举例）

领导干部职务层次	建议最低法官等级
正局职	二级高级法官
副局职	三级高级法官
正处职	四级高级法官
副处职	一级法官
正科职	三级法官
副科职	四级法官

（三）从能力培养角度出发构建人才双向交流工作机制

无论是员额制改革前还是改革后，法官都是院庭长人选的主要选任来源，改革前，法院培养干部一般不是从审判员开始，多数法院从书记员或助理审判员阶段便开始有计划地培养其综合素质能力，且施行了一些行之有效的交流锻炼机制，例如，将拟进一步使用的年轻干部提早纳入视野，有计划地加强培养锻炼，虽有个别外单位交流，但主要在本院内培养。这种培养方式具有可长期计划、持续培养的特点，有利于法院年轻干部快速成长为领导干部，在改革前是各级法院的首选方式。改革后，基于初任法官一般到基层法院任职，上级人民法院法官一般逐级遴选的要求，中级、高级法院若从法官助理开始培养锻炼，法官助理要经历到基层法院任职后再回到中级、高级法院的过程。一方面，中级、高级法院法官任职条件较基层法院更高，法官助理到基层法院初任法官后，一般至少5年[①]以后才能再经遴选回到中级、高级法院，中级、高级法院担心法官助理到基层法院任职后难以再遴选回到中级、高级法院，或担心法官助理到基层法院任职后培养锻炼中断，干部成长效果不佳，普遍对法官助理的培养规划存消极态度。另一方面，中级、高级法院在案件审理方式、审级管理方面与基层法院存在较大差别，法官助理到基层法院任职法官后，更熟悉的是基层法院案件审理模式，不利

---

① 例如，直辖市中级法院要求设置四级高级法官以上法官等级，中级法院法官助理到基层法院遴选入额，一般任二级法官，由二级法官—四级高级法官，一般需至少5年。

于中级、高级法院干部培养。修订后的《法官法》规定："参加上级人民法院遴选的法官应当在下级人民法院担任法官一定年限",未进一步明确在下级法院任职的年限。同时,《五五改革纲要》提出："探索建立下级人民法院法官到上级人民法院交流担任短期法官助理工作机制"。本文从中级、高级法院院庭长履职工作需要出发,结合实践中的问题,将领导干部培养和法官入额遴选机制相结合,在相关制度允许的前提下,规划中级、高级法院法官助理到基层任职,再遴选到中级、高级法院的人才双向流动的循环机制,为中级、高级法院领导干部选任储备"后备法官"(如表6-5所示)。

表6-5 中级、高级法院干部培养路径建议

	中级、高级法院干部培养路径建议	路径建议解决的问题
路径	中级、高级优秀法官助理 ——到基层法院初任法官(任职一定年限,可任职2年) ——到中级、高级法院交流任法官助理 ——符合中级、高级法院遴选条件后遴选到中级、高级法院任法官	1. 解决优秀年轻干部培养中断问题
		2. 通过到基层法院任职,增加优秀年轻干部任职经历,培养锻炼基层工作能力
		3. 到中级、高级法院交流担任短期法官助理阶段,因已具有"审判员"身份和审判工作经验,可从事更接近审判核心工作的审判辅助工作,或安排协助庭长、副庭长处理相关事务,加强法官亲历性培养和岗位锻炼

(四)从审判工作特点考虑院庭长"领导干部"任职条件

法官遴选、晋升不再要求基层工作经历,但基层工作经历认定问题仍是中级、高级法院培养选拔干部需解决的问题。院庭长是领导干部身份,其"群众工作能力"为必需。从"基层工作经历"任职条件的设置本义来看,是对干部是否能"为民服务"的验证式考察,[①] 关键是通过基层工作经历培养领导干部从事群众工作的能力。从法院审判工作特点来看,高级、中级法院和基层法院,除了在审级、管辖范围方面有区别外,不同层级法院审判工作内容及"群众工作"性质区别并不大,且中级、高级法院办理案件更为复杂,部分案件涉众范围更广。从院庭长管理职能需求来看,除院长外,副院长、庭长、副庭长审判管理职能较行政事务管理职能要求更高,范围更广,尤其是副庭长,除协助庭长进行部

---

① 李明,郭庆松. 基于"好干部标准"的干部考核评价:模型建构与指标体系. 中共中央党校学报,2018(1).

门管理外,主要发挥其审判职能。因此,院庭长"领导干部"任职条件在兼顾法院审判工作特点的同时也应综合考虑院庭长不同岗位职能需求(如表6-6所示)。

表6-6 法官任职条件要求建议

领导岗位	领导干部任职条件(基层工作经历)	依据
院长	建议严格解释"基层工作经历"条件。	领导干部选任要求及岗位管理职能需求。
副院长	建议严格解释"基层工作经历"条件。	
庭长	建议兼顾法院审判工作特点,适当将中级、高级法院审判业务部门工作经历视为选任庭长要求的基层工作经历。	
副庭长	建议兼顾法院审判工作特点,将中级、高级法院审判业务部门工作经历视为选任副庭长要求的基层工作经历。	

法院的领导干部兼具法官和领导干部的双重身份,在选拔任用中,需结合不同层级岗位对于管理和审判职能的不同要求,在兼顾《法官法》和《干部选拔任用条例》的基础上有所侧重,唯有此,才能做到以事择人、人岗相适,选拔出法院事业发展需要的好干部。

第七章　直辖市中级法院法官助理入额

在《实施意见》出台前，基层法院是四级法院法官助理入额的唯一通道。在《实施意见》出台后，最高法院和各省市高级法院的法官助理除原则上到基层人民法院入额外，也可根据工作需要到中级法院入额。由此，我国法官助理入额由"单轨"迈向"双轨"。基层法院承受的入额压力得到部分缓解，最高法院和高级法院的法官助理入额的渠道得到进一步扩展。在此背景下，对于中级法院法官助理入额问题的关注就显得较为迫切。对于中级法院法官助理入额，在实践中有两种较有代表性的观点：一种认为，从现行法律和政策规定、增加法官经验阅历和提升办案能力等角度考虑，中级法院的法官助理应到基层法院入额；另一种观点认为，考虑到中级法院和基层法院一样都以办案为主，中级法院办理的案件甚至更为复杂，部分案件涉及范围更广、疑难复杂程度更高、审理难度更大，中级法院与基层法院在案件审理方面一定程度上具有同质性，允许中级法院法官助理在本院入额并不会冲击初任法官一般到基层人民法院任职制度的设计初衷。本文认为，初任法官一般到基层法院入额是《法官法》的规定，应得到普遍遵循。考虑到《法官法》的规定为"一般"，也就意味着特殊情况下，法官助理也可以不到基层法院入额。《实施意见》规定最高法院和高级法院的法官助理可到中级法院入额即为特例。对于法官助理到基层之外的法院入额规定要合乎立法目的，且需要经权威机关确认方可实施。

一、到基层法院入额的原因

（一）实际工作需要——确保法官集中在办案一线

基层法院承办了我国将近80%的案件，[①] 对法官数量和质量的需求较大，而

---

① 黄祥青. 关于完善法官遴选制度的几点思考. 人民法院报，2020-11-12.

基层法院由于法院层级较低等原因不易吸引和留住人才,"案多人少"矛盾突出,法官长期以来处于"过载"状态,[①] 不利于案件纠纷在"第一道"诉讼程序中解决。为加强基层法院队伍建设,中央及最高法院一直在探索拓宽基层法院人才来源渠道。1999 年,最高法院在《一五改革纲要》[②] 中提出"法律院校毕业生和其他人员应首先充实到中级法院和基层人民法院"[③]。随后,《二五改革纲要》《三五改革纲要》分别提出了"法官统一招录、统一分配到基层法院任职"[④] 及"通过定向选拔等办法改革解决基层法院法官短缺问题"[⑤]。2014 年,党的十八届四中全会在《中共中央关于全面推进依法治国若干重大问题的决定》提出初任法官在基层任职工作机制,最高法院在《四五改革纲要》中就落实中央要求,建立初任法官在基层法院任职机制进行了规划。[⑥] 总体的目标均是"确保法官主要集中在审判一线,高素质人才能够充实到审判一线"[⑦]。

(二)能力素质培养——促进法官积累审判经验

社会法学派的代表人物霍姆斯大法官曾说:法律的生命不在于逻辑,而在于经验。任何一份裁判都是法官职业经验与人生阅历的呈现,将客观法律事实与法理、情理综合考量需要法官通过审判活动的长期积淀。[⑧] 时任最高法院政治部主任徐家新亦提出,"丰富广博的阅历"是做合格法官的基本要求之一,做合格法

[①] 吴英姿. 法官角色与司法行为. 中国大百科全书出版社,2008:293.

[②] 如无特别说明,《人民法院五年改革纲要》《人民法院第二个五年改革纲要(2000—2012)》《人民法院第三个五年改革纲要(2009—2013)》分别简称《一五改革纲要》《二五改革纲要》《三五改革纲要》。

[③] 《一五改革纲要》第三十二条规定:"改革法官来源渠道。逐步建立上级人民法院的法官从下级人民法院的优秀法官中选任以及从律师和高层次的法律人才中选任法官的制度。对经公开招考合格的法律院校的毕业生和其他人员,应首先充实到中级人民法院和基层人民法院……"

[④] 《二五改革纲要》第三十七条规定:"改革法官遴选程序,建立符合法官职业特点的选任机制。探索在一定地域范围内实行法官统一招录并统一分配到基层人民法院任职的制度……"

[⑤] 《三五改革纲要》第十四条规定:"……通过定向选拔、委托培养、定期工作、定向流动等法官招录办法改革,切实解决中西部少数民族地区和欠发达地区基层人民法院法官短缺与法官断层问题……"

[⑥] 《四五改革纲要》:改革法官选任制度。健全初任法官由高级人民法院统一招录,一律在基层人民法院任职机制。

[⑦] 贺小荣. 着力解决影响司法公正和制约司法能力的深层次问题——最高人民法院司改办主任贺小荣解读"四五改革纲要". 贵州法学,2014(12).

[⑧] 吴广强. 法官逐级遴选之正当思辨与制度构建. 中国应用法学,2018(11).

官,不仅要有深厚的法律功底,更要有丰富的社会阅历。① 而从实践来看,当前法院大部分法官助理是从学校毕业直接考入法院,普遍缺乏社会阅历,通常没有法律职业经验,大部分不具备案件审理和纠纷解决能力,其审判经验和社会阅历的积累主要依托参与案件审理,通过办理大量案件增加审判经验。从四级法院来看,基层法院案件存在数量多、案件类型多样、直接面对群众等特点,是法官积累审判经验、增加社会阅历、涵养司法能力的重要平台。因此,初任法官到基层任职是为解决"部分审判经验不足,司法阅历较少的人员直接担任上级法院法官的问题"②。

(三) 人才梯队建设——实现不同层级法官的良性循环

党的十八届四中全会《中共中央关于全面推进依法治国若干重大问题的决定》明确"初任法官到基层任职"与"上级法院法官从下一级法院遴选产生"共同构成"法官逐级遴选制度"。③ 因此,建立初任法官到基层任职工作机制,首先是促使法律人才向下流动,让更多年富力强的法官充实到基层一线,促使法官积累审判经验,更加熟悉基层及下级法院情况。然后推进法官逐级向上流动,将熟悉基层及下级法院工作实际的法官遴选到上级法院,可有效提高上级法院对下级法院审判指导与监督工作的准确性和权威性,强化上级法院审判监督职能、形成良好审级关系。同时,到基层任职后再遴选到上级法院较之法官一直在本院任职,可打破本院内法官等级的"天花板",给予法官更宽广的职业预期,让更多优秀人才通过自身努力遴选到上级法院,获得更大的职业发展空间,进一步激发法官的积极性和进取心。

---

① 徐家新指出,可从六个方面把握做合格法官的基本要求:一是崇法护法的精神。二是司法为民的情怀。三是客观公允的立场。四是辨法析理的能力。五是丰富广博的阅历。六是谨言慎行的作风(参见徐家新. 合格法官的基本要求. 人民法院报,2016-7-2)。

② 马世忠.《中华人民共和国法官法》条文理解与适用. 人民法院出版社,2020:42-43.

③ 中共中央《关于全面推进依法治国若干重大问题的决定》第六条规定:"……建立法官、检察官逐级遴选制度。初任法官、检察官由高级人民法院、省级人民检察院统一招录,一律在基层法院、检察院任职。上级人民法院、人民检察院的法官、检察官一般从下一级人民法院、人民检察院的优秀法官、检察官中遴选……"

二、入额的现实困境

（一）中级法院法官助理到基层入额，加剧了基层法院"僧多粥少"的局面

基层法院目前的法官员额设置是以案件数量为主要依据设立的，虽然也可根据案件变化等因素动态调整，但这种动态是着眼于单个法院的动态，比较僵化，未能兼顾中级以上法院等法官助理到基层法院入额后，入额基数增大的实际。同时，中级以上法院法官助理欲报名入额的法院具有随机性，如不加以引导，个别热门基层法院报名入额人数会更多。例如，在某直辖市2021年入额遴选时，基层法院入额岗位约200个，全市符合条件的法官助理在1000个以上，比例约为1∶5，有的热门基层法院报名人数和拟遴选人数比例甚至达到了10∶1。基层法院本院的法官助理从入院到遴选为法官的年限普遍都在10年以上，中级法院法官助理的到来，更是加剧了他们入额的难度，为了稳定队伍，各基层法院对于中级法院法官助理基层入额普遍持有限的欢迎态度。在走访调研中，一位基层法院政治部主任曾直言："我们非常欢迎中级法院助理来入额，如果他们能带着额来，或者说不占我们的额，那么在操作层面更具意义，否则，我们还得考虑自己的助理，毕竟他们是给我们干活的，而中级法院的助理是来入额的。"这种想法虽不符合政策要求，但这就是基层的实际，也是中级法院法官助理入额时所要面对的现实难题。

（二）不同层级法院的法官助理工作内容不同，到基层法院入额考核评价尺度难以统一

一般而言，法院的审级越高，法官直接承办的案件数量越少，法官助理协助法官办理案件的数量也就越少。最高法院和高级法院的法官助理除协助办案外，还会协助从事法律实务研究、统一案件裁判标准等相关工作，中级法院和基层法院的法官助理则以协助办理案件为主。同时，由于中级法院案件以二审为主，主要适用合议制审理，基层法院案件以一审案件为主，主要适用独任制审理，中级法院法官助理和基层法院法官助理协助办理案件的类型也存在区别。在入额时，如何为最高法院、高级法院法官助理到中级法院，中级法院法官助理到基层法院入额提供公平、公开、透明、可操作的考核机制，对于能否入额十分关键。在实践中，中级法院法官助理到基层法院入额时，在办案业绩考核上，难以与基层法院考核标准相统一，主要只能通过测评打分等主观手段评定，给报名基层法院入

额的干警和报名法院均造成了很大困扰。个别基层法院为了保证本院法官助理入额，设置更多倾向于本院法官助理的入额考核加分条件，有的中级法院为了提高"向下入额"的法官助理的竞争力，也存在评价本院法官助理不够客观的现象。

（三）中级法院从基层法院遴选法官不畅，加大了基层法院入额难度

从制度设计来看，上级法院法官助理到下级法院初任法官，下级法院法官逐级遴选到上级法院，通过"一上一下"的人员流动，实现法院内部人员循环流动的动态平衡。在这种制度设计中，基层法院作为人才培养的核心阵地和最大的中转站，其吞吐能力的大小对法院人才梯队建设具有决定性的影响。实际的情况是，在"向下"环节，基层法院出于维护队伍稳定等因素考虑，接纳中级法院法官助理入额的意愿较低，人员向下流动不畅。在基层法院人才"向上"流动环节，也面临着实际困难，考虑到符合中级法院入额条件人员基本上都是基层法院的中层干部和业务骨干，如果不加限制地频繁流动，对基层法院的冲击较大。基层法院从实际工作考虑，往往不愿意放人，导致中级法院的法官不能得到及时补充，同时也造成了基层法院空额的减少，反过来又加剧了入额难度。

三、本院入额的可行性

（一）从能力培养角度分析

审判工作无"基层"和"非基层"之分。审判工作是一项利益协调和矛盾化解工作，充分了解纷繁复杂的社会生活是做好审判工作的基础。无论是在一审还是二审，案件审理过程中法官均不仅需要了解案件的基本情况及对应的法律关系，而且要熟知引发案件纠纷的社会背景、案发地的风土人情等，在此基础上加以综合权衡后，才能作出正确判断。中级法院和基层法院除了在审级、管辖范围方面有区别外，不同层级法院审判工作内容、性质区别并不大，都直接面向当事人办理案件，面对的当事人同基层法院是同样的，案件是同一个案件，当事人是相同的当事人，只是适用的审理程序有区别，开庭、谈话、深入当事人居住地调查取证、走访等均是与人民群众直接打交道，两者并无区别。并且，中级法院也受理管辖部分一审案件，就一审案件而言，中级法院所面对的情况更复杂，涉及面更广，群体更多，更需要与群众进行沟通交流。

（二）从案件办理角度分析

直辖市中级法院工作以"办案"为主。直辖市中级法院无管理辖区基层法

院的权力，对于基层法院的队伍建设和审判管理一般无实质性影响，仅负责基层法院上诉案件的审理，除对基层法院按审级行使案件审判监督权外，其他指导权均属高级法院，从审判性质来看实际上就是一个"层级"较高的"基层法院"。以某直辖市为例，从数量上来看，中级法院每年审理的案件均在两万件以上，超过其辖区半数以上基层法院办理案件数量，从案件复杂程度来看，中级法院受理的二审案件大部分是经过了"第一道"诉讼程序后，当事人对审理结果仍存有异议，争议解决难度更大。因此，同辖区基层法院相比，中级法院办理的案件数量没有减少，而且多数案件案情更为复杂，部分案件涉及的范围更广、疑难复杂程度更高。

（三）从人才培养角度分析

直辖市中级法院在辖区内无法有计划统筹实现人才培养的循环流动。从"地位"上来看，直辖市中级法院更像一个对辖区没有人事指导权的"基层法院"。直辖市中级法院对基层法院除按审级行使案件审判监督权外，其他指导权均属高级法院，其无对应的人大，法官需报高级法院提请人大任命，与市委组织部、市委政法委、市人力资源与社会保障局等其他单位的沟通大部分也需要高级法院介入。因此，直辖市中级法院的干部交流、法官助理到基层入额、法官遴选、大学生招录等与干部队伍建设相关的基础工作，都需要高级法院的统筹和支持，自身在辖区内很难独自进行统筹安排。而在其他地方，中级法院由于对辖区法院拥有全权的指导权，在上下级法院人员交流方面相对容易，无论是从基层遴选法官，还是中级法院助理到基层入额都较为顺畅。但是，直辖市中级法院与基层法院均可以直接招录法官助理，且直辖市中级法院较基层法院招录条件要求更高，同时，中级法院二审案件大多由合议庭审理，法官助理多编入以合议庭为组成单位的审判团队，通常会出现一个法官助理辅助多个法官，或多个法官助理辅助多个法官的情况，法官助理可以通过多个带教法官获得更多的审判经验。

（四）从制度依据角度分析

《法官法》在规定初任法官到基层任职时使用的是"一般"的限定，这种规定同《四五改革纲要》"一律"的要求有细微的差别，[①] 允许特殊情况的存在。实际上，这也成了《实施意见》规定的最高法院和各省市高级法院的法官助理

---

① 《四五改革纲要》第五十条规定："……健全初任法官由高级人民法院统一招录，一律在基层人民法院任职机制……"

除原则上到基层入额外,也可根据工作需要到中级法院入额的依据。因此,考虑到直辖市中级法院无普通中级法院对于辖区基层法院的人事管理权,无对应的同级人大,办理的案件数量多、难度大的情况,可作为特殊情况在法官助理入额上予以特殊考虑。此外,直辖市中级法院数量少,不会对法律的一般规定形成冲击。《法官法》第十七条规定:"……最高人民法院和高级人民法院法官可以从下两级人民法院遴选……"这种规定也在一定程度上认可了中级法院的基层属性。

四、本院入额的合理性

(一)合理分担基层法院的压力

允许直辖市中级法院的法官助理在本院入额,一方面,可以有效分担基层法院的入额压力,对于基层法院和中级法院法官队伍的稳定具有促进作用;另一方面,在逐级遴选制度落实效果不佳,中级法院法官难以补充的背景下,允许中级法院法官助理在本院入额,也是传承审判经验、保证审判质量的需要,可以较好地解决基层法院法官不熟悉死刑等重大疑难案件审判,不能及时适应中级法院审判要求的实际问题。此外,从职务职级设置上看,中级法院法官助理级别普遍较基层法院高,如四级高级法官助理职级职数,直辖市中级法院较基层法院高出近30%,若四级高级法官助理到基层法院入额,会直接挤占基层法院本就不多的高等级法官职数,不利于基层法院通过法官等级晋升激励本院法官队伍,暂时只能通过减少中级法院法官助理到基层法院入额的方式来解决上述问题。

(二)与法官逐级遴选机制相适应

法官助理在直辖市中级法院入额与法官逐级遴选制度并不矛盾,两者可以进一步衔接,促进法官、法官助理队伍在上下级法院间实现良性循环。一方面,可实现对中级法院法官助理的分级分流,避免中级法院的高质量法官助理队伍长期"淤积",由于基层法院、中级法院法官入额在任职年限条件、职级条件等方面要求不同,高级法院、中级法院的法官助理可以进行分级分类,对暂符合区县法院入额遴选条件(一般任职5年以上)但不符合中级法院入额职级条件的法官助理,可以允许到基层法院初任法官,对符合中级法院入额遴选条件(一般任职9年以上)的法官助理,根据工作需要,可以允许其在中级法院初任法官。另一方面,在保证基层法院法官队伍补充和建设的同时,可有序开展法官逐级遴选,对部分高级法院、中级法院法官岗位,通过从基层法院遴选的方式进行补充,增加高级法院、中级法院法官组成的多样性,实现高级法院、中级法院法官队伍知识结构、工作经历等的互补优化。

(三)促进队伍梯次化建设

无论是中级法院还是基层法院,最大限度吸引纳入优秀法律人才是共同的目的,中级法院对人才的需求甚至高于基层法院。推行初任法官到基层任职,对基层法院产生了积极效果,却忽略了中级法院的人才需求。一方面,受初任法官一般到基层法院任职规定影响,一些"怀揣法官梦想"的高素质优秀法律人才,不再优先考虑中级法院法官助理岗位,这种影响在城郊区位和生活条件区别不大的直辖市中级法院表现得更为明显;另一方面,中级法院法官助理面对自身职业发展前景渺茫,不知道下一站会在哪儿,一定程度上抱有临时工的心态,致使部分法官助理谋求新的出路,人才流失情况逐步严重。无论是员额制改革前还是改革后,法官都是法院院庭长人选的主要选任来源。如中级法院法官助理必须到基层入额,则会导致中级法院干部培养因为入额周期、遴选程序等原因拉长或中断,影响中级法院干部队伍梯次化建设。允许法官助理在本院任职,可有效保证直辖市中级法院干部培养的连续性,促进干部队伍年轻化、专业化建设。

(四)与当前的职业保障水平相适应

法官不是孤立的个体,无论是"向下入额",还是"向上遴选",都涉及法官跨地市调动,法官在为工作考虑的同时,还有家庭,法官个人工作调动不可避免地会附带家庭生活环境的变动,在目前的保障水平下,法官随心所欲地从中高级法院到基层法院,再从基层法院到中高级法院流动,是不现实的。从《法官法》规定来看,中级法院硕士毕业的法官助理到基层法院入额至少需要4年,[①]基层法院的法官到中高级法院入额则至少需在基层法院工作8年,[②]在此期间,大部分在原任职法院所在地形成了较为稳定的生活格局,如家庭住房、配偶工作、子女教育等,法官助理或法官要参加入额、遴选可能要打破现有生活格局,适应新的环境,法官、法官助理自身及相关配套保障机关均面临较大的适应成

---

① 《法官法》第十二条第一款规定:"担任法官必须具备下列条件……(六)从事法律工作满5年。其中获得法律硕士、法学硕士学位……放宽至四年……"因此,若1名应届硕士毕业生到中高级法院工作,其至少需在中高级法院工作4年才可到基层法院入额。

② 根据《法官法》的规定和基层法院、中高级法院法官等级设置要求,1名基层法院法官助理从入院到参加入额再到参加向上遴选,至少应需要8年。

本、保障成本。① 从当前公务员福利保障和法官待遇保障来看，暂时不能完全减轻法院人员流动带来的生活压力。有学者提出，"一般只要有10%~15%的不同层次的人处于流动状态，就可以达到一切实际目的"②。在能够实现法官队伍高素质要求培养目标的情况下，可适当减少人员流动，以降低相关配套保障成本。

五、破解入额难题的若干设想

（一）严格控制本院入额的范围和比例

综上所述，根据"最高人民法院、高级人民法院法官助理初任法官的，除原则上到基层人民法院任职外，也可以根据需要到中级法院任职"的规定，结合直辖市中级法院的实际，可允许直辖市中级法院探索法官助理在本院入额，作为到基层法院入额的补充。作为"特例"，直辖市中级法院法官助理在本院入额应是有"条件"的。对于在员额制改革前招录且未任命为助审员的法官助理，招录时是以在本院入额为前景招录的，因当时未明确不能在本院入额，从契约精神考虑，结合工作需要，允许他们从本院入额，似乎更为合理。此外，对于部分特别优秀、工作表现特别突出的法官助理，也可根据工作需要在本院入额，这部分法官助理的比例应严格控制在10%以下。

（二）加强分层分类培养

对拟作为"法官后备"在本院入额的法官助理，应再进一步加强审判工作经验、审判能力等的培养。可结合审判工作需要及从法官助理培养角度，对法官助理进行分层级、分类别培养。③ 例如，根据不同法官助理的工作经验、能力、发展需要等确定其具体职责内容，差别化制定符合中级法院法官要求的培养计划。举例来说，在审判团队内部，作为法官"蓄水池"的在编法官助理可从事

---

① 由于逐级遴选往往涉及法官跨地市调动，而配套机制（包括住房，配偶工作，子女教育等）目前尚不健全，特别是在地域面积大，地区发展不均衡的省份，跨地市调动带来的一系列社会和生活成本基本都要由个人承担，因此逐级遴选工作开展难度较大，效果不好（参见刘峥，何帆，危浪平.《最高人民法院关于深化司法责任制综合配套改革的实施意见》的理解与适用．人民法院报，2020-8-6）。

② 潘文庆．现代人事管理学．科学出版社，2014：184.

③ 最高人民法院政治部，最高人民法院司法改革领导小组办公室．人民法院全面落实司法责任制读本．人民法院出版社，2021：78.

更多专业性辅助事务；在法院内部，将法官助理分为高级助理、中级助理、初级助理，不同层级法官助理承担不同职责，越高级别法官助理从事的辅助职责专业性越强，推进法官助理的"阶梯式"渐进培养，逐步将法官助理培养为符合条件的法官后备人选。

（三）坚持多渠道探索

将直辖市高级法院、中级法院间的干部交流与法官入额遴选机制相结合，规划中级法院法官助理到高级法院任职，符合条件后再回到中级法院初任法官的人才双向流动循环机制，同时，中级法院可根据工作需要，探索通过挂职、交流等形式选派部分法官助理到基层法院、上级法院交流任职，促进法官助理增加不同审级法院审判工作经历，进一步丰富审判工作经验。

习近平总书记指出："无论时代如何发展，我们都要激发守正创新、奋勇向前的民族智慧。"[①] 我国司法实践的复杂性决定了改革方案很难一次性解决所有问题。在初任法官遴选工作中，可在不影响法官助理到基层法院入额目的实现的大前提下，兼顾直辖市中级法院的审判工作特点和实际需要，有条件的允许直辖市中级法院法官助理在本院入额，适度拓宽入额渠道，积极应对入额难题。

---

① 习近平. 在纪念中国人民志愿军抗美援朝出国作战 70 周年大会上的讲话. 人民日报，2020-10-24.

第八章　法官员额退出的反思和厘清

一、问题的提出

2020年2月，最高法院出台的《人民法院法官员额退出办法（试行）》明确了自然退出、应当退出和申请退出三种法官退出的情形，为我们做好员额退出工作提供了依据。从一年多的实践来看，该规定在具体操作中还有一些模糊地带需要进一步明确，如对于法官违纪违法退额的，是在立案调查阶段启动退额，还是在审查起诉阶段，抑或明确审判、处分或处理结果后；对于法官出现婚姻不忠、遗弃等违反家庭伦理道德的行为时，能否因此退额；对于法官酒后驾车未构成犯罪等违反社会管理秩序的行为是否应退额等。考虑到司法实践的复杂性，关于法官退额的相关规定不可能穷尽所有退额情形，这就需要我们准确理解把握退额制度设立的目的及意义，将对党对国家对人民是否忠诚可靠作为判断法官是否退额的前提和基础，将行为对司法公正的影响作为主要标准，综合考虑法官行使职权的可能性和便利性等因素，对是否启动法官退额作出判断。

二、员额退出的规定情形

（一）自然退出

自然退出是指当出现特定情形时，法官就应当及时退出员额，无须再经其他程序审批。《人民法院法官员额退出办法（试行）》第五条规定："法官具有下列情形之一的，自然退出员额：（一）丧失中华人民共和国国籍的；（二）调出所任职法院的；（三）退休、辞职的；（四）依法被辞退或者开除的；（五）实行任职交流调整到法院非员额岗位的。"

对于丧失国籍时法官自然退出员额，在实践中没有争议。司法权是国家主权的重要组成部分，作为代表国家行使司法权的法官必须为所在国家公民，这是世界上绝大多数国家的通行做法。我国《公务员法》和《法官法》均规定，① 具有中华人民共和国国籍是取得公务员身份并成为法官的必备条件，丧失国籍即丧失了作为法官的基本条件，也就丧失了员额身份。法官辞职、辞退或者开除后，即丧失了作为公务员的身份和履行公职的基础，员额应自然终止。退休则是公务员退出现职，停止履行公职的正常制度安排，法官退休后应自然退出员额。

对于法官工作调动离开法院系统的，因其不再具有法院工作人员的身份，自作出调出决定向本人宣布之日起便不能再行使审判权。对于法院系统内的跨院工作调动，从案件管辖角度考虑，一般自工作调动宣布之日起便不能再行使审判权。对于法院内部法官从员额岗位调整到非员额岗位的，应退出法官员额，这是落实入额必办案的要求。员额不仅是待遇，员额还意味着责任，入额就应行使审判职权、承担审判责任。

（二）应当退出

应当退出是指出现法律法规等规定的退额情形时，员额法官所在法院应主动启动退额程序，为符合条件的法官办理退额。根据《人民法院法官员额退出办法（试行）》第六条的规定，出现以下情形时，应办理退额：

1. 因办案业绩考核不符合要求退额。《人民法院法官员额退出办法（试行）》第七条将办案业绩考核不合格具体细化为5种情形。② 总的来看，主要是办案的能力素质不符合要求，主要包括三个方面：一是办案的效率低、结案慢，不能满足最低的办案任务量要求。近年来，法院审理的案件数量连年增加，法官面临的结案压力很大。员额法官必须办理一定数量的案件，尤其是案件数量较多的中基层法院，对于办案数量的要求仍是主要的。二是办案的质量差，办理的案件出现证据审查、事实认定、法律适用等错误，影响案件审理的程序或实体公正，造成恶劣影响。三是综合评价低，不适合继续担任法官职务。工作责任心不

---

① 《公务员法》第十三条；《法官法》第十二条。
② 《人民法院法官员额退出办法（试行）》第七条规定："经任职法院法官考评委员会考核认定，法官具有下列情形之一的，应认定属于第六条第三项规定的'办案业绩考核不达标，不能胜任法官职务'：（一）办案数量、质量和效率达不到规定要求，办案能力明显不胜任的；（二）因重大过失导致所办案件出现证据审查、事实认定、法律适用错误而影响公正司法等严重质量问题，造成恶劣影响的；（三）多次出现办案质量和办案效果问题，经综合评价，政治素质、业务素质达不到员额法官标准的；（四）负有审判监督管理职责的法官违反规定不认真履行职责，造成严重后果的；（五）其他不能胜任法官职务的情形。"

强,不认真履行职责,多次出现办案质量和办案效果问题,造成严重后果。

2. 因符合任职回避情形退额。根据最高法院《关于对配偶父母子女从事律师职业的法院领导干部和审判执行人员实行任职回避的规定》第二条的规定,人民法院领导干部和审判执行人员的配偶、父母、子女担任该领导干部和审判执行人员所任职人民法院辖区内律师事务所的合伙人或者设立人,或在该领导干部和审判执行人员所任职人民法院辖区内以律师身份担任诉讼代理人、辩护人,或者为诉讼案件当事人提供其他有偿法律服务的,法院领导干部和审判执行人员应当实行任职回避。

3. 因符合"裸官"情形退额。根据《配偶已移居国(境)外的国家工作人员任职岗位管理办法》第三条的规定,配偶已移居国(境)外,或者没有配偶但子女均已移居国(境)外的,不能在党委、人大、政府、政协、纪委、法院、检察院领导成员岗位,上列机关的工作部门或者机关内设机构负责人岗位任职。虽然移居国(境)外是公民的正常合法权利,但是法官作为国家公权力的行使者,必然要接受更多政治忠诚度的要求,世界上大部分国家对裸官都有类似的限制。① 裸官不一定是贪官,完全有可能还是个优秀干部、优秀法官。但从反腐实践来看,裸官和贪官之间存在一些相互转化关系。在反腐日益深入人心的当下,对裸官现象加以重视,惩"裸贪"、防"裸逃",也是加强干部队伍自身建设、顺应广大群众呼声的一项必要措施。

4. 因拒不服从工作安排退额。服从工作安排是公务员的义务,公务员应当服从和执行上级依法作出的决定和命令。入额必办案,依法办案是法官的主要职责,也是法官员额制改革的明确要求。成为入额法官是一种荣誉但更是责任。同其他公务员相比,法官在履行职责上有自己的特点,审判权的判断属性决定了法官判案应以事实和法律为依据,不受其他机关、团体和个人的干扰,但这并不意味着法官可以不受约束,为保障审判组织的正常运转,法官应服从单位的正常工作安排。对于入额后,拒不服从工作安排到审判岗位办案的,应退出员额。

5. 因长时间不能正常履行职责退额。重点把握两点:一是不能正常履行审判职责的原因是身体健康等个人原因。《法官法》规定,法官应当具有正常履行职责的身体条件。《公务员法》也规定,公务员应当具有正常履行职责的身体条件和心理素质。良好的身体和健康的心理是法官正常履行职责的前提。当法官因健康原因(身体或心理)超过一年不能履行职责时,为保证审判工作的运转,应先退出员额,待身体状态恢复后再按程序重新遴选入额。这一规定,在法官递

---

① 吕晓勋. 裸官治理应有跟进动作. 人民日报,2014-9-10.

补制度建立的背景下,对于及时补充审判力量,保证审判工作的持续运行十分有意义。二是对于其他因个人原因超过一年未能履行法官职责的,如脱产上学等,也应退额。

6. 违纪违法退额。法官涉嫌违纪违法,被立案调查、侦查,不宜继续履行职责的,应按照管理权限和规定的程序暂时停止其履行职务或办理退出员额程序。总的来看主要包括以下几种情形:一是贪污受贿、徇私舞弊、枉法裁判的。二是隐瞒、伪造、变造、故意损毁证据、案件材料的。三是泄露国家秘密、审判工作秘密、商业秘密或者个人隐私的。四是故意违反法律法规办理案件的。五是因重大过失导致裁判结果错误并造成严重后果的。六是拖延办案,贻误工作的。七是利用职权为自己或者他人谋取私利的。八是接受当事人及其代理人利益输送,或者违反有关规定会见当事人及其代理人的。九是违反有关规定从事或参与营利性活动,在企业或者其他营利性组织中兼任职务的等。

7. 根据法官惩戒委员会意见退额。根据《惩戒意见》的有关规定,法官、检察官违反审判、检察职责的行为属实,惩戒委员会认为构成故意或者因重大过失导致案件错误并造成严重后果的,人民法院、人民检察院应当依照有关规定作出惩戒决定,并给予相应处理。惩戒决定包括停职、延期晋升、免职、责令辞职、辞退等。但从公开报道的情况看,目前国内尚无根据法官惩戒委员会意见退额的案例。

(三) 申请退出

《人民法院法官员额退出办法(试行)》第四条规定:"法官自愿申请退出员额,具备正当理由的,经批准后可以退出法官员额。"对于申请退额主要涉及以下三个问题:

1. 系法官自愿。法官依法履行职责的行为受法律保护。非因法定事由,非经法定程序,法官依法履职行为不受追究。根据《法官法》第五十三条的规定,除按规定需要任职回避,实行任职交流,因机构调整、撤销、合并或者缩减编制员额需要调整工作等规定情形外,不得将法官调离审判岗位。法官提出退额申请后,要审查法官自愿退额的真实性,深入了解退额的事由,了解法官提出退额申请时是否受到了其他因素的干扰,确保退额系法官真实意愿表达,并未受到不正当的干扰或胁迫。

2. 具备正当理由。何为正当理由,相关规定未明确。一般而言,可包括:身体健康原因不能持续履行审判职责(未超过1年);个人能力素质不能适应办案工作的需要;即将出现任职回避事由,决定退出员额等。需要注意的是,当法官具有自然退出或应当退出的情形时,考虑到申请退出同自然退出和应当退出对法官后续权利待遇的影响不同,应按自然退出或应当退出对待。

3. 审批后才能退出。法官是行使审判权的公职岗位,是否退出员额不能仅根据法官个人的意愿,需要综合考虑审判工作实际需要、个人意愿、后续工作交接等因素后做出。在退额申请未获批准前,法官仍应继续履行审判职责,不能怠于履职,对于以提出退额为由,不履行或怠于履行审判职责的,要按规定处理。根据《人民法院法官员额退出办法(试行)》第八条第一款的规定,申请退出员额,由所在法院组织人事部门提出意见,经本院党组研究后层报高级法院审批。办理期限均为2个月。

三、实践中的若干争议

(一)调出所任职法院和任职交流调整到法院非员额岗位是否属于自然退出情形

有观点认为,因法院系统内工作调动而引起的退额属于应当退出情形,而不是自然退出。从工作实践看,法官工作调动中,需要一定的交接时间,有些案件,尤其是疑难复杂的大案、要案、专案,不宜频繁更换法官,对于仍在法院系统内的法官,如工作需要,可暂时保留员额身份一段时间,待工作交接或处理完毕后再办理退额审批似乎更为合理。也有观点认为,法官一旦调离原办案岗位,即失去了办案的职权基础,应属自然退额。还有观点认为,法官岗位调整后如需暂时保留员额继续办案,则属于"没有完全调出办案岗位"。

(二)选派交流或借调1年以上是否应当退额

有观点认为,选派交流或借调系组织行为,即便超过1年也不应退出员额,尤其是从发达地区到欠发达地区的支援性质的挂职交流,属于组织安排,不仅不应退出员额,还应在待遇保障等方面给予保障和适当鼓励。另有观点认为,入额法官应在员额岗位办案,在目前员额稀缺的情况下,少一个人办案就意味着其他法官要办更多的案件,承担更大的办案压力,不利于队伍管理和办案实际需要。为保持法官队伍相对稳定,员额法官不宜离开员额岗位长期不办案,对于选派交流或借调超过1年的,因其不再履行办案职责,保留员额并不符合司法人员分类管理改革的要求,应当视同调离所任职法院或员额岗位,办理退额。待结束交流或借调到期后再恢复员额身份。对于到艰苦边远地区支援的,其待遇保障可不降低。

（三）关于"裸官"是否应当属于自然退出情形

按照目前的员额退出管理办法，对于法官的配偶已移居国（境）外或者没有配偶但子女均已移居国（境）外的属于应当退出员额情形，需由所在单位提出意见后报高级法院党组审批退额。有观点认为，考虑到员额制后员额法官承担的职责和对员额法官的素质要求比员额制前的审判员、助理审判员要严格，对于员额岗位应比照法院领导岗位和法院工作部门或机关内设机构负责人岗位管理，适用"裸官"不能在上述岗位任职的规定，当员额法官出现配偶已移居国（境）外或者没有配偶但子女均已移居国（境）外情形时，便自然退出员额。

（四）办案业绩考核不合格具体如何界定

尽管《人民法院法官员额退出办法（试行）》第七条已经对办案业绩考核不合格作了尽可能细致的描述和规定，但鉴于考核本身的复杂性，在具体操作中仍面临较大困难，鲜有适用。对于办案数量、考核周期等的确定争议较大。在办案数量上，对于院庭长办案数的考核一般以平均数为基础确定，对于普通法官则没有最低考核标准。在考核周期上，有的法院认为1年业绩考核不达标即应退额，有的法院认为2年考核不达标才办理退额。由于办案数量、办案质量、办案效率等指标尚无明确标准，有的法院担心适用业绩考核不合格，"被退额"法官会有异议，在实践中或不予提请退额，或转而用其他如身体原因不能正常办案达一定年限等理由办理退额。

（五）法官道德品行不佳是否应当退额

根据《法官法》第五条、第十二条的规定，担任法官必须具有良好的道德品行，法官应当恪守职业道德。《法官职业道德基本准则》亦要求，应该加强自身修养，杜绝与法官职业形象不相称、与法官职业道德相违背的不良嗜好和行为，遵守社会公德和家庭美德，维护良好的个人声誉。对于法官虐待、有偿陪侍等违反家庭伦理道德的行为以及酒驾等违反社会管理秩序行为是否应当退额，在实践中亦有争议。有的观点认为，法官代表法院形象，自身修养出现问题容易影响司法权威和司法公信力，法官违反家庭美德与社会公德的行为产生恶劣影响的，应当退额。另一种观点认为，是否退额应遵循责权利一体原则，法官应具备较高的道德水准，但法官也是普通人，法官业外行为与法官履行职责不存在必然联系，法官只需在履行法定职责的过程中拥有高水平的道德水准即可，故法官出现部分违反道德准则问题，不应作为法官退出员额的法定情形。

（六）对于违纪违法退额问题

对于何种类型的违纪违法属于"不宜继续担任法官职务的"情形。有观点认为，应根据处理结果来判断，对给予重处分以上处分的违纪以及拘留以上违法处罚的，应当退出员额。也有观点认为，应看违纪违法行为是否与法官行使审判权有关联或是否会影响法官公正行使审判权，有些违纪行为如个人有关事项报告不实被给予党内警告，因与审判权行使无直接关联不应直接成为退额理由。对于涉嫌严重违纪违法的法官何时启动退额程序。有观点认为，法官被立案调查且本人已经承认违法犯罪事实的，可办理退额。也有观点认为，被立案调查并不意味着一定就会受到处理，在实践中曾经出现过法官被立案调查、侦查后，又因证据不足未予以处理或未向检察院移送审查起诉的情况，稳妥起见，应先按《法官法》关于暂停行使审判权的规定，先停权，待有权机关作出处理决定后再决定是否启动退额。还有观点认为，如果法官被立案调查且被采取强制措施的，因其事实上已经不能正常履行审判职责，应先办理退额，如最终处理结果证明法官未从事违纪违法行为，再办理入额并补发期间的员额法官待遇。

四、员额退出的多层次分析

为什么要退额？根本的原因在于法官入额后由于主客观条件的变化致使自身不再符合《法官法》第十二条规定的担任法官必须具备的条件。这些条件包括：具有中华人民共和国国籍；拥护宪法，党的领导和社会主义制度；具有良好的政治、业务素质和道德品行；正常履行职责的身体；符合学历和工作年限要求；具有法律职业资格7个方面。对于法官的学历、工作年限、取得法律职业资格3个任职条件，除非法官入额时存在伪造上述条件的情形，否则不会成为退额的原因。总的来看，法官退额可从以下三个维度进行判断：

（一）从法官的公职属性看

法官是公务员的一类，系国家公职人员。法官应当具有良好的政治素养，符合国家对于公务员的基本要求。应当切实履行《公务员法》第十二条规定的国家公务员的义务，忠于宪法法律、忠于国家、忠于人民、忠于职守，不得从事《公务员法》第五十九条规定的禁止公务员从事的行为。这些是对法官作为公务员的一般要求，也是法官必须坚守的行为底线。考虑到入额成为法官以具备公务员身份为前提，法官系对各方面能力素质要求更高的、实行单独职务序列管理公务员，如果法官连公务员的基本资质都无法满足，则应自然退出员额。

1. 对于入额后拒不服从组织安排到员额岗位工作的法官应适用自然退额。一方面，其行为违反了国家关于公务员应忠于职守，勤勉尽责，服从和执行上级依法作出的决定的义务；另一方面，其违背了自己所签署的入额办案的承诺。如无正当理由，经组织教育仍不服从的，应以自然退出员额论处，追回所发放的员额待遇，五年内禁止入额。

2. 对于配偶已移居国（境）外或者没有配偶但子女均已移居国（境）外的法官应适用自然退额。应当明确，"裸官"并不等于贪官。但正如有学者将"对裸官的不信任称为最朴素的政治敏感"①，考虑到其亲属已移居国境外的情况，其是否能够心无旁骛的行使审判权，其立场、观点是否不受亲属及其亲属所在国家和地区的影响，存在隐忧。配偶、子女移居国境外的事实，至少说明，其亲属在国家间作出了选择。考虑到家庭的亲密性和家庭成员间观点意见的相互影响，使得我们有理由怀疑其对国家、民族、人民的情感和认同感以及对党的领导和社会主义制度的拥护。因此，员额法官出现配偶已移居国（境）外或者没有配偶但子女均已移居国（境）外情形时，应自然退出员额。

3. 对于调出所任职法院和任职交流调整到法院非员额岗位的，应当视情形适用自然退额或应当退额。是否丧失公职人员身份或依旧具备作为公职人员的基本条件，是判断法官是否自然退出员额的基本标准。法官工作调动或岗位调整后公务员身份没有变化的，是否应当退出员额，可根据工作实际需要妥善安排。对于调出法院系统的，因其不再具有法院工作人员的身份，应当按自然退出办理。对于法院系统内的工作调动和法院内部的岗位调整，原则上适用应当退出，如有不宜更换案件承办人的案件尚未办理完毕的，可适当延长，以最长3个月为宜。对于调出所任职法院但仍在法院系统任职且在审判岗位从事审判工作的法官，特殊情况下需要延长的，根据办理案件的需要，需经高级法院审批，可暂时保留员额。考虑到暂时保留员额，只是为了工作便利，对于岗位调整后暂不退额的，自岗位调整决定执行之日起，按新岗位确定职级待遇，不再享受法官待遇。

（二）从行使审判权的公正性看

法官是特殊的公务员。与普通公务员行使的行政权不同，法官行使的是国家的司法权。一方面，司法是维护社会公平正义的最后一道防线，意义十分重大；另一方面，司法权是判断权，需要法官依据事实和法律作出公正裁断。正因如

---

① 吕晓勋. 裸官治理应有跟进动作. 人民日报，2014-9-10.

此，法官的裁判，法官的行为对于社会秩序和社会风气的塑造具有巨大的影响力。正如英国哲学家培根所说："一次不公正的审判，其恶果甚至超过十次犯罪。因为犯罪虽是无视法律——好比污染了水流，而不公正的审判则毁坏法律——好比污染了水源。"司法职业的特殊要求和司法职权行使方式的特殊性决定了法官必须忠实执行宪法和法律，切实维护社会公平正义。法官的行为不得有悖于维护社会公平正义这一根本性要求。

1. 法官的行为已经影响司法公正的，应当退出员额。应当明确的是，并非所有违纪违法行为都可以构成法官退额的事由。只有法官的违纪违法行为对法官公正行使审判权产生了影响，法官继续行使审判权会引发公众对审判的公正性、合理性产生怀疑时，应当办理退额。例如，法官因违章停车被罚款扣分的，虽属违法行为，但情节轻微，且与履行审判职责无直接关联，这种违法行为并不能导致法官退额。判断法官的违纪违法行为是否导致其退额，一方面，要看违纪违法行为的严重程度，严重的违纪违法行为，即便与法官公正行使职权不直接相关也应退额，如参与斗殴被给予降级处分；另一方面，要看违纪违法行为与法官行使审判权的关联程度，如收受可能影响案件公正审理的财物，即便达不到犯罪或严重违纪的处罚标准，也应考虑退出员额。

2. 法官的行为可能影响司法公正的，应结合具体情况判断是否退额。对于法官的配偶、子女、父母担任其任职法院辖区内的律所合伙人、设立人的，考虑到法官亲属的行为可能会影响法官公平公正的审理案件，且这种影响是长期持续的，必须在配偶、子女从业和法官职业之间作出选择，要么配偶、父母、子女不再担任合伙人、设立人，要么法官退出员额，不再办理案件。对于配偶、父母、子女担任其任职法院辖区内诉讼代理人、辩护人的，一般应退额。综合考虑是否利用法官的影响力，法官是否知情或应当知情，是否对案件公正审理施加了不正当的影响，违规代理的案件次数及案件多少等因素，如果系与亲属沟通不充分，没有利用法官影响力，代理案件次数、件数少，没有其他违纪违法行为的，可责令法官及家属签订承诺书，及时改正，暂不退额。对于法官接受有偿陪侍，与他人保持不正当性关系等行为，此行为不仅违反了家庭美德，还违反了党的生活纪律，容易让公众产生权色交易的联想，实质上影响了公正审判，损害了司法公信力，应当作退额处理。

3. 对与审判权行使不直接相关的违纪或道德品行不佳的行为，可审慎退额。对于一般家庭或情感纠纷，如未引起恶劣影响，考虑到此行为和法官行使审判权不直接相关，从法官职业保障和队伍稳定性角度考虑，不宜"一刀切"地要求退出员额，而应加强教育、监督。对于违反组织纪律情节较轻的，如法官因漏报个人有关事项被给予处分或处理的,若主观上无故意,情节较轻,且对法官公正行使审判权并无直接联系,可不办理退额。对于违反文明礼貌等社会公德、着装不规范等违反司法礼仪的行为,一般情况下,对司法权公正行使的影响不大,可予以提醒、教育,无须办理退额。

(三) 从法官履行职责的可行性看

具有正常履职的身体条件是法官履行审判职责的前提和基础,如果没有足以支撑办案的身体条件,法官便不能履行审判职权、承担审判责任。良好的法律业务素质能力是从事好审判工作的必备条件。经过遴选入额的法官,大部分能力素质是过硬的,但也有部分法官不能适应新的审判任务要求,需要退出员额。审判岗位是法官履行职责的具体平台,法官必须在审判一线、审判岗位实际办案。法官离开了审判岗位,就像是演员离开了舞台,再有本领也无法施展。对于法官履职来说,身体条件、能力素质条件、岗位保障条件均必不可少。

1. 选派交流或借调脱离员额岗位超过1年的,应当办理退额。入额必办案,法官必须在审判岗位履行审判职责,承担审判责任。法官的岗位应保持相对稳定,一般不得安排法官从事与审判工作不相关的工作或长期将法官借调到非员额岗位。法官因干部培养、专项工作借调等需要离开审判岗位超过1年的,一般应办理退额。在法院系统内不同法院审判岗位间交流或借调,实际从事办案工作,符合所在法院法官入额条件的,可按规定任命为所在法院法官,保留员额待遇。交流、借调到法院系统外或法院系统非员额岗位超过1年的,应当视同调离所任职法院或员额岗位,办理退额。待结束交流或借调到期后再按规定程序恢复员额身份及待遇。

2. 法官个人能力素质不能适应办案任务要求的,应当退额。完成一定办案任务量是对法官的基本要求。法官所在部门、审判管理部门、组织人事部门应强化对法官办案能力的考核,坚持权责利相统一,坚持法律标准,坚持同行评价,实事求是评价法官办理的案件,不超越法律、历史和现实条件对法官办案进行主观评价,全面、客观、公正的对法官的办案质效进行考核。不仅考核法官的办案数量,还要考核办案质量;不仅考核法官的办案数据,还要考核法官的办案流程;突出对裁判文书制作能力和庭审驾驭能力等法官核心能力的考核,采用比武练兵、跟案考核等方式,全面深入了解法官的办案能力。对于办案能力退化,只能办简单案件,办不了复杂案件;只能依靠助理协助,无法独立办案等的,加大教育培训力度,组织针对性培训,经培训办案能力仍不能适应办案实际需要的,应当退出员额。

3. 其他原因导致法官 1 年内无实际履行职责可能的，可考虑退额。例如，法官因违纪违法被立案调查后，较长时期内没有作出结论的；法官经组织选派脱产学习超过 1 年的；法官身患重病，短期内无康复可能的；等等。对于经综合判断，法官较长时间内无履职实际可能的，为保障正常的审判工作需要，可考虑办理退额。对于法官因个人或其他原因导致长时间内无法正常履行职责而启动退额的，应全面审慎评估，充分考虑工作实际需要、法官权利保护、后续配套衔接等因素后作出是否退额的决定。

法官退额是法官管理制度中的重点和难点。用得好，可以为审判执行工作提供稳定可靠的办案力量，激励法官履职尽责，敬业奉献，促进审判执行工作公正高效开展。同时，法官依法履行审判职责受法律保障，非因法定事由，非经法定程序，不得将法官免职或调离审判岗位。因此，法官退额应依法依规审慎稳妥推进，在具体实施中，要准确理解把握法官退额相关规定的目的及意义，从法官的公职人员属性，行使审判权的公正性，履行职责的现实可能性等角度出发，进行综合分析判断。从公职属性上看，法官丧失公职身份或不能在政治上做到忠诚可靠的，应当退额；从行使审判权的公正性上看，已经影响或可能影响审判公正的，应考虑退额；从行使职权的可行性上看，如无行使职权的条件和可能，也应办理退额。总之，法官退额应从审判工作实际需要出发，坚持标准，个案判断，审慎处理。

第九章　法官助理的差异化培养

人员分类管理改革前，法院一般按照"书记员—助理审判员—审判员—领导干部"的方式培养人才，法官助理职业发展路径清晰明确，职业预期较为稳定。人员分类管理改革后，除基层法院法官助理外，其他法院的法官助理不能在本院入额。法官助理的培养方式和职业发展需要重新规划。从实践看，一些地方法院未能及时结合改革要求对法官助理的培养进行相应调整，要么仅单纯强调其审判辅助作用发挥，要么统一作为法官来规划培养，法官助理陷入内部成长路径单一，外部发展转型艰难的困境，关于法官助理未来的发展方向和出路问题，已经成为制约这一职业制度改革顺利推进的"拦路虎"[1]。

为解决上述问题，需要构建符合人员分类管理改革新要求的法官助理培养模式。从改革政策看，"辅助人员要多于法官"[2]，必定有部分法官助理需要走入额之外的职业道路。从员额制改革的初衷看，实现法官正规化、专业化、职业化，[3] 只有品行端正、经验丰富、专业水平高的优秀法律人才才能成为法官人选，[4] 择优的过程意味着并非所有法官助理都能入额。从工作需求看，审判管理、纪检监察、法官管理等同审判事务关联度高的岗位需要既懂业务，又懂管理的综合性人才，部分未入额的法官助理可以满足这部分工作需求。从法官助理个人发展看，改革后法官助理成长为法官的时间较之前要长，探索入额以外的职业发展渠道，可以满足不同的职业规划，有利于法官助理队伍稳定。基于此，本书提出应根据法官助理自身不同的能力特点，结合法院实际工作需要，对法官助理进行细化分类，加强针对性培养，规划不同的职业路径，优化审判资源配置并充分调动他们的工作积极性。

---

[1] 杨凯. 法官助理制度改革，该往何处走？民主与法制周刊，2017（28）.
[2] 芮铭珍，亚明. 司法辅助人员如何配置. 人民法院报，2018-2-10.
[3] 徐家新. 推进法官队伍正规化专业化职业化建设. 人民法院报，2020-2-27.
[4] 《四五改革纲要》。

一、现状分析

（一）从制度设计看，对法官助理的职责关注多，对职业发展关注少

从现有文件看，我国首次提出法官助理制度是在 1999 年《一五改革纲要》，附带于对法官进行定编的工作安排，① 作为未入额法官分流安置的方式之一。在随后的《三五改革纲要》《四五改革纲要》中提及时也都依附于法官员额制改革，旨在加强人员分类管理。② 纵观二十余年的发展历程，法官助理制度主要致力于为法官分担审判辅助事务，减轻法官非审判核心事务负担。2019 年修订的《法官法》提出"加强法官助理队伍建设，为法官遴选储备人才"③；2020 年《五五改革纲要》进一步对法官助理的配备、交流及选任为法官进行了明确。④ 总体看，法官助理制度作为法官员额制改革的"次改革"性质明显，法官助理首要目的是发挥审判辅助职能，确保法官集中到审判核心事务中；其次才是储备法官，确保法官及时足量补充。换言之，现行涉及法官助理的政策主要服务于推进员额制改革深化，对法官助理自身培养考虑较少，即使有所涉及也多与法官养成相关，对助理自身能力提升和职业路径拓展关注还不多。

（二）从实际运行层面看，一定程度上存在重使用轻培养，法官助理成长路径单一的问题

在实践中，法官助理培养主要旨在提高审判效率，对法官养成功能略有探索，对法官助理综合能力培养普遍不够重视。一方面，法官助理培训多以短期的审判辅助业务训练为主，主要致力于提升审判辅助技能，例如，S 市法院，一年开展 3~10 天的脱产培训；又如，C 市某基层法院运用"四到位"提升法官助理对案件的"过滤"和"消化"作用，为法官减负；⑤ C 市某中级法院结合日常培训构建提升法官助理能力培养系统教程。本质上都是岗位训练，培养审判辅助事务的"熟练工"，针对法官助理的沟通协调能力、审判分析及调研写作等方面的综合能力的培训要么较为零散，要么没有。另一方面，即使关注到法官助理职业

---

① 参见祝铭山（时任最高人民法院副院长）《关于〈人民法院五年改革纲要〉的说明》。
② 《三五改革纲要》。
③ 《法官法》第六十七条。
④ 《五五改革纲要》。
⑤ 成华区法院. 法官助理工作"四到位". 中国审判，2015（24）.

发展，也都集中在如何养成法官，对入额以外的其他职业路径探索不多，如 J 省某基层法院提出"三段式"培养助理"准法官"的工作能力；① Z 市某中级法院提出将审判辅助事务分为司法智识性、司法程序性、专业技能型，法官助理不同阶段从事不同事务，循序渐进地成长为法官。② 总体看，改革前针对法官助理主要关注其审判辅助职能发挥，改革后思路略有变化，法官助理作为法官储备力量的重要性逐步引起重视。在实践中，对法官助理综合能力提升、自身职业愿景、交流等需求重视不够，针对性举措较少，对于将法官助理培养为职业法官助理、综合部门领导干部、交流至上下级法院或其他行政机关等方面的探索较少，导致法官助理除入额外基本没有其他发展通道，职业路径略显单一。

（三）从个人层面看，大部分法官助理将入额成为法官作为唯一的职业理想

通过对 B 市某基层法院法官助理问卷调查，在谈及职业晋升和未来发展时，超过 76% 的法官助理"想入额，但觉得自己希望不大"，超过 16% 的法官助理"想入额，且认为自己希望较大"，仅约 7% 选择了"只要从事法律工作，是否入额不重要"③（如图 9-1 所示）。可见超过 92% 的法官助理期待入额，将入额作为自身职业发展的目标；虽然超过 80% 的助理认为入额之路过于漫长，但他们仍以入额为预期开展工作，未做其他职业规划。

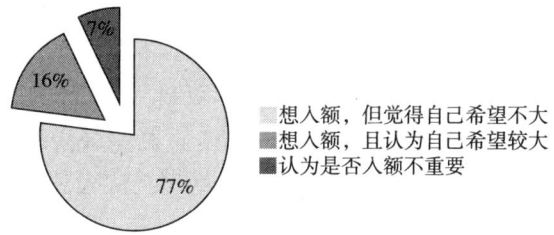

图 9-1　B 市基层法院法官助理自身职业预期

---

① 江苏省苏州市姑苏区人民法院．"三段式"培养模式助力法官助理成长．人民法院报，2020-7-17．

② 李志增，李冰．内生型塑造：法官助理三阶式养成路径探析．中国应用法学，2019（4）．

③ 李弸．基层法院编制内法官助理制度的困境与对策．西南政法大学学报，2019（3）．

（四）从相关研究看，专门针对法官助理的研究不多，对入额之外的职业发展几乎没有关注

一方面，关于法官助理制度的研究多以碎片化的形态散见于"法官员额制度""人员分类管理改革"等相关研究中，有结合法官助理学历、资历，探讨法官选任标准的，有从合议庭的组成和人员关系分析法官助理的职责定位的，有结合审判权运行机制研究法官助理如何配置的，内容聚焦在如何使用法官助理，进而深化员额制等其他改革制度，着眼于法官助理自身能力培养的很少。另一方面，从针对法官助理的研究看，有结合法官助理的来源与条件明确法官助理管理模式的，① 有结合审判权运行细分法官助理职责内容的，② 有使用回归限权法官的形式扩大法官助理职责权限加快助理成长速度的，③ 但均以法官助理最终会成长为法官为视角，对于法官助理除入额之外的职业发展关注较少。

二、差异化培养的必要性和可行性

（一）差异化培养是法官助理受限于员额比例无法全部入额的现实考量

一方面，员额制改革要求法官比例严格控制在39%以下，④ 根据相关规定，根据法院层级不同，审判辅助人员占比31%~46%不等。在实践中，各地对员额的把握从严，上海等试点地区更是将员额比例限制在27.7%左右。根据不同类别人员比例设置，基层法官助理占比超过法官2%，高中级法院法官助理占比有的超过8%。即至少有2%以上或8%以上的法官助理无法入额成为法官，将入额作为法官助理唯一的培养目标不符合员额制改革的要求。另一方面，就法官员额制改革初衷看，"员额制是按司法规律配置司法资源、实现法官检察官正规化专业化职业化的重要制度，是司法责任制的基石"⑤，员额制改革通过精简法官数量、提升法官能力素质、优化人员配置来落实司法责任制。实现"最优秀的人才集中到审判一线行使审判权"意味着法官选任是一个择优的过程，有的法官助理能成

---

① 孙国明. 法官助理. 人民法院出版社，2007：224-239.
② 袁青峰，李岳. 法官助理制度在基层法院的实践与思考——基于优化司法程序构造和完善司法组织设置的双重视角. 上海法学研究，2019（12）.
③ 汪一鸣. 回归限权法官——打破法官助理定位困境. 华东师范大学，2020.
④ 刘勋. 确定法官检察官员额比例和基数不宜一刀切. 人民法院报，2016-7-21.
⑤ 孟建柱. 法官员额制是实现司法队伍专业化的重要制度. 人民法院报，2016-3-23.

长为法官，有的助理终身无法进入法官队伍，需要走其他职业道路，这是由员额制改革的性质决定的，这些不适合选任为法官的法官助理若在早期就能接受有别于"预备法官"的针对性培养有利于其后续职业选择和发展。

（二）差异化培养有助于拓宽法官助理职业空间

法官员额制提高了法官的任职门槛和资质要求，入额之路从按年资晋升转为按综合素质和表现差异择优选升，法官助理向法官的晋升途径收紧，竞争激烈。一方面，基层法院额少人多。改革后基层法院作为法官助理入额的主要渠道，[①] 入额基数大幅增加，但改革后基层法院员额数量变化不大，入额通道拥挤，如在2021年某直辖市法院初任法官遴选工作中，大部分基层法院遴选竞争比例在5∶1以上，有的达到了10∶1。另一方面，上级法院法官助理到基层法院参加入额遴选竞争优势不大，上级法院法官助理去基层的意愿也不强，如某直辖市中级法院2013年至2020年，招录法官助理近150人，至今尚无成功到基层入额的法官助理。法官助理入额难度大幅提升，若仍将遴选入额作为法官助理培养唯一的目标，一是浪费了司法资源，无法人尽其才。二是对法官助理队伍稳定性形成负面影响，长期处于较大的入额竞争压力、不稳定的职业预期中，若屡次尝试仍不能入额，法官助理难免产生挫败感，影响工作效果。因此，有必要提供各种条件、渠道和机会，通过有意识、有组织地培养，拓展法官助理其他职业路径，使其获得更多的能力提升机会和个人成长空间，克服法官助理"招不来、留不住"的用人困境。

（三）法官助理差异化培养可缓解法院综合行政管理岗位人员补充压力

人员分类管理改革后，为"确保优秀法官留在审判一线"，明确要求"只有履行具有司法属性工作的部门才能设置员额，不承担办案职能的部门，不得设置法官员额"[②]，这意味着负责调查的研究部门、负责法官监督的纪检监察部门、负责法官考核的组织人事部门等不能设置员额，有的法院负责案件流程管理、质量评查的审判管理部门也不设置员额。但是上述部门所负责的工作大部分与法官个人利益或审判权运行直接相关，与审判核心事务相关度高，宜由具有审判经验

---

① 除《实施意见》第十八条"最高人民法院、高级法院的法官助理初任法官的……也可以根据需要到中级人民法院任职"规定的情况外，其他法官助理遵循《法官法》十七条"初任法官一般到基层人民法院任职"的规定，需要到基层法院入额。

② 罗沙，杨金志，黄安琪．推动司法职业化 筑牢司法责任制基石．人民法院报，2015-7-23．

或法学知识储备人员从事，若完全由无审判背景的人员从事，工作质量无法保障。现阶段主要是由未入额法官从事这部分工作，随着他们入额或到龄退休，这些需要熟悉审判业务才能顺利推进工作的非审判岗位人员紧缺问题会逐步凸显。为了破解上述非审判业务部门人才紧缺、人岗不适的难题，需要进一步拓展人员补充来源，而未入额的法官助理可以满足上述工作需求，他们拥有在审判业务部门的工作经历，熟悉审判权运行机制，了解法官工作内容和流程，由他们来负责与审判核心业务相关度高的司法行政和审判管理、研究事务，更能保证工作效率和效果。

（四）公务员职务职级并行制度改革为法官助理差异化培养提供了制度保障

公务员职务职级并行改革后，各地法院法官助理、书记员职级管理改革相继展开，法院司法行政人员和审判辅助人员虽分序列管理制度已经建立。一方面，分序列管理后，各层级法院法官助理的职级设置及比例较改革前大幅提升，很大程度上破解了职级发展瓶颈，使得职业法官助理成为可能。另一方面，法官助理与司法行政人员的职级对应关系已经明确，为法官助理和司法行政人员的交流提供了便利，综合能力较强的法官助理前往与核心审判事务相关度高、需要熟悉法院整体任务形势、审判业务流程的司法行政或审判管理、研究岗位，能有效缓解改革后日渐繁重的司法行政、审判研究或管理的工作压力。同时，考虑到法官助理同党政机关公务员在职级设置及比例上大体相当，相互间身份转化并无障碍，在工资待遇和生活待遇上的配套政策和其他行政机关公务员持平且互通，这就为法官助理转任为其他机关公务员奠定了基础。总体来看，法官助理职级晋升通道、交流通道已基本搭建，法官助理在自身职业通道向上发展或转任其他公务员均具有可行性。

三、影响差异化培养的因素

（一）思想认识上对改革后法官助理职业发展变化认识不够，尚未意识到差异化培养的必要性

法院、法院工作人员对法官助理制度的认知往往是数次折中叠加后形成的差异化理解。改革前，书记员经过一定的工作年限积累大部分能成长为审判员，改革后这一情况有所变化，但法院及法官助理对这一变化的认识不够透彻，对改革政策理解不到位，导致心态出现偏差，影响法官助理培养成效。一方面，大部分法院在法官助理的培养上，仍持有所有法官助理都是储备法官的固有观念，在法

官助理日常使用、教育、培训过程中，更加注重其审判辅助能力的提升。为了激发法官助理的积极性，还会向其灌输只要努力工作，就能入额成为法官的想法，将入额作为一种激励手段，潜移默化地提高了法官助理的职业预期，忽视了法官助理向司法行政人员转任、遴选至上级法院、甚至选任为领导干部的其他职业可能性。另一方面，部分法官助理自身对员额制改革后入额的年限延长、难度增加还缺乏认识，对员额制改革的目的和手段理解不够透彻，期待进入法院3~5年后就能入额成为法官，一旦期待落空，便产生强烈的失落感，认为自己等待入额的机会成本过高，存在优秀的法官助理必定要入额成为法官的极端想法，心理上也无法接受职业法官助理或转任其他类别人员的道路，进一步限制了自身的职业发展。

（二）制度设计上对司法规律和我国司法实践兼顾不够，尚未充分适应我国司法人事制度

法官助理制度作为引入制度，与我国实际国情和司法规律结合的还不够紧密，未能兼顾我国法院审判工作特点和各地各级法院的不同需求，存在制度供给不足问题，导致法官助理职业发展受限。其一，我国法官助理属于国家公务员，其制度设计若不融入我国人事制度整体框架，就很难推进。不同于英美法系国家法官助理临时性、流动性强，我国法官助理队伍对稳定性的追求高于英美法系国家，因此，照搬美国将法官助理岗位作为法学毕业生谋求其他法律职务的跳板[①]的做法在我国并不适用，无法实现法官助理"储备法官"的固有功能，也无法满足助理的职业预期，在法官助理培养上若未充分考虑其公职属性，则队伍稳定性很难保证，不符合我国司法体制中法官助理的职能定位。其二，我国法官助理职业化程度与该制度建立时间更长的大陆法系国家尚有差距。在日本等大陆法系国家，法官助理往往建立在高度职业化的基础上，无论是在本职务序列的晋升或晋升领导职务，还是向上级法院流动的通道均较为顺畅，如日本担任法官助理4~5年后可转到最高法院事务总局任职或回归审判实务，还有机会担任高等法院或地方法院的院长[②]。我国由于地域面积大、地区发展不均衡，住房、子女教育等配套机制也尚不健全，跨区域上下级法院间的人员交流不够顺畅，短期内通过晋升领导职务或遴选至上级法院的方式大量分流法官助理并不现实，需要探索能克服上述客观困难的法官助理培养模式。其三，无论是大陆法系还是英美法系，审判辅助人员的占比都高于我国，例如，德国70%为司法辅助人员，除1年的岗

---

① 江振春．美国联邦最高法院与法官助理制度．南京大学学报，2010（2）．
② 郭彦．人民法院法官助理职业技能教程．人民法院出版社，2018：20．

前培训还设置了至少 1 年的专门科目教育;① 美国 1 名法官配备 1~2 名助理,甚至 1 名大法官配置过 8 名助理,助理有足够的时间精力接受专业化培训以实现自我提升。而我国法官助理配比低,大部分助理需要辅助 2 名以上法官,部分法院还存在职责界限不明的问题,法官助理工作量大、工作压力大,更多地依赖在日常审判辅助工作中提升自身能力,若忽略了这一点,设计需要耗费大量时间和精力的脱产培训,培养可行性就会降低,易流于形式,效果不佳。

(三)法官助理使用和培养统筹不够,未能针对性规划不同的培养重点和发展路径

基于案多人少的现实压力,在实践中大部分地区法官助理主要是在使用中培养,有的法院过于追求审判辅助工作效率,法官助理统一办理单项辅助工作,法官指导少,法官助理长期从事单一的、流程化的事务性工作,成长缓慢,部分法官助理认为从事的辅助工作几年内没有变化,自身已经学不到新的知识,产生了懈怠的心理或辞职的想法。有的法院意识到法官助理培养的重要意义,但将法官养成作为助理培养的唯一目的,无差别无选择地以同一种方式培养所有法官助理,未能结合法官助理不同能力水平规划不同的培养重点,而并非所有助理都能入额,法官助理间相互攀比,引发矛盾和争议。有的法院回应《五五改革纲要》"拓宽审判辅助人员、司法行政人员的职业发展通道"的要求,尝试加强人员交流力度,但由于缺少统筹规划,同类别人员交流多,跨类别交流少,同一法院内部交流开展较为顺畅,上下级法院间的交流少,法院系统外的交流机会更少,在法官助理培养方面发挥的作用有限。

(四)法官助理制度与其他改革制度的衔接尚不顺畅,影响法官助理多渠道发展

法官助理与司法行政人员间的转任机制运行不畅。虽然已经明确审判辅助人员和司法行政人员可以互相转任,但受限于司法行政人员比例较低,相应职数少,改革后司法行政岗位人员补充以接收军转干部和未入额法官分流安置为主,他们往往工作年限长,职务职级高,本就有限的职数被占据后,司法行政岗位的吸引力进一步下降。加之法官助理和司法行政人员工资待遇虽差别不大,但法官待遇高于司法行政人员,在以成为法官为职业理想的传统法官助理培养背景下,更难吸引法官助理转任。

---

① 苏泽林. 法官职业化建设指导与研究. 日方,连丹波译. 人民法院出版社,2003:45-47.

法官助理晋升领导职务机制不完善。从法官法规定来看，法院院庭长是法官，原则上主要从法官中产生。从实践看，受法官助理到基层法院初任法官影响，中级法院、高级法院担心法官助理到基层法院任职后难以再选任回来，或担心法官助理到基层法院任职后培养锻炼中断，干部成长效果不佳，普遍对法官助理到领导干部的培养规划持消极态度。从法院实际看，审判管理、审判研究等审判辅助部门领导干部岗位未要求一定为法官，在实践中多数法院忽略了这一点，未结合工作实际需要做好统筹规划，有针对性地培养法官助理。

四、差异化培养模式的具体构建

法官助理差异化培养是指将法官养成作为法官助理培养的主要目标，但并非唯一目标，同时结合法院实际工作需要及不同法官助理的能力重点、知识结构、个人意愿等个性化情况，将转任司法行政人员、晋升领导职务、发展为职业法官助理、遴选至上级法院、转任为其他机关公务员等作为法官助理培养的次要目标纳入培养规划和内容，针对不同类型法官助理设计不同的职业路径，并结合职业规划设计不同的培养方式，在使用中不断强化法官助理自身能力特点。具体建议如下：

（一）明确差异化培养理念

坚持"法官养成为主，其他发展路径为辅"。随着法院原有的具有审判职务人员存量逐步"消化"，在"从律师或者法学教学、研究人员中选拔法官"相关配套机制尚不健全的背景下，法官助理将会是法官的主要来源，法官助理培养的首要功能仍是储备法官。同时加强政策解读，明确法官助理并不等同于"准法官"的客观事实；加强教育宣传，鼓励法官助理提升多方位、多层次的能力素养，为多选择的职业道路打好基础。

（二）划分法官助理成长阶段

法官助理进入法院工作后，2年内设置预备考察期，安排助理在不同审判辅助岗位间、审判辅助岗位和司法行政岗位间交流，每个岗位工作期限以6个月为宜，通过多岗位历练区分法官助理能力侧重点和整体素质水平。3~4年内为分类培养期，根据上一阶段法官助理表现情况，划分法官助理类型，初步定岗后针对性加强法官助理某一方面的能力培养。5~6年为分流调整期，根据法官助理不同类型，区别设计不同职业规划。7年之后为发展期，结合法官遴选、职级晋升、干部交流等举措推进法官助理进入适合自身的职业道路（如图9-2所示）。

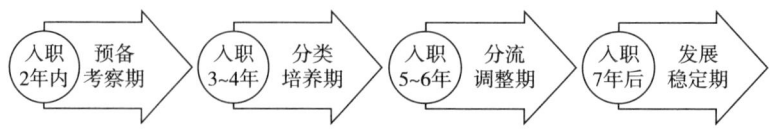

图 9-2　法官助理成长阶段划分

（三）以能力特点为导向细化考核评价标准

一是业绩考核与辅助工作实绩挂钩，根据法官助理职责内容，量化评价工作量、工作质量和工作效果。二是将法官助理从事的团队内勤、案例写作、参与调研、信息宣传、专项活动等非业务性工作纳入考核范围，建立合理折算机制，全面评价法官助理工作量和工作效果。三是科学量化与综合评价相结合，将部门领导、法官、书记员对法官助理的评价纳入考核（如图9-3所示）。四是定期考核、平时考核和专项考核相结合，在2年内的多岗位历练期每轮换一个岗位应考核一次，每年综合考核一次，若参与大要案审判等重大活动进行专项审核。建立科学合理考核评价机制，通过量化打分将法官助理的能力结构区分为程序性事务处理能力、专业研究能力、沟通协调能力、服务保障能力四个模块，为法官助理分类提供依据。

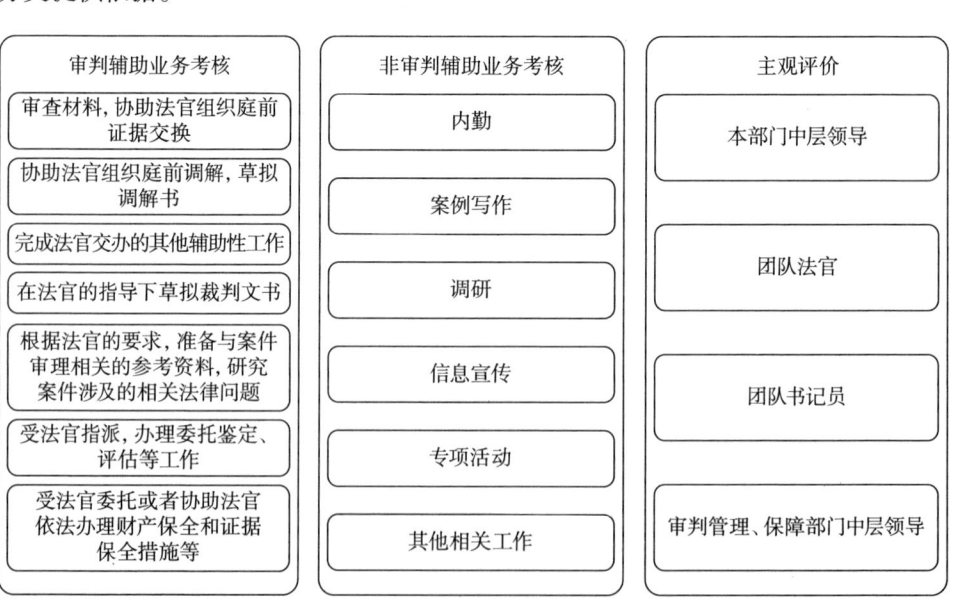

图 9-3　法官助理考核指标

（四）根据考核结果区别使用不同类型法官助理

根据考核结果，结合法官助理能力特点，将法官助理细分为程序事务型、研究型、协调沟通型、综合保障型四种类型。不同类型区别化配置使用，如将程序事务型法官助理配置在立案、速裁等简易案件审判团队，将研究型法官助理配备在重大疑难案件的资深法官团队或研究室等部门，将协调沟通型配置在专项任务多、人数体量大的团队，将综合保障型配置在审管办等审判管理、指导、保障业务较多的部门。通过承担不同的职责，不断强化法官助理本身的能力特点，在业务工作中提升其专业能力或综合能力，为培养专业法官、复合型人才或职业法官助理奠定基础。

（五）分类规划不同类型法官助理职业路径

分类培养期结束后，根据工作需要和法官助理个人意愿允许提出一次调岗申请，需要调岗的重新进行分类培养，考核通过的可以调换类别。不需调岗的，根据不同类型规划不同的职业路径，程序事务型助理向职业法官助理发展，通过职级晋升或遴选至上级法院拓展职业空间；研究型法官助理作为预备法官培养或遴选进入上级法院担任法官助理或法官，探索通过限权办案等方式提升其专业能力。协调沟通型法官助理逐步转任到司法行政岗位工作，不断加强其综合管理能力，向综合职能部门的领导干部发展，或输送至政法委等其他机关。综合保障型法官助理向审判辅助或管理部门的领导干部发展（如图9-4所示）。

图9-4 不同法官助理差异化培养路径

（六）拓宽法官助理职业发展通道

一是协同"初任法官一般基层人民法院任职"① 制度，探索"中级法院法官

---

① 《法官法》第十七条。

助理采用挂职锻炼方式到基层入额"①,落实"最高人民法院、高级人民法院法官助理初任法官的,根据需要到中级法院任职"制度,完善法官逐级遴选配套保障政策,进一步畅通法官助理入额通道。二是建立健全跨类别交流机制,规范法官、法官助理、司法行政人员三者间交流任职的程序,明确三者等级对应关系,建立上级法院法官助理与辖区内基层法院法官双向交流机制,畅通法官助理在法院系统内外的转任通道。三是完善法官助理职级管理配套制度,明确法官助理选任领导干部任职条件,用好用足职务职级政策,择优养成领导干部。

在员额制改革背景下,部分法官助理注定无法成长为法官,这是法官助理需要差异化培养的主要原因。无论是从改革政策要求、改革形势趋向,还是法院工作需要、法官助理个人利益出发,开展法官助理差异化培养在拓宽法官助理职业路径,满足法院司法行政和审判管理工作的需求上均能发挥积极作用,能有效解决法官助理发展受限的困境,推进法官助理制度进一步融入我国司法体制发挥作用。

---

① 新华社:《最高法:探索中院以上法官助理挂职,选派到基层担任法官》,网址:https://www.sohu.com/a/328355735_305502,最后访问时间:2021年6月5日.

第十章　司法行政人员补充机制的完善

司法行政人员是法院内从事行政管理的正式在编人员，包括政工党务、行政事务、后勤管理人员。随着人员分类管理改革的推进，一方面，相当一部分具有审判资格的司法行政人员转岗并充实到了审判一线，大部分司法行政岗位都面临人员短缺的问题；另一方面，受入额法官待遇保障及职业尊荣感相对较高、人员分类改革后三类人员之间流动机制不畅等因素影响，司法行政岗位的吸引力较改革前下降，传统的审判人员（含具有审判资格的司法辅助人员）转任司法行政人员的补充模式难以为继。针对此问题，一些地方法院开始尝试大规模招录非法学专业人员从事司法行政工作，以解决司法行政人员短缺问题。但不同类型的司法行政岗位对于人员的知识结构和工作经历要求存在差别。对于与审判工作关联性较大的职位（如法官管理、监督等）需要配备一部分具有法律知识和从业经历、了解审判规律的人员。对于与审判工作几乎没有关联的职位（如后勤服务）则可配置非法律专业人员。由于传统的内部转任模式难以继续开展，从外部招录非法律专业人员模式不能有效满足司法行政工作法律专业能力需求，一定程度上影响了司法行政工作质量和效果。本文在对当前司法行政人员配置情况进行分析研究的基础上，引入人力资源管理中的职位管理理论，根据职位与审判工作的关联度，对不同司法行政岗位进行分析界定，提出建立司法行政人员补充的双轨模式，以适应人员分类管理改革后司法行政工作的实际需要。

一、补充模式的一元到多元

从实践来看，为应对人员分类管理改革给司法行政人员补充带来的影响，一些地方法院已经开始在传统常见补充模式基础上，尝试招录非法学专业人员从事司法行政工作，本文选取以B直辖市不同层级、具有不同特点的法院（如表10-1所示）为例，对实践中两种模式下司法行政人员补充情况进行分析。

表 10-1　样本法院人员构成基本情况①

样本法院	法院层级	司法行政人员数量	其中法学及相关专业人员数量	备注
A 法院	高级法院	190	104	成立时间长，历史包袱重
B 法院	中级法院	68	41	成立时间长，人员构成复杂
C 法院	中级法院	77	35	新成立法院
D 法院	基层法院	82	58	人员基数大，成立时间长
E 法院	基层法院	82	51	人员基数大，受理新型案件多
F 法院	基层法院	26	22	新成立的专业型法院

（一）常见模式：选任或招录具有法律职业资格或审判经验人员从事司法行政工作

1. 从审判业务部门选任优秀人才。人员分类管理改革之前，法院的司法行政工作往往从法院内部选任工作经验丰富、业务能力强、党性意识重、综合素质高的审判人员从事，一般只有相对优秀的人才方有资格进入司法行政岗位。人员分类管理改革后，为了保障审判权独立性，这种局面发生变化，司法行政人员从"话事人"变为"服务者"，部分法院甚至出现司法行政人员"边缘化"的情况。员额制改革后，司法行政人员工资待遇也和法官拉开差距（如图 10-1 所示），②司法行政岗位吸引力降低。相当一部分具有审判职务的人员被充实到审判一线后，不再倾向于转任为司法行政人员。由于审判业务部门人员转任意愿降低，这种补充模式已经不能满足司法行政岗位不断增加的补充需求。

---

① 分别选取基层（包括一家专门法院）法院、中级法院和高级法院为样本，数据来源方式为历年招录人员网上查询、电话咨询、实地考察、座谈等。

② 自 2016 法官员额制以来，随着时间的推移，法官等级越高，和同条件的司法行政人员相比，工资差额就越大。

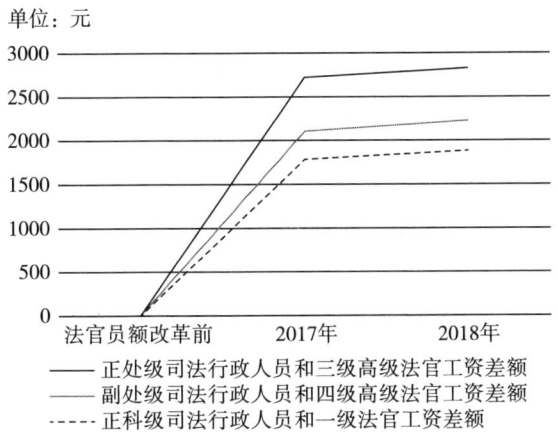

图 10-1　B 法院改革前后同等条件的法官和司法行政人员月工资差额

2. 招录法学专业的法官助理。法院作为司法机关在人员招录时一般以招收法律专业的大学毕业生为主。人员分类管理改革前，司法行政人员与审判人员在工作需要和条件符合时相互转岗较为便利，且此类转岗能丰富审判人员工作经历，而多岗位经历是党政领导干部的任职条件之一，因此具有相当大的吸引力。大学生进入法院后，为促进新进人员加强对法院工作的整体了解及补充司法行政人员力量，一部分先被分配到司法行政岗位工作（如图 10-2 所示）。① 随着人员分类管理改革逐步落实，为保证法官队伍的专业化、职业化，明确司法行政部门不得设置员额，以法官助理身份招考进入法院人员，经过法学系统学习并通过司法考试，大部分怀有审判梦想，更倾向于进入审判一线工作，他们成为司法行政人员后，由于所学专业和从事工作相背离，难免心态浮躁，萌生"去意"，大部分无心长期从事司法行政工作，这种人员补充模式并非"民心所向"，只能暂时缓解司法行政岗位的用人压力，无法成为长久之计。

---

① B 法院近 5 年来招录的法官助理中，均有 1~2 名被分配到司法行政部门工作，他们有的在 1 年试用期后转岗至审判部门担任法官助理，有的因工作表现出色，至今仍留任在司法行政部门。其他 4 家法院（除了 A 法院外）近 5 年来招录人员分配情况与 B 法院类似，不再单独列举。

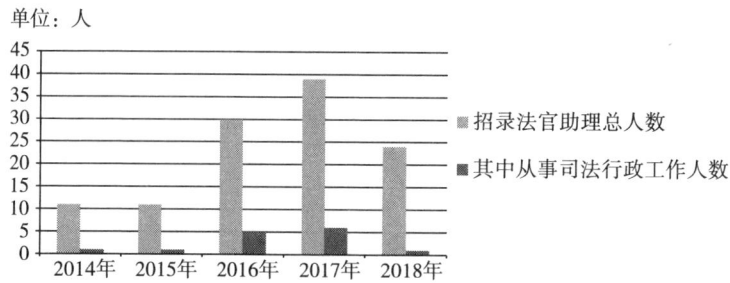

图 10-2　B 法院 2014—2018 年招录法官助理从事司法行政工作人员数量变化图

（二）个别模式：根据岗位需求招录或接收非法学专业人员从事司法行政工作

1. 接收军转干部。为响应国家对军转干部安置政策，法院定期接收军转干部，其中大部分没有法学专业学习的背景，但经过长期的军旅生涯，党性意识强，纪律意识重，往往被分配在司法行政部门工作。经过常年积累，成为法院司法行政人员中的重要组成部分（如图 10-3 所示）。① 这种定期定量定性的人员补充方式因无法及时精准的为法院提供所需人才，只能作为人员补充的辅助手段，不能满足法院对司法行政人员的日益增长的要求，由此衍生出根据岗位需求定岗招录专业人员的补充模式。

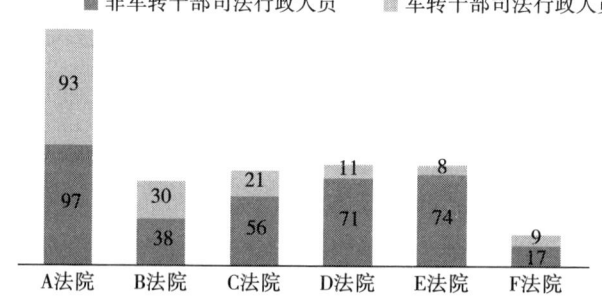

图 10-3　样本法院截至 2018 年军转和非军转司法行政人员数量对比图

---

① 总体而言，成立时间越长的法院出于对安置政策的响应，军转干部在司法行政人员中所占比例越大，如 A 法院和 B 法院，军转干部占司法行政人员比例均接近 50%。长期来看，军转干部安置是持续性工作，按照人员分类管理的要求，这些无法学知识背景人员已无法成为法官，因此进入法院后大部分成为司法行政人员，是司法行政人员的长期补充来源。

2. 定岗招录对口专业人员。这种人员补充方式是随着人员分类管理改革推进而产生的。部分新成立的法院尝试根据司法行政岗位的具体需求招录专业对口人员，例如，招录新闻专业或者计算机专业人员从事宣传或者技术支持方面的工作，实现快速足量司法行政人员补充。此种方式有利于专业化队伍建设，在历史包袱不重的法院中逐步发展成为司法行政人员补充的重要形式，但对于成立时间长、人员情况复杂的法院，受编制有限等因素限制，很难在短期内招录大量非法学人员，这种方式就无法成为主流（如图10-4所示），① 且由于定岗招录人员无法律学习背景，也不具备审判工作经验，对法院审判中心工作不够了解，若成为司法行政工作主力，可能会在一定程度上对工作效果造成负面影响。

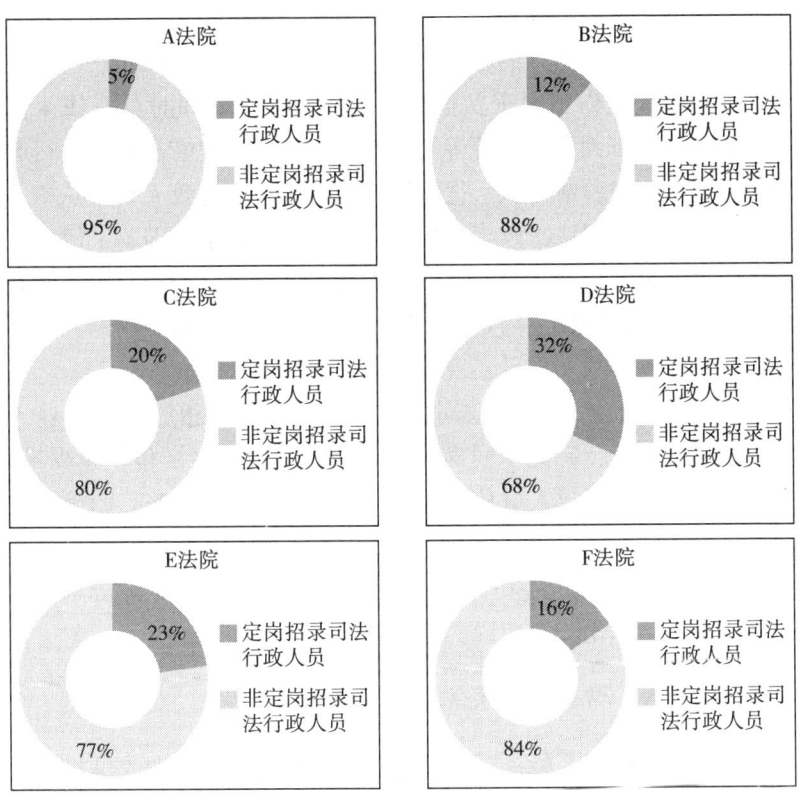

图10-4 样本法院截至2018年定岗招录和非定岗招录司法行政人员示意图

---

① 对于历史包袱较重的法院，人员构成复杂，无法短期内进行大规模的人员更新和人员结构的调整，例如，A法院较多军转干部和调转人员担任司法行政人员，每年可招录司法行政人员少；但如C法院成立时间不长，人员构成简单，就可根据需要一次性大批量的招录非法学的对口专业人员。

3. 定岗遴选或交流法院系统外机关人员。有的法院在岗位人员紧缺且本院无条件相符人才可选用时，通过遴选或交流，吸收其他法院或行政机关人才。这种方式吸收人员素质高，与岗位契合度好，但补充数量、补充周期受外在因素限制较大，现阶段无法成为司法行政人员补充的主要形式。

二、不同补充模式的利弊分析

（一）优势解析：两种补充模式的优点

在常见模式下，司法行政人员不分工作职责或职位要求，一律由具有法律专业知识或对审判业务较为熟悉的人来担任。首先，有利于确保司法行政工作法律性的实现。司法行政工作不同于其他行政工作的特点即同时具有法律性和保障性，对于法官考核、审判资源配置等与审判核心事务相关度高的司法行政事务而言，由同时具有审判经验或知识、优秀组织能力的司法行政人员来从事，更贴合司法实践的需要，确保司法行政事务公正高效，能有效避免因不了解审判权运行规律而引发的决策执行风险。其次，方便人员统一管理。无论是内部选任还是直接招录法学专业人才，实质上均是作为审判相关储备力量而使用的，同一类型的人才在录用、考评等事项上更易实现统一管理，减少管理成本。

在个别模式下，根据司法行政岗位职责内容，使用相应对口专业人员。首先，能够优化岗位配置，有助于明确司法行政人员的职责定位，减少推诿扯皮，提高工作效率，将司法行政人员从无序的工作氛围中解放出来，明确自身的职责定位，增强角色认同感，实现"人尽其才"。其次，能够促进精细化管理，将复杂烦琐的司法行政工作细化为多个单元并由不同专业背景的个体分别负责，能提升工作效率，有利于优化资源配置。

（二）现实难题：常见模式补充后续乏力

常见模式是司法行政人员补充的传统模式，人员分类管理改革前在充实司法行政队伍上发挥了主要作用，但随着改革的推进，司法行政人员工资待遇等与法官产生差距，受职级职数限制，晋升渠道也不如法官顺畅。司法行政岗位吸引力明显低于审判岗位，这种背景下要求审判人才转任为司法行政人员已不合时宜，常见模式与人员分类管理改革带来的新变化、提出的新要求已不相适应。

1. 岗位适配"粗放化"，无法实现人事相宜。例如，工资、档案、宣传、党建等专业性要求较高的司法行政事务，不作区分地全部由法学背景人员从事，不仅要耗费更多的时间培训学习,而且工作效果上与对口专业人员从事也存在一定差距,和中央政法工作会议提出的建设专业化、职业化政法队伍的理念不符,也不符合现代人事管理中精准用人的理念。

2. 人力资源"浪费化",无法实现人尽其才。常见模式下的司法行政人员要么经历过系统的法学教育,要么有着丰富的审判实践经验,这两者都是审判工作中不可多得的素质,由他们从事司法行政工作,其在审判领域积累的经验和储备的知识技能无法充分发挥,且与司法改革中"让更多力量集中到审判一线"的理念不相符合。

3. 岗位优势"缺失化",无法实现动态调节。如前文所述,司法行政岗位的吸引力不复往昔,具有法律职业资格人员或审判经验人员大部分更愿意从事审判业务工作,通过这种模式已经难以实现司法行政人员的及时足量补充,无法满足改革背景下司法行政工作日益提高的标准与要求。

(三) 风险隐患:个别模式补充效果不佳

个别模式是在改革推进过程中摸索出的人员补充的新方法,克服了常见模式的一些不足,但由于各法院情况各异,中央和地方均未确定清晰的选人制度,导致实践中出现补充人员素质参差不齐、工作积极性不高、工作效果低于设想等问题。

1. 补充人员"随意化",工作质效能否提高存在隐忧。与其他行政工作相比,司法行政依附于司法而存在,保障司法独立、公正和效率是司法行政工作的出发点和落脚点。在"审判为中心"的指导思想下,法官任免、考核、晋升以及监督等司法行政事务实质都与审判核心事务直接相关,从事这类司法行政事务的人员不仅需要具有人事管理等专业知识,还应对审判工作较为熟悉,若全部由完全不具有法律知识背景或审判经验的人员从事此类工作,工作效果难以保障,工作结果也难以使司法人员信服,存在"外行人"评价、考核"内行人"的隐忧,进而影响工作效果。

2. 职业发展"模糊化",司法行政队伍稳定性不佳。通过定岗招录进入法院工作的司法行政人员,工资待遇与法官差距较大,同一工作环境下心理难免产生落差,且司法行政人员的职业化建设起步较晚,法院为法官、审判辅助人员设计的职业道路对他们也不适用。相较其他公务员而言,司法行政人员在交流、晋升渠道等方面都相对更窄,职业前景不明进一步降低了岗位吸引力。导致一些司法行政人员得过且过,工作积极性降低,一些司法行政人员焦虑不安,想要谋求其他发展,工作效果大打折扣,背离了人员补充的初衷。

3. 适用范围"定向化",人员补充的局限性较大。个别模式在新成立的、编制和职数数量较为充裕法院较有效,但对于历史包袱重的法院,受编制限制等因素无法短期内招录大量非法学专业人员,只能结合岗位需要和空编情况少量补充,不能满足司法行政岗位的人员需求。

三、职位管理理论的引入

为克服当前两种司法行政人员补充模式的不足,需要引入合适的理论工具。作者认为,可借鉴人力资源管理体系中的职位管理理论。职位管理理论是指以单个职位为管理对象,通过职位分析来明确不同职位在组织中的角色和职责及相应的任职资格。[①] 职位管理理论相对于其他人力资源模式,强调以"事"为中心,而不是担任该职位的"人",即在因事设位的基础上,再以位择人、因职择人,[②] 严格按照任职要求所设定的专业知识、资历、学历等条件补充人员,增强人员补充的针对性、目的性和规划性,确保选人用人科学合理。

(一)问题导向:职位管理理论对现行司法行政人员补充模式不足的克服

1. 克服常见模式下"人事不相宜"的缺点,提高人岗适配性。职位管理要求以事为中心,按照工作性质、难易程度、责任大小和素质要求等对职位进行科学分类,以此为基础严格界定待补充人员的专业知识背景、过往从业经历等资质条件,选用和岗位高度适配的人才,有效避免现行模式下的人岗不相适、人才浪费的问题。

2. 规避个别模式下"有限法律性"的风险,满足审执一线实际需求。司法行政工作旨在为审判中心工作提供保障和服务,需同时满足法律性和保障性的需求,有效的职位管理能够根据岗位的实际需要确定任职条件,充分考虑到岗位的个性化情况,选择在学习背景、工作经历、能力特点等方面最符合岗位需求的司法行政人员,实现"点对点"精细化人员配置,避免出现在"去行政化"的同时"去法律化",影响司法行政人员公正公平的服务保障职能的发挥。

3. 克服现行模式下"权责不明"的缺陷,提升岗位职业认同感。有效的职位管理能够明确组织内每一个职位的权力、责任和利益,实现权、责、利的有机

---

① 刘方勇,刘菁. 司法改革背景下现代法官职位体系之构建——兼论法官制度改革顶层设计的再设计. 中南大学学报(社会科学版),2016(1).

② 江必新. 审判人员职能配置与分类管理研究. 中国法制出版社,2016:322.

统一，能够为考核、培训、工资待遇等人事活动提供充分依据，减少人事之间、人人之间的矛盾，营造良好的工作环境和氛围，减少实践中因存在职责定位不清晰，导致忙闲不均、互相推诿等问题。

4. 缓解现行模式下"补充乏力"的压力，构建动态人员调节机制。职位管理是一个从工作设计直至职位评价的连续过程，要求一项工作需求对应若干职位，一个职位对应若干工作人员，并根据职位评价决定职位应享受的待遇地位，借此建立有效的反馈机制，推动实现按劳分配、奖勤罚懒，增强职位吸引力，并根据工作设计随时调节职位设置，进而改变所需司法行政人员的数量和任职条件，有效缓解现行模式下司法行政人员"断崖式"减少、人员补充不足的问题。

（二）理论指引：运用职位管理理论明确司法行政人员补充路径①

完整的职位管理体系包括工作设计、职位设置、职位分析、定编定员、任职资格等级标准设计、职位评价及职位分类分层七个环节在内的持续性过程（如图10-5所示）。② 职位管理要求以工作目标为导向，以业务流程为依据进行职位设置，③ 进而以位择人，对司法行政人员补充而言，想要确定需要什么样的人才，首先需要对司法行政职位的设置进行厘定。

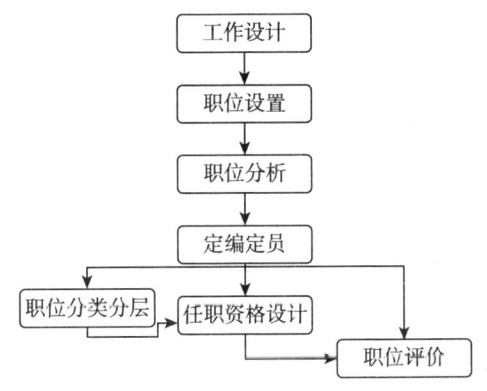

图 10-5　职位管理体系构建流程图

1. 目标导向——运用职位管理对司法行政事务进行分类。我国司法行政事务几经变更，现阶段与日本、韩国在法院内部设置事务局，负责法院的行政工作

---

① 职位设置是指将工作设计按照"职能"，"职责"，"任务"的层次关系，对工作流程，权责利关系进行划分和整合，最终形成若干个相互联系职位的过程。
② 江必新. 审判人员职能配置与分类管理研究. 中国法制出版社，2016：321.
③ 朱勇国. 职位分析与职位管理体系设计. 对外经济贸易大学出版社，2010：217.

的做法类似①，基本由法院自行管理。司法行政人员属于法院内部工作人员，司法行政岗位由法院设置。而职位设置的基础是工作设计，即根据组织目标和业务宗旨进行工作内容设计②。法院的业务宗旨是实现司法公正，核心业务是审判，从而决定了司法行政工作目标就是保障审判工作。因此，可以审判核心业务为圆心，通过与其远近，区分司法行政工作与法律的关联度，判断司法行政工作的重要性，进而划分出不同职位类型。曾有学者提出按照和审判核心事务的距离，以"同心圆"理论将司法行政事务作以下分类（如图10-6所示）③，本书所讨论的司法行政人员即从事第二环及其以外的司法行政事务。

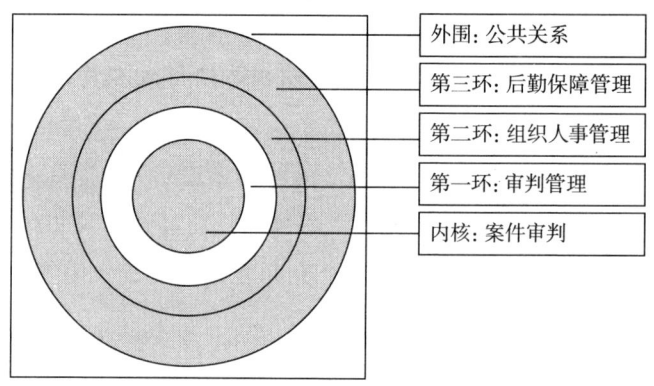

图 10-6　司法行政事务分类示意图

2. 流程管控——运用职位管理设置司法行政岗位。职位设置一般从组织的业务流程入手，通过明确组织目标，理顺业务流程，形成稳定的职责分工。上文结合审判的核心目标已将司法行政工作分为三类，而目标决定流程、流程决定组织、组织决定职位④，所以根据业务流程可进一步明确职位设置。组织人事管理中党建工作目标为加强党的领导，人事工作的目标为提升队伍建设水平，监察工作的目标为加强廉政建设、规避廉政风险，三者目标不同，业务流程也不同；后勤保障管理依照目标和流程不同可分为财务工作、技术保障工作、档案工作和行政秘书工作；公共关系管理则主要包含新闻宣传等工作。据此进行职位设置（如图10-7所示）。

---

① 王娟．日本法曹之养成，国外法官管理制度观察．人民法院出版社，2012：393-396．
② 亓世英，邢雷，臧国军．职类职种划分方法及实践．人力资源管理，2012（5）．
③ 贺荣．尊重司法规律与刑事法律适用研究（上）——全国法院第27届学术讨论会获奖论文集．人民法院出版社，2016：56-57．
④ 江必新．审判人员职能配置与分类管理研究．中国法制出版社，2016：32．

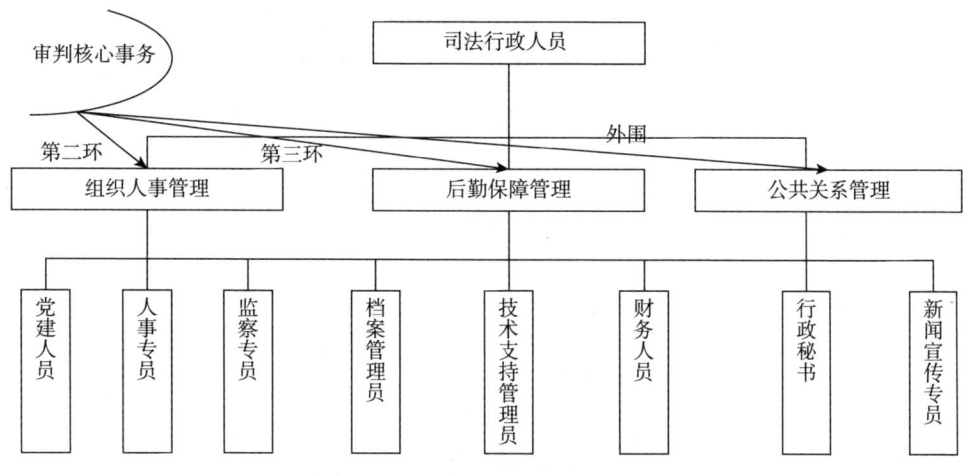

图 10-7 司法行政人员职位设置

3. 解决思路——运用职位管理完善司法行政人员补充模式。在明确司法行政岗位设置的基础上，运用职位管理中的职位分析明确每一个司法行政岗位的职责，根据职责内容明确该职位的任职条件，根据任职条件最终确定人员补充方式。这是职位管理在司法行政人员补充中运用的过程，基于此，结合人员分类管理改革的背景，构建司法行政人员补充双轨制的路径具体为：以服务和保障审判中心工作为原则，通过职位管理厘清司法行政岗位的职位设置、确定不同岗位所需的任职条件，进而区分不同岗位不同人员补充方式，探索科学的人员补充路径，实现司法行政队伍的持续发展。

四、双轨模式的构建

（一）模式选择：根据司法行政岗位的职责内容确定人员补充方式

职位管理理论强调"事"，而非"人"，职位是组织机构业务、职能的具体承担者，各个职位职能的实现促成了组织机构整体职能的实现。司法行政职位设置的基础依据也是司法行政工作的"职能职责"（如表 10-2 所示）[①]，以此为指引界定每一个司法行政岗位所需的任职条件，则是解决人员如何补充这一问题的基础。

---

① 此表旨在对不同司法行政岗位的职责内容进行清晰的界定和明确，其中档案管理既涉及人事管理又属于后勤保障管理；行政秘书可能同时处理属于公共关系和后勤保障的司法行政事务。

表 10-2　司法行政职位职责内容明细表

工作设计	职位设置	职责内容
组织人事管理（第二环）	人事专员	人员录用
		绩效考核
		职级升降
		奖惩
		人员配置
		培训
		支付劳动报酬
	监察专员	对履职和廉洁从业的监督检查
		受理检举、控告、申诉等
		对法院效能和专项检查等
	党建专员	宣传落实党的方针政策等
		党员监督和管理服务工作
		领导机关工会等群众组织等
后期保障管理（第三环）	档案管理人员	管理人事档案
		管理除人事档案外的其他档案
	财务人员	法院财务预算、定期编制财务报告等
	技术支持管理员	维护法院数据库及网络正常运行；对设备、系统软件进行保养更新等
公共关系管理（外围）	行政秘书	上下级法院的联络信息反馈等；撰写工作总结等
		签发、印发等；接待、车辆、印章等
	新闻宣传员	法院工作的宣传报道，人民法院网站管理维护等
		舆论观察与反馈、公众普法等

1. 处于第二环的组织人事管理人员。距离审判核心事务距离最近，原则上需要选用具有审判经历或法律专业学习背景人员，但也存在特殊情况，例如，党建人员主要从事落实宣传党的政策、路线等工作，对其法学素养要求不多，其对党员负责，而非审判人员，因此对其党性修养和党的政策路线的熟悉程度要求更高，一定程度上倾向于使用个别模式进行人员补充。而人事专员中负责工资计

算、人事档案管理的人员，虽然处于第二环，但与审判核心并不直接相关，其业务流程也并不涉及法学知识或审判技能，而是对工资政策、档案管理规定等非法学专业知识有较高需求，因此选择个别模式可能更为恰当。而其他人事专员负责和法官、审判辅助人员职务变动等直接相关业务，需要对审判运行规律和审判实践都较为熟悉才能做出公正评价，即对法学专业要求高，同时还要求具有人力资源管理和行政管理相关知识，即对非法学的人事专业要求也较高，需要综合素质人才，可综合考虑个别模式和常见模式补充人员。监察专员负责监督检查，本质是对审判权行使过程中的业内和业外行为定性评价，要求监察专员了解审判业务，能准确把握审判要求，不至于因为对司法程序的不了解而做出错误的判断，对法学专业要求也较高。

2. 处于第三环的后勤保障人员。距离审判核心距离较远，原则上使用个别模式定岗招录非法学专业人员便足以实现人员补充，其中财务专员需要财会专业知识，部分岗位需要会计从业资格；技术支持专员对计算机知识、互联网运用等知识要求较高；档案管理员对档案专业知识了解程度有一定要求，同时需要熟知国家对于档案管理的政策；行政秘书对中文、汉语言文学、文秘等专业知识要求较高，以便于公文拟制、接待等工作的顺利完成。但针对上下级法院的联络、帮助领导全面了解工作进展等与审判有间接关联的岗位，对法学专业有一定要求，需要特别考虑。

3. 处于外围的公共关系管理人员。距离审判核心事务最远，原则上使用个别模式补充人员即可，但也有特殊情况：其中，新闻宣传人员负责对外宣传，需要新闻传播、中文相关专业知识，但同时新闻宣传工作代表着法院在公众面前的形象，对于推动司法公开如普法等有重要意义，所以，也需要对审判工作有一定程度的了解，可将常见模式作为补充手段使用。

（二）机制优化：定性评估与定量分析相结合构建双轨制补充模式

1. 通过任职条件确定"三个维度"对人员补充定性评估。通过上述任职条件分析可发现决定司法行政岗位任职条件的主要因素是"与核心审判事务之间的距离"①，原则上距离核心审判距离越近则应更倾向于选择常见模式补充人员，反之则应选择个别模式。但"与核心审判的距离"不是唯一的影响因素，"对非法学专业的要求"和"对法学专业的要求"这两个要素对人员补充模式的选择也有一定影响，因此才有党建人员、工资计算人员补充需特殊处理的情形出现。

---

① 依据"同心圆"理论决定的司法行政事务分类是决定岗位任职条件的核心要素。

因此可结合司法行政实际岗位需求及法院现有人员配置、编制数量等情况,界定"与审判核心事务距离远近""对法学专业的要求度""对非法学专业的要求度"三个维度,以此为依据明确人员补充模式的选择方向,原则上,与核心事务距离越近,对法学专业要求越高,则越倾向于选择常见模式;反之则越倾向于选择个别模式(如图10-8所示)。

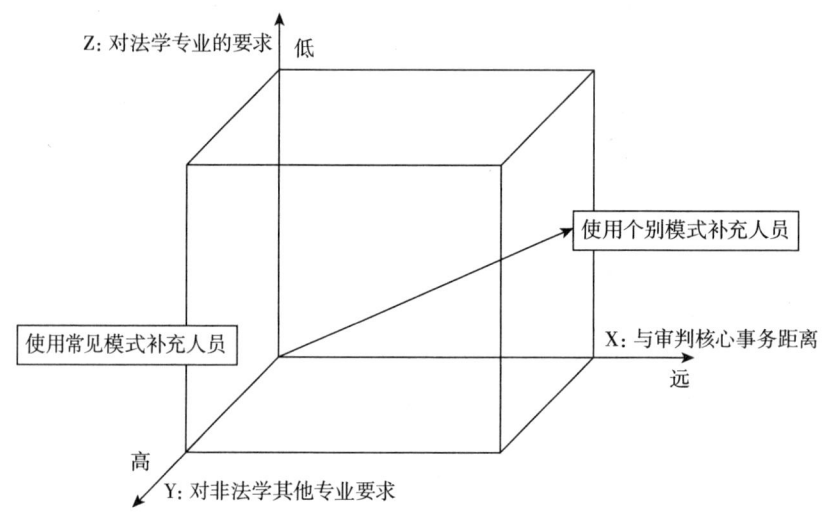

图 10-8　司法行政人员补充模式示意图

2. 通过司法行政职位的职责内容对人员补充定量分析。根据上述三个维度,根据上文的职位分析对司法行政人员进行评分,将司法行政人员补充模式的选择倾向进行定量计算(如表10-3所示),与审判核心事务距离越近得分越高,对法学专业要求越高得分越高,对非法学专业要求越高得分越低,职位分析的任何一项得分≥4分或者三项平均分≥3分则选择常用模式(法学专业或有审判经验人员)补充司法行政人员,反之则应选择个别模式(定岗招录或其他方式补充非法学专业人员)。

针对"对非法学专业要求程度"评分较低且"与审判核心事务"评分较高的需要特别关注,此类人员既需要较强的非法学专业知识,还需要对审判事务有一定程度的了解,法院可根据工作实际情况选择适格人员补充。

表 10-3 司法行政人员职位管理评分表

工作设计	职位设置	职位分析	与审判核心事务距离	对法学专业要求程度	对非法学专业要求程度
组织人事管理（第二环）	人事专员	人员录用	4	4	2
		绩效考核	5	5	3
		职级升降	5	5	3
		奖惩	5	5	3
		人员配置	5	5	3
		培训	3	3	2
		支付劳动报酬	2	2	1
	监察专员	对履职和廉洁从业的监督检查	4	4	3
		受理检举、控告、申诉等	4	4	3
		对法院效能和专项检查等	4	5	3
	党建专员	宣传落实党的方针政策等	3	2	2
		党员监督和管理服务工作	3	2	2
		党员、群众的思想政治工作	3	2	2
		领导机关工会等群众组织等	3	2	2
	档案管理人员	管理人事档案	3	2	1
		管理除人事档案外的其他档案	2	2	1
后期保障管理（第三环）	财务人员	法院财务预算、定期编制财务报告等	2	2	1
	技术支持管理员	维护法院数据库及网络正常运行；对设备、系统软件进行保养更新等	2	2	1
	行政秘书	上下级法院的联络信息反馈等；撰写工作总结等	3	3	1
		签发、印发等；接待、车辆、印章等	1	1	1
公共关系管理（外围）	新闻宣传员	法院工作的宣传报道，人民法院网站管理维护等	2	2	1
		舆论观察与反馈、公众普法等	4	3	2

3. 结合现有人员补充模式构建司法行政人员补充双轨制。通过对人员补充模式的定性评估和定量分析，司法行政人员补充时选择何种模式已基本明晰（如图 10-9 所示）。根据职位管理的职位评价和职位分类分层可建立相应的招聘配置、培训发展体系，形成人员补充的良性循环体系。若选择个别模式定岗吸收非法学专业人员，就要为其设置畅通的职业发展路径和晋升渠道，与其他行政机关间建立多样的交流通道，稳定队伍发展的同时克服常见模式下"人岗不相适"的缺点；若选择常见模式吸收法学专业或具有审判经验人员，就需保证此类司法行政人员与法官、审判辅助人员之间尚有可交流的渠道，杜绝司法行政职位固化而使职位丧失吸引力，在人才效益最大化的同时规避个别模式"有限法律性"的风险。以职位管理理论为指引，将原有的一轨制完善成双轨制进行人员补充，保证精准高效可持续的补充司法行政人员。

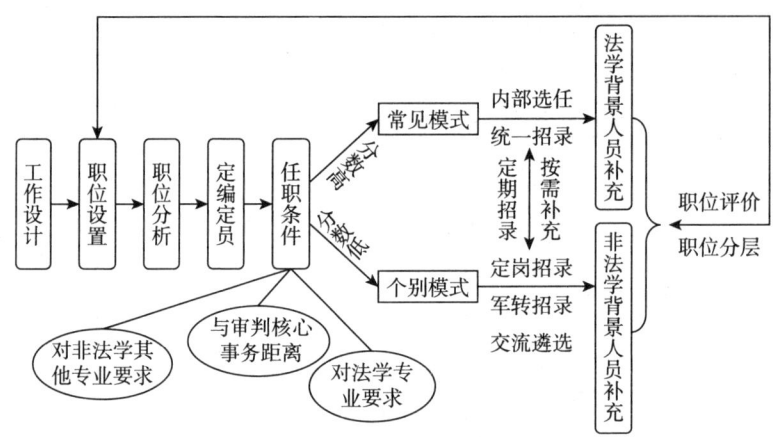

图 10-9 司法行政人员补充双轨制流程示意图

从长远看，为进一步深化人员分类管理改革，司法行政人员持续有效的补充是必不可少的，运用职位管理理论优化司法行政人员补充机制有利于提高人岗适配度，推动司法行政队伍革命化、正规化、专业化、职业化发展。当然做好人员补充仅是司法行政队伍建设的起点，后续还需进一步针对司法行政人员构筑因地制宜的培养路径、建立差别化的职业发展途径、完善个性化考核模式和多元反馈机制，建立人员补充、培养、发展的良性循环体系。

第十一章 人员跨类别有限交流

司法人员分类管理改革前，法院人员类别相对单一。法院工作人员虽在身份上有审判人员与非审判人员的区别，但二者晋升机制与待遇保障等均以行政职务为主要依据，且身份转换程序相对简单，内部岗位调整相对容易，审判业务庭与综合职能部门之间的人员交流较为频繁。人员分类管理改革后，法院人员被严格地划分为法官、审判辅助人员、司法行政人员三大类别①，非审判岗位不设员额，入额必到审判业务庭办案，否则就需退出员额。不同类别人员，尤其是法官与其他类别人员在身份取得和职级待遇保障上差别较大。对于不同类别间的人员要不要交流、能不能交流、如何交流等在实践中认识不同，做法也大相径庭。有的法院严格控制，有的法院相对宽松。从专业能力培养的角度考虑，频繁交流不可取。但从综合能力培养的角度，不交流也存在问题，是否需要交流的关键是如何平衡好专业能力培养与综合能力培养之间的关系。从法院人才培养和干部队伍建设上看，不同类别的岗位，同一类别不同层级的岗位，对于专业能力和综合能力的要求是不同的。对于普通法官，专业素质的要求是第一位的；对于法院的院庭长，除了专业素质，还要具有较强的综合管理能力；对于新入法院工作的人员，熟悉法院的综合行政事务，有助于其更快地融入法院工作，对于其更好地从事专业工作亦有促进作用。由此可见，在人员分类管理改革的背景之下，**跨类别交流是否必要不能笼统界定，而应根据岗位需要，综合考虑人员类别和层级后精准开展，是一种有限交流。**

---

① 最高人民法院司法改革领导小组办公室．最高人民法院关于全面深化人民法院改革的意见读本．人民法院出版社，2015：254.

一、样态的失范与无序

为了解当前法院人员跨类别交流①的实然状态,本文选取了 8 个省市、自治区共 10 家法院为样本考察(如表 11-1 所示)。样本法院从地域看涵盖了首都、东部、中部和西部城市;从层级上涵盖了基层、中级和高级法院;从经济发展水平看,既有发达的沿海城市也有发展相对滞后的地区;从人员规模看,人员体量从 50 人至 500 人不等;从案件量和案件类型看,既有案件量大、新型案件多的法院,也有案件量相对少、传统案件为主流的法院。经考察,上述法院交流现状呈现出如下特点:

表 11-1　10 家样本法院人员交流情况②

序号	法院名称	法院层级	人员分类管理改革展开日期	特点简述	现阶段是否允许跨类别交流	法官→审判辅助人员	法院→司法行政人员	审判辅助人员→法官	司法行政人员→法官	审判辅助人员→←司法行政人员
1	A 法院	高级	2016.12	辖区范围大,交通不便	是		√			√
2	B 法院	中级	2016.05	人员构成复杂,人员数量多	是	√	√	√	√	√
3	B1 法院	基层	2016.05	成立时间不长,人员数量不多	是	√		√		√
4	C 法院	中级	2016.01	辖区范围大	是	√	√			
5	D 法院	中级	2015.03	新型案件多,案件量大	否	×	×	×	×	×
6	D1 法院	基层	2016.06	年轻干部多	否	×	×	×	×	×
7	E 法院	中级	2016.06	干部年龄偏大,结构不合理	是		√			√
8	F 法院	基层	2015.03	人员基数小	是		√	√		√
9	G 法院	基层	2015.01	人员数量少	是	√				
10	H 法院	基层	2016.01	人员数量较多	是		√	√		√

---

① 以法院在开展交流工作上是否具有选择权为标准,交流可以分为主动交流和被动交流。被动交流是指任职回避,领导干部定期交流等有明确法律或政策规定的交流。主动交流是指无明确法律或政策依据,根据工作需要自主开展的交流。本书所讨论的"跨类别交流"以"主动交流"为主。

② 表 11-1 中√表示允许此类交流,×表示不允许此类交流,空白格表示暂不存在此类交流,样本法院态度暂不明确。

（一）交流态度"两极化"

对于人员分类管理改革后不同类别人员能否跨类别交流，尤其是审判岗位与非审判岗位的交流，总体上存在严格限制与相对宽松两种截然不同的态度。在严格限制交流的 D 法院和 D1 法院，除法官助理可以参加法官入额遴选外，其他人员的身份一旦确定，原则上不允许变更，审判岗位与非审判岗位的人员之间基本没有交流，非审判岗位吸引力较改革前大大降低（如图 11-1 所示），以至于 D 法院政治部主任空缺两年无适合人选愿意接替。也有部分法院对跨类别交流持宽松态度，如 F 法院、H 法院、G 法院近两年内都组织"大轮岗"，以丰富干部能力、增强队伍活力，[①] 人员交流相对频繁，对于不同类别人员之间交流的程序、资格等要求，同人员分类管理改革前相比变化不大。

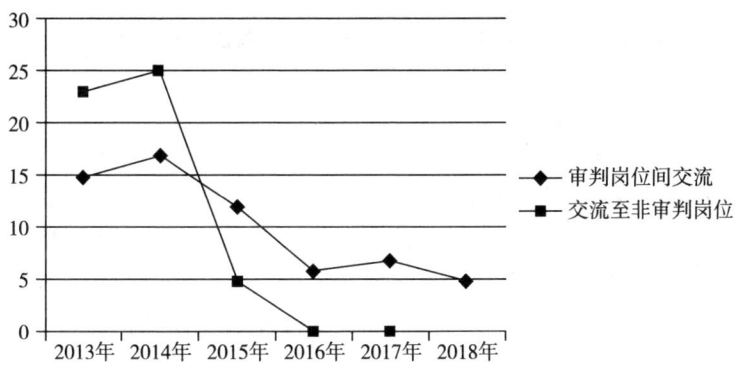

图 11-1　D 法院 2013—2018 年法官交流去向示意图

（二）交流目的"多元化"

从样本法院开展交流的目的看，有的法院是为了培养领导干部，如 A 法院和 C 法院持续选任审判业务部门优秀法官进入综合职能部门核心岗位工作，将交流作为培养后备干部的有效手段（如图 11-2 所示）；有的法院将新招录大学生分批交流到辖区基层法院综合职能部门，将交流作为干警补充基层工作经历的手段，如 B 法院将法官助理交流至辖区基层法院 B1 法院工作，任期 1~2 年，交流结束后仍回本院任职法官助理。还有的法院定期组织人员进行交流，将交流作为防止人员思想和知识结构固化，调动工作积极性的手段，如 F 法院，每隔 3~5

---

① 主要是指法院人员定期进行轮岗交流，包括跨类别和跨区域交流（参见对基层法院干警轮岗的分析与对策．法制生活报，2017-4-27）。

年就会组织不同类别人员交流。

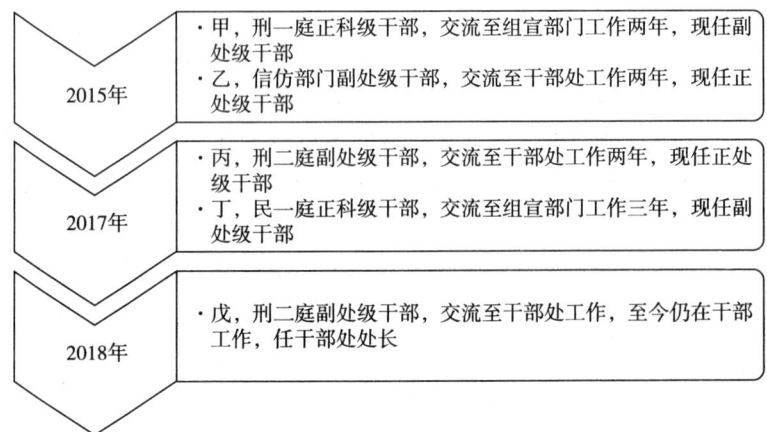

图 11-2　C 法院 2015—2017 年司法行政岗位交流人员信息

（三）交流范围"模糊化"

从允许跨类别交流法院的情况看，存在交流岗位和人员范围界定不清晰，人员交流与各类别人员任职基本条件未能兼顾，交流范围过大等问题。如 H 法院、G 法院对三类人员间的交流限制不多，导致岗位人员频繁变动，不仅影响工作延续性，也与人员分类管理改革建立专业化、职业化政法队伍的初衷不符。E 法院和 B1 法院也不同程度地存在交流人员的范围、岗位设置、人员规模等缺少制度指引，开展交流工作随意性较大的问题。

（四）交流监管"碎片化"

跨类别交流整体处于探索阶段，如何启动跨类别交流、交流监管的责任主体、交流的效果评估及结果运用等方面均未形成统一规范。如 B 法院由干部人事部门根据工作实际情况提出交流建议，党组讨论决定。F 法院由专门负责交流的委员会结合工作需要和个人申请作出交流决定。还有的由综合管理办公室负责并直接作出决定。各地差异较大、做法不一。在交流的日常监管方面，几乎都由接收交流人员的部门按部门在职人员管理，组织人事部门仅通过交流结束后的工作鉴定了解交流成效，缺少全程监管机制。在交流结果评估和运用方面，大部分法院处于缺失状态，即使针对交流进行考评鉴定的法院，也尚未建立人员交流与干部培养之间的衔接机制。

二、交流的多维考量

目前法院司法人员跨类别交流与预期效果存在一定偏差，需从整体上加强谋划并予以规范。为解决实践中存在的不敢交流、不愿交流、不能交流、不会交流等问题，进一步厘清跨类别交流的性质和意义，针对跨类别交流的合理性、紧迫性、必要性和可行性需要进一步深化理解认识。

（一）合理性：跨类别交流符合人员分类管理改革精神要求

交流态度不一，是由于对分类管理改革的目的理解不深，改革共识凝聚不够，存在不敢交流的误区，未将跨类别交流与"分类科学、分工明确、结构合理和符合司法职业特点的法院人员管理制度"有效衔接。一方面，最高法院在开展人民法院工作人员分类管理改革的同时，明确要求完善法官、审判辅助人员和司法行政人员交流机制，一般在各自类别内交流，也可以跨类别交流，[①]《五五改革纲要》也提出"探索建立下级人民法院法官到上级人民法院交流担任短期法官助理工作机制"。可见"一刀切"禁止跨类别交流与改革精神相背离，部分跨类别交流实质是政策鼓励的。另一方面，跨类别交流在优化资源配置，提高审判质效方面的优势作用与分类改革的目标一致。无论是以管理为核心的分类科学化人员管理制度论，[②]还是以资源配置为核心的分类优化论，分类管理改革在促进司法人员专业化、职业化队伍建设，改进工作机制以盘活资源方面均有重要意义。跨类别交流与人员分类管理改革在优化人员配置方面目标一致，有效利用跨类别交流有助于进一步巩固分类管理改革的成果。

（二）紧迫性：跨类别交流有助于专业能力和综合能力培养的平衡

交流目的不明确，是由于未能很好地平衡法院干部司法属性和公职属性，忽视了法院干部专业和综合能力的双重需求，对法院复合型人才紧缺的现状认知不够，陷入交流无用论的误区，导致不愿交流。在实践中，严格限制跨类别交流的法院，短期看工作效率确实有所提升，但随之产生了诸多用人难题：一是司法行政岗位的吸引力降低，职业发展受限，司法行政人员补充难，人员素质参差不齐，不能满足改革后日益增长的司法行政工作需求。二是干部能力单一化问题凸

---

① 徐家新. 将稳步推进法院人员分类管理改革. 法制日报，2013-7-31.
② 陈陟云. 法院人员分类管理改革研究. 法律出版社，2014：131.

显，复合型干部越来越紧缺，部分法院甚至出现中层干部断层现象，如近两年 B 法院中层副职空缺率超 40%。三是在岗司法行政人员工作积极性降低，有的存在"骑驴找马"心态，有的持"得过且过"思想，队伍活力降低，工作质效不佳。整体来看，审判和审判辅助岗位有助于审判专业能力培养，司法行政岗位有助于沟通协调等管理能力培养，多岗位交流任职可以帮助干部快速熟悉法院工作整体情况，培养干部的综合能力素质，并拓宽干部职业发展通道，因此，跨类别交流能在一定程度上缓解上述人员培养及使用难题。

（三）必要性：跨类别交流能够兼顾行政管理和审判工作的实际需要

交流范围持续扩大，是由于对不同岗位干部的能力需求认识不清，未能厘清岗位的职责定位，不能正确把握各岗位的任职要求和能力重点，陷入所有人员都可以或应当交流的认知误区，影响人员分类管理制度落实，触碰了交流的禁区。一方面，原则上仅当一个岗位既需要专业能力又需要综合能力才能满足工作需求时才必须进行跨类别交流。随着改革深化，司法行政工作中法官入额、考核，法官助理、书记员职级晋升，审判资源配置等工作任务与核心审判事务相关度变高，不宜由完全无审判经验或法律背景人员担任，需要由熟悉法院整体任务形势、审判业务流程人员担任才能保证工作质量，即可由法官或审判辅助人员交流至司法行政岗位担任此类型工作。另一方面，党的十九大之后，人民对法治、公平、正义增长了新期待[1]，同时随着法官员额制落实，法官数量不增反减，案件数量和难度也在逐年递增，人员分类管理改革提出通过提升法官个人能力素质、优化资源配置两种方式缓解长期持续的案多人少的压力。其中，法官个人能力提升需要时间和经验的积累，不可能一蹴而就，而跨类别交流有助于针对人员紧缺岗位适时补充适配人员，充分挖掘干部潜力，提高工作质效，进而有效缓解审判压力。

（四）可行性：相关改革配套措施为跨类别交流提供了保障

交流监管不够规范，是因为未能充分结合相关制度构建科学规范的交流体系，在实践中出现不会交流的问题。一方面，法官有别于普通公务员，其和审判辅助人员、司法行政人员身份转换是跨类别交流中需面对的核心问题[2]。最高法院 2020 年

---

[1] 我国社会主要矛盾已经转化为人民日益增长的美好生活需要和不平衡不充分的发展之间的矛盾。人民对美好生活的向往，包含了对法治、公平、正义等方面增长的新期待，提高审判质效是法院工作的必由之路（参见习近平．决胜全面建成小康社会夺取新时代中国特色社会主义伟大胜利——在中国共产党第十九次全国代表大会上的报告）。

[2] 蒋惠岭．司法改革的知与行．法律出版社，2017：183.

《实施意见》就法官交流至非审判岗位及非法官交流至审判岗位相关问题进行了解答,[①] 明确法官因工作需要调离审判岗位,5年内可回到审判岗位;具有任职资格的非法官履行程序后可交流至审判岗位。另一方面,公务员职务与职级并行制度已推进落实,法官助理、书记员职务套改工作陆续完成,晋升工作也在有序推开,审判辅助人员和司法行政人员间级别一一对应,同级别人员在待遇、晋升机制等方面差别不大,二者身份的转换有了制度依据,且更为便捷。修订后的《法官法》进一步细化了法官的任职条件和遴选程序,随着初任法官基层入额制度和逐级遴选制度逐步推进,审判辅助人员、司法行政人员和法官间的身份转换也在实践中有所探索。多项改革配套制度确保了跨类别交流有法可依、有规可循,提升了跨类别交流的可操作性。

三、不同岗位能力需求的差异化

跨类别交流在满足法院工作需求及加强人才培养方面有重要意义,但若对交流工作不加限制,交流效果就无法充分发挥,也与人员分类管理改革要求不符。为了规避因交流模式混乱而产生新难题、新风险,需要明确跨类别交流不是片面强调"人员流动",更不是"岗位的频繁变动",而是根据不同类型及层级岗位对任职人员专业能力、综合能力等的差异化需求,有选择、有重点、有计划地实施的有限交流。

(一)领导干部(院长、庭长):专业和综合能力需求均高

法院院长、庭长既要行使审判职能,还要行使与其领导职务相适应的管理职能,兼具法官和领导干部的双重身份。基于审判、审判管理、审判监督职责对法律专业能力提出高要求,基于管理职能对其行政管理、组织协调等综合能力提出高要求。

(二)普通法官:专业能力需求更高

非以领导干部为发展路径的普通法官核心职责为审判,主要需要具备某一审判领域法学专业知识和庭审技巧,如果法官业务素质不高,则根本不能当法官。[②] 对

---

① 最高人民法院《关于深化司法责任制综合配套改革的实施意见》第十九条规定:"规范交流任职程序。各级人民法院法官因工作需要,由组织安排调整到非办案岗位或调离法院系统,退出员额五年内回到法院办案岗位且符合任职法院法官条件的,由高级人民法院批准或决定入额;上述人员如退出员额超过五年,需回到法院办案岗位参与办案满一年,经绩效考核合格后,按照上述程序办理入额手续……经组织选派到法院办案岗位挂职锻炼的干部,符合挂职法院法官条件的,由各高级人民法院批准或决定入额;挂职锻炼干部入额的,不占用挂职法院的员额和职数。"

② 蒋惠岭. 论法官角色的转变. 人民司法,1999(2).

于普通法官主要是专业能力方面的要求,对其综合能力,则能满足与当事人顺畅交流,做好释法说理、息诉服判工作即可,相对弱于对其专业能力的要求。

(三)法官助理(预备法官型):专业和综合能力需求均较高

作为后备法官培养的法官助理,对专业能力的需求与普通法官类似,需达到确保公正审判的能力底线。同时,初任法官的任职条件为"按照德才兼备的标准,从具备法官条件的人员中择优提出人选"①,作为法官储备人才相对于其他法官助理,应具备更高的综合能力素质,尤其需要具备良好的政治素质。

(四)普通法官助理:综合能力需求较高,专业能力需持续培养

如新入职的法学毕业生,刚进入法院工作时对审判实务仍在熟悉阶段,事务性辅助工作需求较多,与当事人、其他司法人员沟通协调需求高,在完成审判辅助本职工作基础上,更要注意对法院工作的整体认知、对审判流程的熟悉程度、对审判运行规律的深层次理解,以促使其更快地融入司法工作,发挥助力作用。

(五)专业书记员:专业能力和综合能力需求相对需求不高

书记员负责法庭审理记录等审判辅助事务,② 需要了解基本法律常识、熟悉诉讼程序、顺畅沟通交流,专业和综合能力达到完成工作的水平即可。

(六)司法行政人员(从事组织人事管理、监督工作):综合能力需求较高,需具备一定的专业能力

特指负责法官考核、晋升、遴选,或纪检监督等具有审判经验或法律专业知识才能保证工作质量的司法行政岗位。此类岗位除了服务性和保障性事务外,还涉及审判业务,且与干警利益直接相关。考虑到司法改革背景下,新政策、新要求多,相关从业人员不仅需要具备人力资源管理的相关能力,更重要的是能够结合法院工作实际去处理改革相关事务,推进改革举措落实,这就对从业人员的法律专业能力提出了较高要求。

(七)其他司法行政人员:综合能力需求较高,对特定领域专业能力有一定需求

包括从事公共关系管理、后勤保障管理的司法行政人员,以及负责工资、档

---

① 《法官法》第十四条。
② 《人民法院组织法》第四十九条。

案等与审判相关度不高的组织人事专员。从其承担的职责来看,由于与审判不直接相关,对法学专业素养基本没有要求,能达到一般公民知法、守法的水平即可。由于工作中与媒体、其他机关、司法人员接触频繁,对其协调沟通能力有较高需求,且对各自的工作领域相应的专业能力提出较高要求。

四、差异化能力需求对交流的影响

从人才培养角度和实现"人岗相适"角度来看,法院司法人员岗位对综合能力、专业能力、对法院工作整体认知三个方面的需求水平共同决定了跨类别交流进行与否及交流的期限、交流的范围。具体而言:对综合能力要求越高的岗位,越需要进行跨类别交流,交流范围要求越广,交流期限应越长。对专业能力要求越高的岗位,越倾向于不进行或少进行跨类别交流。同时,对法院工作整体认知水平要求较高的,也需要跨类别交流。作者根据上述三个方面能力需求,对不同岗位跨类别交流需求程度进行评分(如表11-2所示)。

表11-2 岗位能力需求评分表①

人员类别	岗位设置	综合能力需求	法院整体工作认识水平	专业能力	总分	跨类别交流类型	备注	交流范围	交流期限
法院	院长	10	10	10	10	应交流		同级党委政法机关、司法行政机关或上级法院负责综合管理领导岗位	2年
	庭长	9	9	9	9	应交流		综合职能部门领导岗位	1-2年
	普通法官	5	5	9	1	不交流			

① 评分以1~10分为界限,要求越高则得分越高,综合能力和对法院整体工作认知为加分项,专业能力为减分项,总分≥9分的作为应交流岗位,5≤总分≤8作为建议交流岗位,总分≤4分的作为原则不交流岗位。其中单项得分中,领导综合能力≥9或法院整体工作认知≥9的,应确定为应跨类别交流的主体;6≤领导综合能力≤8或6≤法院整体工作认知≤8的,应确定为建议跨类别交流主体;领导综合能力≤3,法院整体工作认知≤3的,原则上不进行跨类别交流。

(续表)

人员类别	岗位设置	综合能力需求	法院整体工作认识水平	专业能力	总分	跨类别交流类型	备注	交流范围	交流期限
审判辅助人员	预备法官型助理	5	7	7	5	建议交流		综合职能部门基层法院审判岗位	1年左右
	其他法官助理	3	8	5	6	建议交流		综合职能部门	6个月左右
司法行政人员	组织人事管理人员	6	7	5	8	建议交流		审判业务部门	1–2年
	公共关系管理人员	3	7	7	3	不交流	非法学专业能力		1–2年
	后勤服务保障人员	3	5	7	1	不交流	非法学专业能力		

（一）院长：跨单位或跨审级交流

在高水平专业能力的基础上，作为院长，还应是法院一把手和第一责任人，管理法院全面工作，应具有出色管理能力、领导能力。院长应对辖区整体司法情况、兄弟法院的运行状况等有所了解，能从长期发展、统筹发展的角度进行法院管理，其任职前若有跨类别和跨审级交流的双重经历，将更有利于其履行职能。同时，出于综合能力的高需求，设置2年及以上的交流期限，确保各岗位、各法院任职中有足够的时间了解情况、丰富经历、提升能力。

（二）庭长：交流至司法行政岗位

在综合能力的需求方面仅次于院长，可交流至司法行政岗位从事核心事务，如任干部处、监察室等部门的领导干部，一方面，优秀法官精湛的审判专业能力和丰富的法学知识储备能结合审判工作实际情况为司法行政工作提供专业意见，推动司法行政工作更好地服务和保障审执一线工作。另一方面，司法行政工作临时任务多、时间要求紧、上下机关接触多、涉及政策多的特点，也能促进法官多位面的提升沟通协调能力、组织管理能力、政策学习及执行能力。其综合能力需求相对来说低于院长，故交流期限以1~2年为宜。

(三) 法官助理（预备法官型）：交流至司法行政岗位或基层法院

入额成为普通法官后，为加强法官的专业化培养，原则上不宜长期或频繁跨类别交流。因此可在入额前先交流至司法行政岗位，熟悉法院司法行政管理工作运行方式，从整体上对法院工作进行初步了解，以帮助其更快地融入审判工作。综合职能部门的工作经历也能促进其对法官回避、廉政等方面的政策学习，帮助其在法官岗位上正确行使审判权，便于后续对法官的管理，有效规避廉政风险。由于对其综合能力要求一般，同时也为了保障审判力量集中在审判一线，设置1年以下的交流期限为宜。其次高中级法院法官助理，若在本院不满足入额条件，可交流至辖区基层法院任职法官，积累基层审判经验，提高亲历性，培养与当事人沟通交流的技巧，可将基层工作经历补充纳入考虑，交流期限以2年为宜。

(四) 普通法官助理：交流至司法行政岗位

针对1~3年内新入职的法官助理，宜使用轮岗形式到司法行政岗位跨类别交流。为了帮助新入院法学毕业生实现学生和法官助理的身份转换，尽快融入司法工作，增强其参与感、荣誉感和归属感，安排新入职大学生在司法行政岗位轮流工作，通过从事党建、干部管理中的基础性工作，强化廉洁自律的党员意识，培养其身为公职人员的责任感。期限不需太长，半年至一年为宜，主要目的是提升其综合能力，帮助其快速熟悉法院工作，便于后续更好地开展审判辅助工作。

(五) 组织人事管理、监督人员：交流至审判业务部门

为保证工作保障性和司法性双重特质得以满足、提升工作质效、确保公正，安排具有法律职业资格的司法行政人员进入审判业务部门从事法官助理相关辅助工作，熟悉审判程序，了解审执一线的真实工作情况，交流期限以1年为宜。针对不具有法律职业资格的司法行政人员，如优秀的车转十部，叮选择性安排其进入党员数量多、党建任务重的审判业务部门担任党建专员，承担审判业务部门党建任务，促使党建专员熟悉审判工作，有助于其进一步有针对性地开展工作。

五、完善建议

(一) 加强组织实施

成立交流组织管理委员会，由院党组成员及组织人事部门、审判管理部门、

办公室主要负责人组成。明确具体职责,测算交流需求、制定交流计划,定期开展交流工作,与各部门、上下级法院沟通协调,处理交流中的突发问题,对交流进行监督管理等。

(二) 完善交流程序

结合法院人员配置和办案实际情况,制定跨类别交流管理办法。将跨类别交流细化为岗位分析、人员匹配、结果反馈三个步骤,明确各个步骤的责任主体,确保跨类别交流过程中按照《法官法》《党政领导干部选拔条例》等相关要求履行任职程序,规范跨类别交流运行,推进交流工作常态化、制度化。

(三) 建立动态调节机制

同一区域法院联合建立人才数据库,[①] 将干部专业资质、任职经历、交流意愿等基本信息纳入采集需求。定期评估法院各岗位工作量、剩余编制数量等信息,特别标注可容纳交流的岗位,实现人员与岗位的匹配度实时监测。结合人才数据库和岗位实时观测情况,针对性调整跨类别交流力度、范围和周期。在编制总量控制下,做好测算规划,司法行政岗位预留 20%~30% 的岗位供交流之需,保持队伍弹性。[②]

(四) 建立风险防控机制

通过设置跨类别交流"五个底线"克服交流中的潜在隐患,对以下五种情况暂缓交流:一是影响法官专业化建设的,包括不满足法官任职条件,满足任职条件但未按规定履行入额程序等情况。二是影响审判工作质效的,包括虽具有法官任职资格但无审判能力或能力不佳人员交流至法官岗位的。三是因健康原因不宜交流的。四是涉嫌违纪违法正在接受纪检监察或者司法机关审查尚未作出结论的。五是其他原因不适合交流的。

(五) 完善监督管理机制

跨类别交流管理委员会作为监督管理主体,对交流范围、程序及工作纪律进行严格监督,规范交流工作实施,杜绝利用干部交流搞不正之风的现象。实行交

---

① [美].雷蒙德·A.伊诺,[美] 约翰·霍伦拜克,[美] 拜雷·格哈特,[美] 帕特雷克·莱特.人力资源管理:赢得竞争优势.刘昕译.中国人民大学出版社,2001:36.
② 杨建文.法院人事制度改革的现状与前景.中国党政干部论坛,2015 (4).

流全程化监督，交流前审核任职资格，不满足交流岗位任职条件的严禁跨类别交流，满足任职条件的也要严格履行转岗程序。交流过程中定期考察工作质效，一旦发现司法工作质效降低，影响工作正常开展，甚至影响司法公正的，立即暂停交流，可设置专业培训课程，培训两次仍不能适应工作的，取消交流资格，3年内禁止该干部再次交流。交流结束后进行交流效果评估，完善跨类别交流绩效考核制度，设计实绩考核指标，客观评价交流效果。

（六）加强结果运用

建立交流结果反馈机制，将交流考核结果与三类人员的职务职级升降、奖惩等结合，将交流作为储备复合型人才的重要手段。交流期间工作突出的在年度考核中给予优秀档次，在提拔任用中予以优先考虑；交流效果不佳，交流不符合政策规定，甚至产生重大不利后果的，对相关责任人进行追究处理；对无正当理由、拒不执行组织交流决定的人员，应视情况给予处理或处分。

人员分类管理改革后，不同类别岗位人员对于专业能力和综合能力的需求存在差别。不同类别人员之间是否需要交流以及如何交流，关键取决于其本身对于综合能力培养的需求程度。在推进人员跨类别交流中，要注重区分不同类别岗位人员对于不同能力的差异化需求，平衡好专业能力和综合能力培养的关系，在遵循分类管理原则要求的前提下，坚持需求导向，审慎开展跨类别交流。

第十二章 聘用制法官助理制度①的完善

各地法院在组建审判团队、落实司法责任制的过程中，都不同程度地面临着法官助理不足的问题。为此，最高法院于2015年发布《四五改革纲要》提出，要通过向社会购买服务，优化审判辅助人员结构、加强审判辅助力量建设。从实践看，聘用制法官助理"招不来、用不好、留不住"的问题较为普遍。究其原因，主要是职责定位不够清晰。职责定位不清，致使聘用制法官助理在招录、使用、管理、保障等方面均不同程度与实际需要脱节，影响了聘用制法官助理作用的发挥，不仅在减轻法官事务性工作方面作用有限，而且打破了合议庭原有各类人员之间的平衡，既增加了财政负担，又增加了管理成本，与预期效果差距较大。为此，拟从聘用制法官助理产生发展过程入手，对其职责定位进行详细解读，并以此为依据，分析该制度在具体实践中存在的问题及原因，提出针对性完善建议。

一、产生及职责定位

（一）从起源地美国看，法官助理制度是在保持法官数量大体稳定的前提下，应对案件增长的一项司法制度创新

1882年，美国联邦最高法院大法官格雷面对巨大的办案压力，为了减轻工作负担，自己出资雇佣了一个助理，主要让其评论新归档案件和提出法律意见，开创了雇佣助理的先河。② 美国国会发现在面对案件增长带来的巨大工作压力时，如果大量增加法官数量会造成法官素质的滑坡，为了保障法官精英化和专业

---

① 本书所称聘用制法官助理，是指全部或部分承担最高人民法院《关于完善人民法院司法责任的若干意见》第十九条规定的法官助理职责的非正式编法院工作人员。
② 刘晓东. 论美国联邦法官助理制度. 华东政法大学，2011.

化，法官数量必须确保相对稳定，与此同时面临工作量的不断增加以及与之相伴而来的诉讼拖延，增加司法辅助人员（主要是法官助理）的数量就成了大势所趋，自此美国开始为各级法院法官配备法官助理。由此可见，法官助理是为解决法官人数相对确定与案件数量不断增加（不确定）的矛盾而产生的。法官助理在相对确定的法官人数与不确定的案件数量之间发挥着调节器的作用。这种调节作用的发挥是通过分担法官非核心审判事务的方式来实现的。同相对稳定的法官数量相比，法官助理的数量是随着案件数量的变化而变化的，由法院（法官）根据审判工作任务量的大小增加或减少（如图12-1所示）。

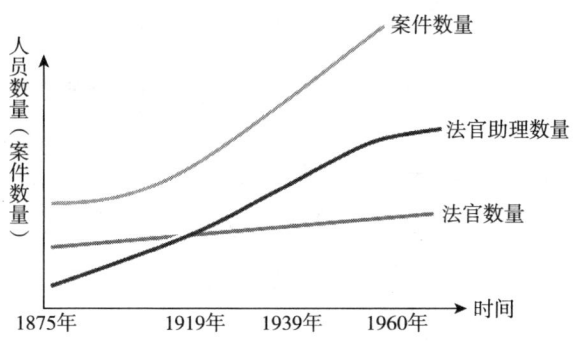

图12-1 美国法官及法官助理数量变化趋势

（二）我国聘用制法官助理是伴随着在编法官助理制度改革出现的，旨在解决在编助理不能有效满足审判工作需要的问题

1999年开始，最高法院逐步在全国试点配备法官助理和取消助理审判员工作。从总体上看，这种试点是以建立法官助理的名义对原有各类在编人员的重新排列组合，法院的编制数量并没有增加或增加的数量有限。伴随着经济增长，案件数量不断增加，法官的工作压力持续增大。在现有编制和人员配备不能有效满足审判辅助工作需要的情况下，① 有地方法院提出了"走编制以外、界定任期、面向社会、公开聘用"的编外路子，② 通过招录聘用制法官助理给法官"减负"，

---

① 2016年，全国法院受理案件数量超过2300万件，案多人少矛盾进一步凸显，特别是书记员等审判辅助人员的缺口较大（参见徐家新. 以改革为动力 优化人力配置 着力建设专业化职业化聘用制书记员队伍——在全国法院聘用制书记员管理制度改革动员部署视频会议上的讲话. 人民法院报，2017-5-26）。

② 王平. 聘用制法官助理制度实施情况报告. [2004-06-26]. http：//cdfy. chinacourt. org/article/detail/2004/06/id/551048. shtml.

分担在编人员的工作负担,解决编制内辅助人员数量有限与案件快速增长之间的矛盾,提高法官的工作效率,较好地满足了审判工作的需要。随后,全国多地法院陆续开始探索实践(如图12-2所示)。

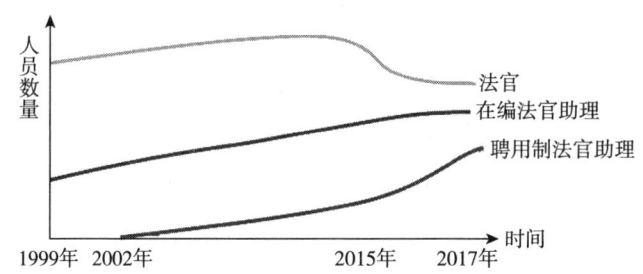

图 12-2　我国法官、在编法官助理、聘用制法官助理数量变化趋势

(三)随着以法官员额制为核心的司法人员分类改革和新型审判团队组建工作的推进,对于聘用制法官助理的需求进一步增加

在本轮司改中,中央对法官、审判辅助人员和司法行政人员各自在中央政法编内的占比进行了明确。① 法官员额制后,法官的总体数量减少,案件数量没有减少,反而大幅增加。② 以法官为核心,组建职责明确、运行高效的审判团队势在必行。在这一过程中,很多法院都面临着法官助理短缺的问题。在法院编制数量短期内难以改变的情况下,根据办案需要,招聘聘用制法官助理,组建审判团队,就成为最为有效和合理的选择。一方面,因为聘用制法官助理招录和使用较为灵活,可以满足迅速组建审判团队的需要;另一方面,用人单位可以根据案件数量和被聘用者的表现,决定续聘或解聘,克服编制内人员能进不能出,难以适时调整的不足。

(四)聘用制法官助理从诞生之日起就面临着与在编法官助理在工作职责上如何科学界定的问题

目前,对于在编法官助理的职责,2015年最高人民法院《关于完善人民法

---

① 徐家新. 将稳步推进法院人员分类管理改革. 法制日报,2013-7-31.
② 最高法院2017年工作报告:2016年全国法院受理案件同比增长了18%,审结执结案件同比上升18.4%。

院司法责任制的若干意见》①　第十九条规定了 7 项。② 对于聘用制法官助理的职责是否也应照此界定,在实践中有不同看法。一种观点认为,两者除身份编制外,职责是一致的,没有差别。另一种观点认为,身份编制的差别带来了招录门槛、履职保障、职业前景等差异,两者在职责上应该有所区别,进而提出可将法官助理的工作划分为法律性助理工作和事务性助理工作(如图 12-3 所示),法律性助理工作由在编法官助理承担,事务性助理工作由聘用制法官助理承担。考虑到审判辅助工作中包含一部分较为简单且重复性高的事务性工作,在编法官助理要么是具有较为丰富审判经验的未入额法官,要么是具有扎实法学功底的大学毕业生。作为未来法官的后备力量,由他们来承担这一部分工作,既不利于他们的成长,还会造成人力资源的浪费。因此,将两者的职责适当区分,由在编法官助理承担法律性助理工作,聘用制法官助理承担事务性助理工作具有合理性。

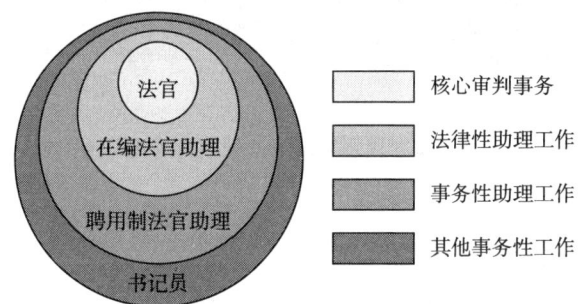

图 12-3　法院工作人员职责分担设计示意图

二、实践考察

本书选取 13 省市共计 103 家高级法院、中级法院以及基层法院对聘用制法官助理的不同使用模式进行考察:

---

①　如无特别说明,2015 年最高人民法院《关于完善人民法院司法责任制的若干意见》简称 2015 年《司法责任制意见》。

②　法官助理在法官的指导下履行以下职责:(1)审查诉讼材料,协助法官组织庭前证据交换;(2)协助法官组织庭前调解,草拟调解文书;(3)受法官委托或者协助法官依法办理财产保全和证据保全措施等;(4)受法官指派,办理委托鉴定、评估等工作;(5)根据法官的要求,准备与案件审理相关的参考资料,研究案件涉及的相关法律问题;(6)在法官的指导下草拟裁判文书;(7)完成法官交办的其他审判辅助性工作。

（一）职责范围有宽有窄，均以在编法官助理职责为基础进行了调整

各地法院在界定聘用制法官助理职责时，在范围上与 2015 年《司法责任制意见》第十九条规定的在编法官助理的职责并不完全一致。有的法院在 7 项职责基础上增加了部分职责内容，如某省中级法院对聘用制法官助理的职责规定了 14 条，除最高法院文件规定的职责外，还承担部分记录、校对，总结审判经验、撰写文字材料等工作；有的法院对聘用制法官助理的职责进行概括性规定，未具体列举明确职责内容；有的法院对聘用制法官助理既规定了部分在编法官助理的职责，同时还规定了大量书记员的职责内容，如送达、整卷、归档等（如图 12-4 所示）。

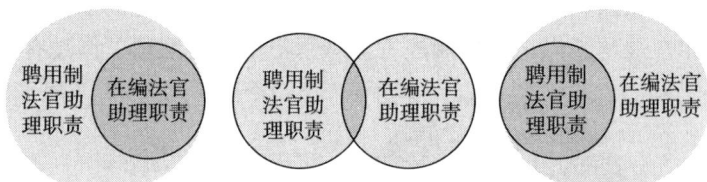

图 12-4　各法院对聘用制法官助理职责规定范围示意图

（二）用人方式有劳动合同和劳务派遣两种，聘期则长短不一

有的省市法院通过直接签订劳动合同的形式招聘法官助理，约定的合同期限相对较长。如某直辖市法院系统，聘用制审判辅助人员与法院直接签订劳动合同，第一次签订的劳动合同期限为 7 年，合同到期后经考核优秀可以签订无固定期限劳动合同。有的省市法院通过劳务公司招录聘用制法官助理，由劳务公司与法官助理签订劳动合同，再由劳务公司派遣至法院，第一次签订的合同期限一般不超过 2 年，考核通过并有工作需要的可以续聘。有的省市法院内两种用人方式并存。如某省法院有的采用的是直接签订劳动合同形式，有的法院采用的是劳务派遣形式（如图 12-5、图 12-6 所示）。

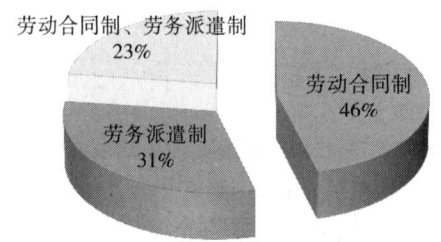

图 12-5　使用劳务派遣制、劳动合同制聘用形式的法院数量比例

第十二章 聘用制法官助理制度的完善

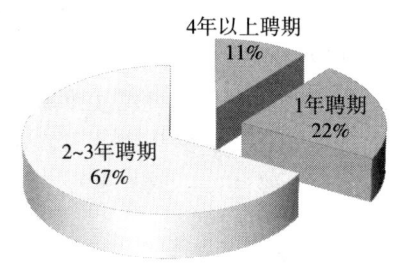

图 12-6　约定不同合同聘期的法院数量比例

（三）对聘用制法官助理的专业背景、是否通过司法考试、学历、来源等要求不尽一致

在专业方面，多数法院规定应聘人员必须是法学相关专业，仅部分法院放宽至其他专业，如某直辖市法院对报名人员明确，"专业不限，法学及相关专业优先"。在是否要求通过国家司法考试方面，仅有个别法院明确提出要求，绝大多数法院仅原则性规定通过国家司法考试者在同等条件下可以优先录用。在学历方面，绝大多数法院规定，应聘人员必须具有本科及以上学历；个别西部地区法院或案件较多的基层法院将学历条件放宽到大专文化程度，如某直辖市部分案件较多基层法院。在是否为应届毕业生方面，大多数法院均没有明确要求。在是否允许所在法院其他聘用制人员，如聘用制书记员转任聘用制法官助理方面，有的法院允许，有的不允许（如图 12-7 所示）。

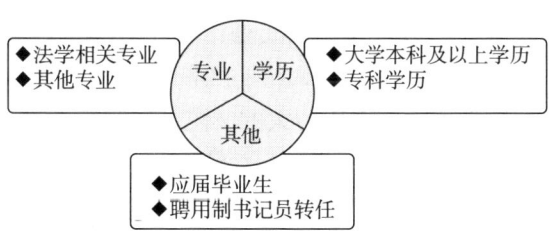

图 12-7　聘用制法官助理人员组成

（四）具体配置方式灵活，有配给团队的也有配给法官的，还有跟着案件走的

主要有三种模式：一是配备到合议庭，实行"3+N+1"模式，将法官助理分为程序性法官助理和文字性法官助理，前者负责庭前准备阶段的程序性事务，后者负责庭审、庭后的文字工作，聘用制法官助理负责程序性工作；二是配备给具

体的法官,如某省基层法院根据实际情况确定法官助理数量与一线办案法官数量比例为1:1,而这一位法官助理可能是聘用制法官助理;三是配备到具体案件,如某省基层法院实行全院审判流程管理,增设司法事务室协助审判业务庭集中管理聘用制法官助理进行审前准备工作,将聘用制法官助理分配到具体案件,在法官的具体指导下完成工作。

(五)待遇保障差距较大,职业前景不甚明朗

聘用制法官助理的薪酬保障水平受区域影响较大,有的地方法院给聘用制法官助理开出了近20万元的年薪,有的地方法院法官助理的月工资不到4000元(年收入不到5万元),相差近3倍。总体上,聘用制法官助理的工资待遇低于所在法院的在编人员,等于或略高于聘用制书记员和其他聘用制人员。对于聘用制能否转任本院在编人员,多数法院没有明确规定,仅有少数法院规定,表现优秀的待遇可以超过在编法官助理。[①] 对于聘用制法官助理的最终归宿,大多数法院没有正面予以规定。

三、运行中存在的问题

(一)招聘存在盲目性,与实际需要有脱节

2014年以前,国内仅四川、广东、江苏等省份部分法院招聘使用聘用制法官助理,招聘法院数量少,招聘人员规模也比较小。2014年以后,全国陆续有百余家法院以多种形式招聘法官助理,招聘法院的额数量和招聘人数呈"井喷式"增长。对于案件数量多、办案压力大的法院,招聘聘用制法官助理有其合理性和必要性。但对于案件数量不大,甚至有所减少的法院,如果现有编制和人员数量能够满足需要,则无招聘必要。个别法院在对聘用制法官助理的功能定位、具体需求等缺乏必要了解的情况下,就开始盲目招聘,招来人后不知道怎么用、如何管,与实际需求脱节严重。

(二)角色定位不准,工作合力尚未形成

总体来看,目前各地法院对于聘用制法官助理的认识还不够统一,对于聘用制法官助理干什么、怎么干、如何干、怎么用、如何用等缺乏统一明确要求,实

---

① 包力. 聘用制法官助理有了晋升通道. 深圳商报,2014-10-31.

际使用中随意性较大，聘用制法官助理的作用发挥不够明显。有的法院将他们等同于聘用制书记员使用，主要承担文字记录工作，没有充分发挥他们的知识优势；有的法院将他们完全等同于在编法官助理使用，没有考虑到他们与在编助理在能力和专业知识上的差距；有的法院同时将他们作为书记员和在编法官助理使用，聘用制法官助理就是一块砖，哪里需要哪里搬，没有体现出聘用制法官助理队伍的自身特点。还有的法院将他们作为在编助理的助理，背离了为法官减负的初衷。角色定位不准，职责定位不清，容易导致审判团队内部各类辅助人员之间推诿扯皮，影响了团队战斗力。

（三）聘期设置不科学，调节器作用发挥不明显

各地法院规定了1~7年不等的聘用期限。有的法院与聘用制法官助理仅约定1年的用工期限，聘用制法官助理刚刚熟悉业务技能，与法官尚未完全形成默契，就即将离职，稳定性不够，与办案实际要求不符，不利于审判工作开展，同时也增加了教育培训、招聘等用人成本。有的法院同聘用制法官助理约定7年的用工期限，合同期限约定过长，无法根据工作需要、财力状况等因素来调整聘用制法官助理的数量，灵活性不够。聘期长短应根据司法办案规律和人事工作实际需要来确定，过短或过长均不利于聘用制法官助理调节器作用的发挥。

（四）能力素质水平参差不齐，对法官助力有限

一些地方法院对于聘用制法官助理的专业背景、学历水平等未作统一要求，聘用制法官助理相互之间的能力水平差距较大，难以作出统一工作安排。他们中有知名院校法学硕士毕业生，也有对法律工作比较陌生、法学知识相对匮乏的非法学专业专科毕业生；有参加工作近10年，人生阅历和工作经历都较为丰富的人员，也有刚刚迈入社会的应届毕业生。学历背景、工作经历不同的法官助理在适应工作环境、承担工作任务等方面也存在较大差异，非法学专业背景人员在学习业务知识、掌握工作内容等方面需要的时间长、培训成本大，个别情况下，不仅不能对法官形成助力，反而增加法官的压力，没有实现有效分担法官非审判核心事务的预期目的。

（五）岗位吸引力不高，人员流动性大

这种情况在直辖市、沿海等经济较发达地区、就业机会较多的大城市表现得尤为明显。一方面是"招不来人"，部分省市法院在招聘时出现了应聘人数远远低于需求人数的问题，以某直辖市为例，2017年应聘人员数量和质量较去年均

大幅度下降，一些法院报名人数不足拟招录人数的20%。另一方面是"留不住人"，这种情况在全国均较为普遍，如2016年某直辖市法院系统共招聘聘用制审判辅助人员996人，约定合同期限为7年，第一年因个人原因等离职人数达100余人，离职率超过10%。

四、存在问题的原因分析

（一）对聘用制法官助理的功能认识不够深刻到位

我国的聘用制法官助理是对在编法官助理的补充，只有在在编法官助理的编制和数量不能满足审判工作需要，或是虽能满足工作需要，但从人员布局上考虑不是最科学时，才考虑招聘聘用制法官助理。也就是说，聘用制法官助理目前并不是第一选择，科学使用好现有的编制和人员是给法官配置审判辅助人员时的首选，聘用制法官助理只是补充手段。另外，聘用制法官助理作为平衡数量相对稳定的在编人员和数量不断变化的案件之间的调节器，在使用中具有灵活性，由此导致的不稳定性将不可避免。基于此，将聘用制法官助理作为解决审判辅助工作问题的"万能药"、过于强调聘用制辅助人员的稳定性是不科学的。如果不能认识到这一点，就会导致在招录过程中不切实际的"跟风"，在管理使用过程中将其视为在编人员、提出过高要求而不得要领。

（二）相关制度规范不够健全完善

聘用制法官助理出现在司法实践中已超过十年，部分地方法院在探索实践中根据自身特点和审判需要制定了相应的制度规范，[①] 但目前，中央及最高法院层面出台的文件规定仅针对在编法官助理，暂未对聘用制法官助理作出明确规定，从规范层面未能获得上级机关的统一指导，不同法院各自为政，容易引起使用混乱、职责不清问题。如果最高法院能够在总结各地实践经验的基础上，对这项制度进行整体设计，作出相对统一的规定，则会有助于问题的解决。如我国台湾地区1991年在确立法官助理制度的同时，通过相关"草案"，对助理的职责定位、聘期等作出了详细规定，对这一制度的有效运行起到了较好的保障作用。

---

① 如《北京市法院聘用制审判辅助人员管理暂行办法》《广州市中级人民法院法官助理管理办法》等地方法院内部规定。

(三) 运行机制不够科学，人员关系还未理顺

随着我国聘用制法官助理制度的逐步推开，由聘用和在编两种身份组成的"二元法官助理"模式已经初步形成。从我国大陆以外的国家和地区看，法官助理要么是聘用制（如美国、我国台湾），要么是下级法院的法官或在编人员（如日本、德国），在同一国家之内聘用制和在编法官助理并存的模式并不多见。我国司法改革文件将法官助理定位为"审判辅助人员"，但在司法实务中，"审判辅助工作"的范畴非常庞杂，聘用制法官助理与在编法官助理的职责是否一样，与书记员的职责如何划分等问题并未明确，由于对此没有清晰的认识，导致实践中把聘用制辅助人员当作"万能胶"，哪里都用，但却用不好，不好用的情况。以法官为核心，在编法官助理、聘用制法官助理和书记员一起按照工作分工履行职责，相互协同配合，共同为法官服务的工作机制尚未建立。法官受传统"带教制""师徒制"司法工作习惯的影响，对聘用制法官助理使用比较随意，不能体现其与其他司法辅助人员的区别，导致岗位设置流于形式。

(四) 配套措施不够完善，职业保障尚需加强

各地法院普遍缺乏有效的配套管理措施。一方面，由于经费和工资需地方财政划拨，工资待遇必然受到诸多方面的限制，现阶段有些法院的聘用制法官助理的薪酬待遇与招录条件及市场规律存在差距，配套措施与岗位职责不相匹配。另一方面，聘用制法官助理的职业发展空间不甚明朗，部分法院虽然按照合同约定对聘用制法官助理在合同期间实行了分级管理，如某直辖市法院设置了"三级九档"，某中级法院提出"三级九等"管理机制，但不同级别之间的差距、级别晋升条件、合同期满后的职业保障等规定都较为笼统，在法院内部获得的法官助理等级是否能够在社会上获得更多认同感尚不明确。这一点与聘用制法官助理的起源国家美国存在较大差距，美国的法官助理在结束雇用后，大部分会在著名的律师事务所担任律师，也有部分回到法学院担任教授或在其他机构担任要职，法官助理的这段经历，对每一名法官助理来说都是一种荣誉，使他们更易于得到社会的承认。

五、若干建议

(一) 明确聘用制法官助理的职责定位

立足于在编和聘用"二元法官助理"模式，出于充分利用司法资源、储备

未来法官队伍考虑，法律性辅助工作由在编法官助理承担，聘用制法官助理主要从事事务性辅助工作。在内部关系上，聘用制法官助理在法官指导下从事审判事务辅助工作，与在编法官助理、书记员一起按照工作分工履行职责，相互之间不存在隶属关系。可制定有针对性的差别化职责清单，确保各类人员各归其位、各尽其责，防止缺位、越位、错位。①

（二）根据职责定位合理设置招录条件

原则上，聘用制法官助理均须为法学专业；在学历上，各法院可在综合考虑聘用制法官助理职责定位、法院内部人员组成结构、司法改革需要及地区差异等因素上灵活调整；从适应能力角度考虑，聘用制法官助理的年龄不宜超过30岁；考虑到聘用制书记员对审判流程较为熟悉，在不影响队伍稳定的前提下，符合招聘条件的，可允许他们报考法官助理。

（三）根据工作需要科学设置聘期和聘用方式

以直接签订劳动合同方式为主，掌握法院选人用人的主动权。充分利用聘用制的优势，坚持"长期留人"为个例、"有序"流动为常态。设置3~5年的聘用期限，聘用期结束后，根据工作需要决定是否继续聘用。特别优秀的，优先考虑继续聘用。

（四）优化团队配置，提高工作合力

明确在编法官助理、聘用制法官助理和书记员的各自职责，根据案件数量、难易程度等合理设置审判团队中不同类别人员的比例数量，做到各司其职、相互配合、运转高效。

（五）完善配套措施，增强岗位吸引力

由最高法院制定与聘用制法官助理职责定位相匹配的配套措施，对其薪酬待遇、晋升等保障制度加以规范。同时，各地方法院结合自身工作量大小，工作难度以及其他相关条件在此配套措施原则下做出适合自身的调整。通过职业保障措施的设置，激发在岗聘用制法官助理的工作热情，增强岗位吸引力，逐步推动聘

---

① 徐家新. 以改革为动力 优化人力配置 着力建设专业化职业化聘用制书记员队伍——在全国法院聘用制书记员管理制度改革动员部署视频会议上的讲话. 人民法院报，2017-5-26.

用制法官助理有序流动。

(六) 设法提升法官助理工作经历的含金量

加强与司法行政部门、律师协会的沟通，争取将聘用制法官助理工作经历视为实习律师经历，具有聘用制法官助理经历满一年以上的，经培训合格后，可直接获得律师职业资格，从法律职业共同体角度思考聘用制法官助理制度的生命力问题，提升对这一工作经历的认同度。

第十三章 中级法院的审判团队

审判团队是司法实践中为克服传统承办人办案模式不能适应案件大幅增长的形势所做的办案模式创新,曾有学者提出,审判团队是"被人案矛盾逼出来的产物"。最高人民法院在2014年《关于进一步加强新形势下人民法庭工作的若干意见》中首次提出以组建审判团队的方式解决"一人庭"的问题。从其最初的产生来看,通过"团队作战",实现"1+1>2"的效果,进而提升办案效率是其主要目的。最高人民法院在2015年《关于完善人民法院司法责任制的若干意见》中明确基层、中级法院可以组建审判团队审理适用简易程序的案件和其他法律规定案件,这为中级法院组建审判团队审理案件提供了依据。由于中级法院职能定位与基层法院不同,审判团队的组建也与基层法院有差异。在落实司法责任制要求的背景下,中院审判团队的组建还需符合审判权机制改革的相关要求。为此,本文在对现行审判团队的组建模式进行考察分析的基础上,提出立足于中级法院的职能定位和审判权运行机制改革的要求组建中级法院的审判团队。

一、不同组建模式比较

(一) 各地模式

为了对中级法院的审判团队有进一步了解,本书作者通过访问法院网站、电话咨询以及实际考察等方式对以下6个省市共9个中级法院的审判团队的实际情况进行了调研:①

1. B直辖市。B市Y中级法院:共组建54个审判团队,每个团队设置团队长1名,由院庭长或者资深法官担任。组建模式主要有两类,一是由"3~5名法

---

① 本书所引用数据及材料情况截止到2018年12月。

官+N 名法官助理+M 名书记员"组成（N 和 M 取决于该院审判辅助人员配备情况）；二是由"1 名法官+N 名法官助理（N≥0）+1 名书记员"组成，负责处理较为简单的二审快审案件、管辖异议等纠纷。

B 市 E 中级法院：共组建审判团队 47 个，组建模式未分类，组成结构为"3~5 名法官+1~2 名法官助理+2~3 名书记员"，团队内随机组成合议庭，由副庭长或资深法官担任团队负责人，团队主要划分为综合型和专业型两种类型（如图 13-1 所示）。

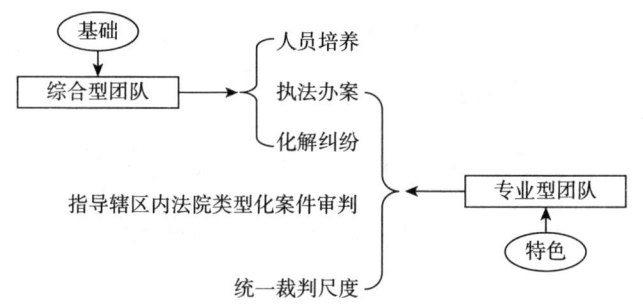

图 13-1　B 市某中级法院审判团队模式

2. G 省。G 省 F 中级法院：共三种组建模式，一是由"1 名审判长+2 名合议法官+N 名法官助理及书记员"组成，共 40 个，实行审判长负责制；二是由院长、副院长、审委会委员等随机组成高级法官合议庭（数量视情况决定），专门审理重大复杂疑难案件；三是由"1 名执行长+2~3 名其他法官+N 名法官助理及书记员"组成，专门办理执行案件，实行执行长负责制。①

G 省 S 中级法院：共两种组建模式，第一种由员额法官组成，实行"谁主审案件谁当审判长谁签发文书"，超过 80%的审判业务由此类团队办理；第二种是由"1 名入额的庭长或者副庭长+2 名未入额法官"组成，庭长、副庭长担任审判长，办理剩余的 20%审判业务。② 第二种模式主要存在于员额制改革之初，未入额法官可以办案的阶段。

3. H 省。H 省 H 中级法院：该院在改革前 13 个审判执行部门基础上组建了 11 个审判团队，分为刑事、民商事、行政和国家赔偿、立案再审审查、执行裁决、审判监督 6 大类，团队负责人由原审判执行部门的庭长或副庭长担任，部分

---

① 刘庆伟. 从形似到形神兼备部分试点法院新型审判团队设置之反思与改进. 司法论坛，2017（4）.

② 参见田源. 未入额法官协助办案机制研究——兼论审判团队办案模式的优化. 政法学刊，2016（6）.

审判团队内部有 3~4 个固定合议庭。

H 省 E 中级法院：共四种组建模式，一是审委会团队，院长为负责人；二是各审判领域团队，分管院领导为负责人；三是各业务庭团队，业务庭庭长为负责人；四是审判专业团队，相关专业领域业务庭副庭长为负责人（如图 13-2 所示）。每个团队中套嵌 1~6 个固定合议庭。

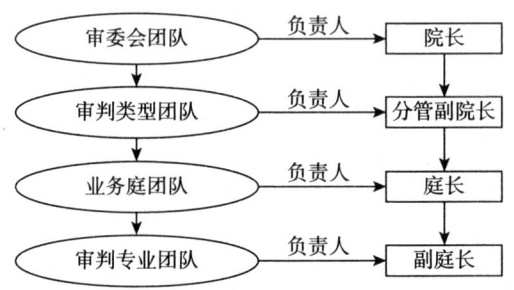

图 13-2 H 省某中级法院审判团队组建模式

4. S 省的做法。S 省 C 中级法院：该院 12 个审判庭共组建 50 个审判团队，统一使用"3 名法官+1 名法官助理+1 名书记员"的人员配备模式，审判团队均只有一个固定合议庭。

5. S 直辖市。S 直辖市 E 中级法院：共 82 个审判团队，均由"3 名法官+N 名法官助理+N 名书记员"组成（N 所代表的数字随着审判需要而调整），实行审判长负责制，院庭长全部编入团队，其所在团队由院庭长担任负责人，其他团队选任固定负责人，团队负责人同时担任审判长。

6. N 省。N 省 B 中级法院：共组建 12 个审判团队，人员配置为"N（N≥3）名法官+1 名法官助理+1 名书记员"，从全院员额法官中选任 23 名审判长，从其中再选任 12 名团队长，形成"团队长+审判长+廉政监察员（由员额法官选任）+其他员额法官+法官助理+书记员"的新型审判团队，将审判业务与党建等工作融合。

（二）不同模式异同

1. 审判辅助力量配备普遍偏少。调研发现，法官和法官助理配比从 1∶1 到 7∶2 不等，大多中级法院的法官和法官助理比例未能达到 1∶1 的理想状态，1 名法官助理和 2~3 名法官同时配合是常态，法官助理数量明显不足。

2. 审判团队人员配置差别较大。有的法院审判庭组建"1+N+1"的团队模式，有的法院组建"3+N+N"的团队模式，还有的组建"6+N+N"或"7+N+N"

的团队模式。有的全院审判团队采取一种人员配置方式,有的法院在不同团队中人员配置有所不同。

3. 合议庭组成相对固定。9个中级法院中,仅有1个法院明确合议庭随机产生,其他中级法院合议庭组成人员均相对固定,且审判长除院庭长外,多由固定人选长期担任(如图13-3所示)。

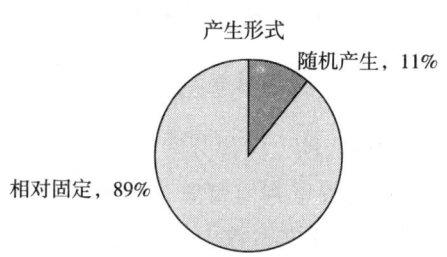

图13-3 9个中级法院合议庭产生形式

二、存在问题

司法改革背景下各中级法院推动审判团队建设的热情高涨,但在实践中也出现了一些问题,概括起来主要包括以下几个方面。

(一)审判团队组建标准不统一

有的法院在一个审判团队中嵌套两个以上合议庭(如图13-4所示),团队内部仍有两个或三个管理层级,未脱离原有科层制结构,很难实现扁平化管理。有的法院组建"1+1+1"的团队来办理需要合议庭审理的案件,合议庭由多个团队组成,不利于高效审理。人员配置尚无明确的判断标准和规范,缺乏明晰的指导原则。

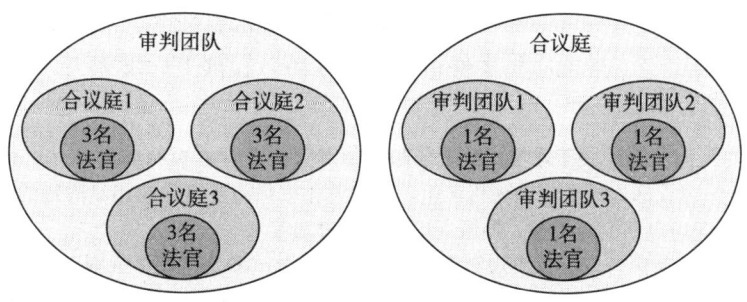

图13-4 审判团队与合议庭设置模式

(二) 审判团队结构失衡状况严重

大部分中级法院审判辅助力量处于紧缺状态，缺少法官助理和书记员，法官不得不分散精力做一些程序性事务，未能从繁杂的事务性工作中解放出来，一定程度上影响了办案效率和效果，未能充分发挥审判团队在优化审判资源配置上的作用，不利于审判团队的专业化建设和审判质效提升。

(三) 审判团队的产生及管理不够规范

中级法院由于其审级的特殊性，大部分案件需要合议庭审理，按照最高人民法院《关于落实司法责任制完善审判监督管理机制的意见（试行）》的规定合议庭原则上随机产生，[①] 但在实践中多数中级法院出于法官素质不均衡或专业化审理的考虑，无法完全做到随机产生合议庭，组建审判团队，对案件进行审理。而在相对固定的审判团队内也尚未建立明确的交流机制，长期固定的审判团队虽有助于成员培养默契，但容易使法官知识结构局限化、零碎化，也容易滋生腐败，存在一定的廉政风险。[②]

(四) 审判团队运行未脱离科层制的窠臼

有的法院分别由院长、院领导、庭长、副庭长担任审判团队负责人，审判官里仍未脱离原有业务庭的设置格局，团队建设流于形式；有的法院审判长依旧实行传统选任制，形成"团队长→审判长→廉政监察员→员额法官"新管理模式，与审判团队去行政化，还权于合议庭的理念不符合，反而在原有庭室上增加了管理层级，降低了效率。

(五) 审判团队的自我管理能力参差不齐

有的法院法官均为从业十年以上的资深法官，团队内部基本可实现自我管理，负责人可随机从法官中选任；而有的法院年轻法官较多，缺少管理经验，团队负责人从中产生，虽能应付案件审理，但在团队管理上后继无力，致使团队内

[①] 最高人民法院《关于落实司法责任制完善审判监督管理机制的意见（试行）》第四条规定："……合议庭原则上应当随机产生。因专业化审判需要组建的相对固定的审判团队和合议庭，人员应当定期交流调整，期限一般不应超过两年。"

[②] 李晓磊. 我国合议庭议事规则完善之探究——以"罗伯特议事规则"为镜鉴. 尊重司法规律与刑事法律适用研究（上）——全国法院第27届学术讨论会获奖论文集. 中国法院出版社，2016：158-159.

部分工混乱、凝聚力不高，反而影响审理效率，并给法官增加了人际关系处理新负担。

（六）审判团队考评机制有待健全

在9个中级法院中，4个中级法院出台了审判团队考评办法，其余法院团队考评机制缺位或滞后，存在考评指标权重设置不合理，个人考评与团队考评脱节的问题，有的法院甚至不对审判团队进行考评，未能通过考评激发团队凝聚力，促进团队长远发展。

三、原因分析

（一）对审判团队组建目的认识不够深刻

对中级法院而言，审判团队建设的首要目标是还权于合议庭，其次是推动审判专业化。正是由于对此目的认识不足，导致有的法院在一个审判团队内部套嵌多个合议庭、有的将审判业务庭直接转化为审判团队，有的采取"一刀切"的方法组建团队，而非以专业化审理为目标，围绕法官为中心建立团队。结果出现运行不畅、工作合力不强、忙闲不均等实践难题，甚至将"大行政化"转变为"小行政化"，团队协作优势无法发挥。审判权运行困境尚未破解，又增添新的管理难题。

（二）审判团队内部管理权和内设机构行政管理权界限不明

最高人民法院《关于完善人民法院司法责任制的若干意见》中规定审判团队"实行扁平化的管理模式"，赋予了审判团队一定的自我管理权。但在实践中这一权力和庭长的管理监督权时有重合，有的审判团队分担了审判庭在分案、核定绩效上的部分权限；有的审判团队负责党建工作和纪律工作。管理权界限不明导致管理混乱，责任主体无法追踪，反而增大管理压力。

（三）审判团队成员配置机制尚需进一步优化

一方面审判辅助力量配备严重不足，另一方面法官与审判辅助力量之间还存在配合不佳、沟通不畅的情况，致使法官的核心作用及团队的协作效果都有所削弱。根据"同素异构"原理，从一种分配状态到另一种状态的变化中，在没有使任何人境况变坏的情况下,使得至少一个人变好才能达到提高团队水平的效果。① 对审判团队而言,要使法官发挥更核心的作用,那么在审判辅助人员的选择以及考评上法官都应该具有一定的话语权,在人员配置机制上尚需进一步完善。

(四) 审判团队的审判权和审判管理权融合不洽

审判团队组建后,管理权下放,团队负责人需要统筹好审判执行、分工协作、价值引导等各项工作,对其能力要求实质上超出了办案法官的范畴。② 而为了保证团队审判属性最大化,且不增加新的管理层级,最优做法是从团队中法官随机选任负责人,一些资深法官能够胜任此职位,但有的法官缺少行政管理的经验和能力,现阶段的能力素质尚不能满足扁平化管理的需求,所以有些中级法院仍实行审判长选任制或者由院庭长担任负责人。

(五) 审判团队组建时中级法院的职能定位未被充分考虑

中级法院基于其"案件指导"的职能定位,组建审判团队更多是专业化审理的需求。有些中级法院忽视了这一点,在人员配置上没有充分考虑法官的专业背景及执业领域,导致案件指导价值不高;在团队组建上更多遵循法院原有建制,未将专业化审理的需求纳入考虑,团队建设未能促进审判精细化、深入化;在分案机制上,有些法院遵循最高法院的要求实行完全随机分案,没有灵活的分案机制导致审判资源不能最大化利用,专业化审判成为空谈。

四、中级法院的特殊性

(一) 职能定位的特殊性

中级法院在职能上除了解决纠纷外,还负有监督指导下级法院的职责(如图13-5所示)。即中级法院在审判中要更加注重新型、疑难、复杂案件的处理,需要从中探索具有普遍适用价值的解决方式。因此不同于基层法院更多是通过团队协作提高审判质效考虑而组建团队,中级法院组建审判团队更多是基于专业化审判的需要,力图在解决纠纷外进行深入的研究和思考,出台典型案例,解决新型

---

① 许湘岳,徐金涛. 团队合作教程. 人民出版社,2015:4.
② 马渊杰. 司法责任制下审判团队的制度功能及改革路径. 法律适用,2016 (11).

纠纷。例如，B 市 Y 中级法院建立金融行政审判团队，B 市 E 中级法院建立医疗审判团队，专门审理特殊类型案件，为下级法院解决类似案件提供参考和指导。

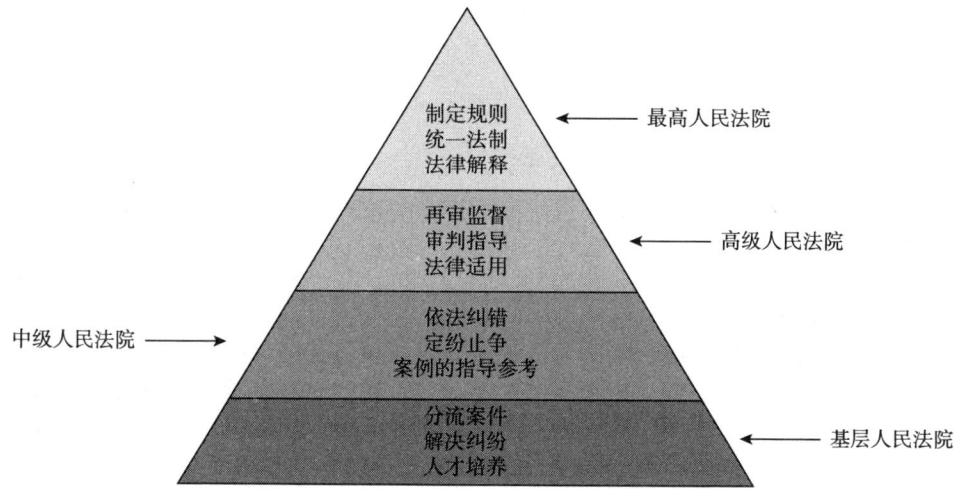

图 13-5　四级法院的审级职能

（二）审判组织的特殊性

不同于基层法院"1+1+1"的独任团队模式，中级法院基于承接上诉案件的特性以合议庭审理为主，审判团队的组建和运行必须考虑与合议庭运作机制的兼容和衔接，鉴于现阶段员额法官能力素质尚不均衡，相对固定合议庭的产生有其必然性，只能在加强人员交流和审判监督上加大力度，以规避人员固定所隐含的廉政风险。

（三）案件的特殊性

中级法院作为上诉法院，所接收的案件具有难度大，新型案件、敏感案件、群体性案件多的特点，因此在分案机制上，为了最大化利用审判力量，使优质审判人员集中精力去解决相对困难的纠纷，需要探索将指定分案和随机分案结合的灵活分案模式；同时在人员配备上，也要考虑到核心审判力量的加强，审判辅助力量相对于基层法院可以减弱。

（四）法院规模的特殊性

中级法院规模大，法官数量以及受理案件数量较多，在团队组建中一定要考虑到其与审判庭之间关系的处理。在 50 人以下，案件数量不多的法院为减少管理层级可探索以审判团队取代审判庭的模式,但多数中级法院仍需保留审判庭,以便于对人员和团队的监督和管理。

五、关系协调

(一) 审判团队和内设机构关系

首先审判团队不是法院的内设机构,不过团队会内嵌在包含审判职能的内设机构中。其次根据《省以下人民法院内设机构改革试点方案》的改革原则,① 有些中级法院直接裁撤审判庭以审判团队取代,作者认为对于案件数量多、法官人数多、历史包袱重的中级法院,为了管理上的便利仍有保留审判庭的必要。根据"帕累托最优"理论一个团队超过10人就很难实现扁平化管理,所以可以考虑在原有审判庭内组建10人左右的审判团队,审判庭对于部门内团队仍保留监督管理权力。如果存在案件类别相近的审判庭可以合并,这不仅有利于实现专业化审判,也有利于促进法官知识交流、打破专业局限、促进裁判标准统一。②

(二) 审判团队与合议庭的关系

中级法院案件主要通过合议庭进行审理,故合议庭与审判团队的关系不容忽视。审判团队内部不宜套嵌过多合议庭,在实践中一般认为由3~5名法官,配备适量审判辅助人员组成团队较为合适,这样既能防止法官缺位,合议庭无法组建,又方便实现扁平化管理。但按照《法院组织法》的规定,只有独任庭、合议庭、审判委员会才是法定审判组织,审判团队不是法定审判组织,所以审判团队不能成为司法责任单元,合议庭审判由合议庭成员共同承担责任。审判团队是为了还权于合议庭才组建的,而不是向合议庭"夺权",因此它可以是一个管理单元或者考核单元,但它不能成为司法责任单元,否则就是越俎代庖,在原有审判组织的基础上凭空增加管理层级,既无必要,也与司法责任制目标相悖。

---

① 《省以下人民法院内设机构改革试点方案》第一条规定:"……应当按照建立设置科学合理、职能划分明确、运行高效顺畅,符合审判机关特点和审判权运行规律的内设机构体系……"

② 马渊杰. 司法责任制下审判团队的制度功能及改革路径. 法律适用, 2016 (11).

(三) 审判长与法官的关系

"合议庭的审判活动由审判长主持"①,审判长在合议庭中承担着主持合议、维护合议规则的重要职责,讨论审判团队不可能脱离合议庭,也就会涉及审判长。从试点法院来看,合议庭审判长除院庭长担任外,有的由案件承办法官担任,有的由选任的资深法官担任,有的由审判团队负责人担任(如图13-6所示)。作者认为,审判长的设置是法定的,但审判长选任制和终身制容易导致审判长负责制,不仅产生新的行政层级,也易使"论资排辈"情况再次发生,与司法改革理念相悖。因此除院庭长外,合议庭的审判长应由审判团队中的承办法官或者随机选任的资深法官担任,此种情形之下,审判长仅作为审判实体事项的参与者和程序事项的主持者,无行政管理权,杜绝审判长固定,促使审判长"动态管理、优胜劣汰"。

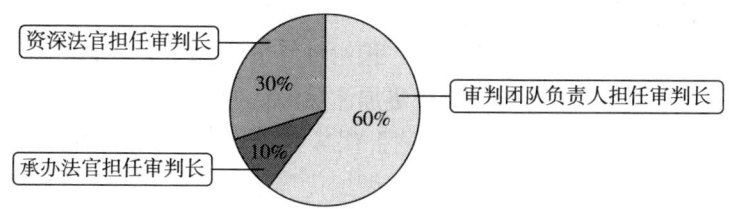

图13-6 北京市Y中级法院相对固定合议庭中审判长分配比例

六、完善建议

(一) 有的放矢明确审判团队组建标准

中级法院基于职能定位,审判团队组建更多是实现专业化审判的需要,因此确定专业领域案件类型应是团队组建的首要标准。其次"一刀切"的方法下团队组建会受到案件难度、人员配置等各种因素的影响。因此,总体原则就是以案件类型为导向,结合近年的收案量、结案量对法官和审判辅助人员的工作饱和度进行测算,以此确定哪些领域需要设置团队以及团队的具体数量,再根据法院人才储备、案件难度等情况来确定团队的人员配置比例,确保每个团队都能实现审

---

① 参见最高人民法院《关于人民法院合议庭工作的若干规定》、《人民法院组织法》第十条、《民事诉讼法》第三十九条至第四十二条。

判资源利用最大化。

（二）循序渐进完善合议庭运行模式

中级法院的大部分审判团队必然内嵌合议庭，合议庭既是办案的主体也是司法责任主体，因此合议庭的运行决定审判团队是否能够发挥实效。审判团队中不宜嵌套过多的合议庭，以能随机产生合议庭且团队不超过 10 人为宜。其次中级法院因专业化审判的需要，相对固定的审判团队更为常见，因此更加需要完善人员定期交流机制，建议制定《人员交流方案》，期限以"不应超过两年"为原则。① 最后考虑长远发展趋势，当每名法官能力素质趋向于均衡时可在中级法院审判团队内部逐步探索随机产生合议庭，最大限度地实现公平公正。

（三）大胆探索形成优质团队成员配备机制

中级法院审理案件相对复杂，需要法官处理的核心审判事务多，而审判事务性工作相对较少，因此在人员配备上，相对于基层法院，法官助理和书记员的配备数量可以相对减少，但与此同时要更加注重团队的配合能力。建议赋予法官和审判辅助人员双向选择的权利，② 原则上倡导自愿，同时充分考虑成员在办案能力、知识结构、年龄阅历等方面因素，做到优势互补，并结合法官助理的培养和发展，进一步探索自主选择和合理安排有机结合的人员配备方式。

（四）分类分级设计灵活分案方式

最高人民法院提出审判团队应以随机分案为主，但完全随机分案对中级法院的专业化"精准审判"的要求不符。为确保充分利用中级法院的审判资源，发挥案件指导的作用，建议中级法院在随机分案的基础上，综合案件类型、繁简程度、专业化分工等因素分类分级灵活分案。初步设想一是大要案和普通案件分类，将重大、复杂、疑难、社会影响大或者新型案件指定分配给院庭长、审判委员会委员参与的团队，以充分利用他们在审判上的经验和知识储备上的优势。二是繁简分级，将简易程序案件分给独任法官团队，较复杂的进行下一步分案。三是专业化和综合案件分类，将金融行政、医疗等专业属性较强的分给对口专业审判团队，剩余的在综合审判团队中再次分配（如图 13-7 所示）。

---

① 最高人民法院《关于落实司法责任制完善审判监督管理机制的意见（试行）》第四条规定："合议庭原则上应当随机产生。因专业化审判需要组建的相对固定的审判团队和合议庭，人员应当定期交流调整，期限一般不应超过两年。"

② 青岛市中院课题组．中级法院审判团队配备问题研究．山东审判，2017（1）．

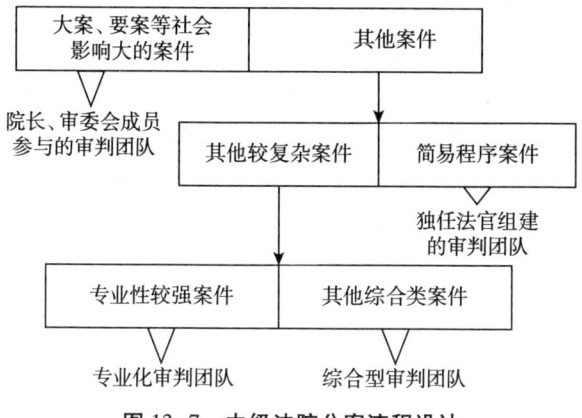

图 13-7 中级法院分案流程设计

（五）分工明确规范审判团队监督和管理机制

扁平化管理是审判团队制度设计之一，目的是区分审判权、审判管理权、行政管理权，审判权归还给审判组织，审判管理权一部分上收集中行权，一部分下沉由审判团队自主管理。首先，下沉的审判管理权就是团队内部监督和管理，由团队负责人进行内部人员调配、审判管理、统一法律适用等工作，另外法官对法官助理和书记员负有监督指导责任。其次，行政管理权则由院庭长行使，是对审判团队外部监督和管理，庭长对庭内所有审判团队有监督管理职责，分管院领导对所分管庭内审判团队的整体运行和法律统一适用发挥监督作用。另外，审判管理部门对团队所办案件的评查，监察部门对于团队成员的廉政督察也必不可少。扁平化管理是相对于审判权和一部分审判管理权而言，行政事务管理传统的科层制更有效率，因此对于案件数量、人员数量都较多的中级法院，庭室建制仍有必要，但需明确审判团队运行管理工作规范，划定审判权、审判管理权、行政管理权的界限及责任主体，在三者之间找到平衡点，避免因新的权力分配机制出现引发审判权运行出现新的困境。

（六）统筹考虑建立科学的审判团队考评机制

中级法院人员和案件数量都较多，审判团队的数量也会相对较多，为了在团队之间形成良好的竞争氛围，进一步优化团队运作机制，作者认为对审判团队进行考评是有必要的。首先是团队成员的分别考评。审判团队中一般分为法官、审判辅助人员两类，法官由法官考评委员会单独考评，建议针对法官助理和书记员也进行分别考评，并且为了提高审判团队的契合度，探索将团队中法官意见纳入对审判辅助人员的考评中。其次是审判团队整体考评。作者认为团队整体考评不可能脱离成员而存在，故整体考评应分为成员考评综合及团队整体表现两大类。团队表现可以审判管理部门提供的数据结合办案数量和质量进行评价，成员考评对中级法院而言，专业化审判团队中法官花费更多的精力，因此法官的考评应在成员考评综合中占据更大的比例。尽量以客观数据为判断依据，减少主观臆断，定性和定量相结合，季度通报和年度评优相结合。

参考文献

一、图书

［1］中共中央马克思恩格斯列宁斯大林著作编译局．马克思恩科斯全集（第1卷）．人民出版社，1956.

［2］中共中央马克思恩格斯列宁斯大林著作编译局．马克思恩科斯全集（第2卷）．人民出版社，1957.

［3］毛泽东选集（第一卷）．人民出版社，1991.

［4］毛泽东选集（第二卷）．人民出版社，1991.

［5］毛泽东选集（第三卷）．人民出版社，1991.

［6］邓小平文选（第二卷）．人民出版社，1994.

［7］习近平谈治国理政（第一卷）．外文出版社，2016.

［8］习近平谈治国理政（第二卷）．外文出版社，2017.

［9］习近平谈治国理政（第三卷）．外文出版社，2019.

［10］最高人民法院司法改革领导小组办公室．最高人民法院关于全面深化人民法院改革的意见读本．人民法院出版社，2015.

［11］最高人民法院司法改革领导小组办公室．最高人民法院关于完善人民法院司法责任制的若干意见．人民法院出版社，2015.

［12］最高人民法院政治部，最高人民法院司法改革领导小组办公室．人民法院全面落实司法责任制读本．人民法院出版社，2021.

［13］马世忠．《中华人民共和国法官法》条文理解与适用．人民法院出版社，2020.

［14］最高人民法院政治部．域外法院组织和法官管理法律译编．人民法院出版社，2017.

［15］中共中央组织部干部一局．党政领导干部选拔任用工作条例学习辅导．党建读物出版社，2014.

[16] 江必新. 审判人员职能配置与分类管理研究. 中国法制出版社, 2016.

[17] 蒋惠岭. 司法改革的知与行. 法律出版社, 2017.

[18] 时小云. 司法人员分类管理改革研究. 法律出版社, 2019.

[19] 陈瑞华. 司法体制改革导论. 法律出版社, 2018.

[20] 陈陟云. 法院人员分类管理改革研究. 法律出版社, 2014.

[21] 沈德咏. 全国法院优秀司法统计分析文集. 法律出版社, 2017.

[22] 吴英姿. 法官角色与司法行为. 中国大百科全书出版社, 2008.

[23] 孙国明. 法官助理. 人民法院出版社, 2007.

[24] 郭彦. 人民法院法官助理职业技能教程. 北京人民法院出版社, 2018.

[25] 胡康生. 中华人民共和国法官法释义. 法律出版社, 2001.

[26] 周泽民. 国外法官管理制度观察. 人民法院出版社, 2012.

[27] 余兴安, 唐志敏. 人事制度改革与人才队伍建设（1978—2018）. 中国社会科学出版社, 2019.

[28] 徐颂陶, 孙建立. 中国人事制度改革（1978—2008）. 中国人事出版社. 2009.

[29] 许湘岳, 徐金涛. 团队合作教程. 人民出版社, 2015.

[30] 潘文庆. 现代人事管理学. 科学出版社, 2014.

[31] 赵曼, 陈全明. 公共部门人力资源管理. 清华大学出版社, 2010.

[32] 朱勇国. 职位分析与职位管理体系设计. 对外经济贸易大学出版社, 2010.

[33] 邱昭良. 如何系统思考. 机械工业出版社, 2020.

[34] [美]雷蒙德·A. 伊诺, [美]约翰·霍伦拜克, [美]拜雷·格哈特, [美]帕特雷克·莱特. 人力资源管理: 赢得竞争优势. 刘昕译. 中国人民大学出版社, 2001.

二、期刊

[35] 江必新. 以改革促进审判制度的完善——兼论法院改革之初心、问题与路径. 中国应用法学, 2020（1）.

[36] 姜伟. 司法体制综合配套改革的路径和重点. 中国法学, 2017（6）.

[37] 李少平. 当前深化司法体制改革的形势、任务及重点. 法律适用, 2016（8）.

[38] 蒋惠岭. 论法院的管理职能. 法律适用, 2004（8）.

[39] 蒋惠岭. 论法官角色的转变. 人民司法, 1999（2）.

［40］马渊杰．司法责任制下审判团队的制度功能及改革路径．法律适用，2016（11）．

［41］胡仕浩．关于全面落实司法责任制综合配套改革的若干思考．中国应用法学，2019（4）．

［42］陈卫东．十八大以来司法体制改革的回顾与展望．法学，2017（10）．

［43］左卫民．中国法院院长角色的实证研究．中国法学，2014（1）．

［44］张康喆．在硬仗中选拔培养年轻干部．瞭望，2020（4）．

［45］许永俊，鲁晓慧．司法责任制背景下法官惩戒制度若干问题研究——以贵州省8法院247份调查问卷切入的实证分析．人民司法，2019（25）．

［45］张瑞．法官助理的身份困境及其克服．法治研究，2019（5）．

［47］张青．法官职业安全的刑事法保护．法学，2019（12）．

［48］李志增，李冰．内生型塑造：法官助理三阶式养成路径探析．中国应用法学，2019（4）．

［49］李姗．基层法院编制内法官助理制度的困境与对策．西南政法大学学报，2019（3）．

［50］吴广强．法官逐级遴选之正当思辨与制度构建．人民司法，2018（5）．

［51］陈丹，娄必县．法院院庭长权力角色冲突及解决．四川师范大学学报，2018（1）．

［52］李明，郭庆松．基于"好干部标准"的干部考核评价：模型建构与指标体系．中共中央党校学报，2018（1）．

［53］强梅梅．法院人员分类管理改革的历程、难点及其破解．政治与法律，2017（1）．

［54］李江蓉．检视三重复合身份下院、庭长入额与办案．人民司法，2017（19）．

［55］刘庆伟．从形似到形神兼备部分试点法院新型审判团队设置之反思与改进．司法论坛，2017（4）．

［56］杨凯．法官助理制度改革，该往何处走？民主与法制周刊，2017（28）．

［57］田源．未入额法官协助办案机制研究——兼论审判团队办案模式的优化．政法学刊，2016（33）．

［58］冯之东．审判委员会制度与司法责任制．上海政法学院学报（法治论丛），2016（2）．

［59］刘方勇，刘菁．司法改革背景下现代法官职位体系之构建——兼论法官制度改革顶层设计的再设计．中南大学学报（社会科学版），2016（1）．

[60] 范义．论习近平"系统性"辩证思想方法．思想政治工作研究，2015（6）．

[61] 宗志强．如何构建和完善员额制改革下的法官选拔和退出机制．山东审判，2015（1）．

[62] 刘忠．政治性与司法技术之间：法院院长选任的复合二元结构．西北政法大学学报，2015（5）．

[63] 王培洲．充分认识全面深化改革的整体性、系统性、协同性．求知，2015（7）．

[64] 杨建文：法院人事制度改革的现状与前景．中国党政干部论坛，2015（4）．

[65] 亓世英，邢雷，臧国军．职类职种划分方法及实践．人力资源管理，2012（5）．

[66] 江振春．美国联邦最高法院与法官助理制度．南京大学学报，2010（2）．

[67] 张琳，李忠勇，李筱珊．关于未入额法官办案问题的调查研究．中国应用法学，2017（4）．

[68] 任静，夏明玥．论法官法和《党政领导干部选拔任用工作条例》的衔接——从院庭长岗位职能出发．人民司法，2021（28）．

[69] 夏明玥，李忠勇．从一轨到双轨——论分类管理背景下司法行政人员补充机制的完善．北京政法职业学院学报，2020（2）．

[70] 李忠勇，任静，夏明玥．论聘用制法官助理制度的完善——以职责定位为切入点．北京政法职业学院学报，2018（3）．

[71] 人民法治编辑部．实行"司法人员分类管理"使法官走向"精英化"．人民法治，2018（1）．

[72] 青岛市中级法院课题组．中级法院审判团队配备问题研究．山东审判，2017（1）．

[73] 成华区法院．法官助理工作"四到位"．中国审判，2015（24）．

三、报纸

[74] 习近平．在纪念中国人民志愿军抗美援朝出国作战70周年大会上的讲话．人民日报，2020-10-24．

[75] 孟建柱．法官员额制是实现司法队伍专业化的重要制度．人民法院报，2016-3-23．

[76] 周强．最高人民法院2017年工作报告．人民法院报，2017-3-13．

[77] 沈德咏．坚持抓党建带队建促审判为推进法院工作科学发展提供坚强保证．人民法院报，2011-7-1.

[78] 李少平．大力推进繁简分流全面深化司法改革．人民法院报，2016-9-14.

[79] 贺小荣．着力解决影响司法公正和制约司法能力的深层次问题——最高人民法院司改办主任贺小荣解读"四五改革纲要"．贵州法学，2014（12）.

[80] 徐家新．推进法官队伍正规化专业化职业化建设．人民法院报，2020-2-27.

[81] 徐家新．以改革为动力 优化人力配置 着力建设专业化职业化聘用制书记员队伍——在全国法院聘用制书记员管理制度改革动员部署视频会议上的讲话．人民法院报，2017-5-26.

[82] 徐家新．合格法官的基本要求．人民法院报，2016-7-27.

[83] 袁青峰，李岳．法官助理制度在基层法院的实践与思考——基于优化司法程序构造和完善司法组织设置的双重视角．上海法学研究集刊，2019（12）.

[84] 李岳，陈淋清．法官业绩考评制度的构建与完善——以S市M区法院的探索与实践为例．上海法学研究集刊，2019（12）.

[85] 坚持符合国情和遵循司法规律相结合——学习贯彻习近平总书记关于司法改革重要讲话系列评论之三．人民法院报，2015-4-3.

[86] 刘峥，何帆，危浪平．《最高人民法院关于深化司法责任制综合配套改革的实施意见》的理解与适用．人民法院报，2020-8-6.

[87] 黄祥青．关于完善法官遴选制度的几点思考．人民法院报，2020-11-12.

[88] 李宗诚．准确把握法官员额制改革的深刻内涵．人民法院报，2018-4-10.

[89] 芮铭珍，亚明．司法辅助人员如何配置．人民法院报，2018-2-10.

[90] 吴云青．对基层法院干警轮岗的分析与对策．西部法制报，2017-5-7.

[91] 刘勋．确定法官检察官员额比例和基数不宜一刀切．人民法院报，2016-7-21.

[92] 罗沙，杨金志，黄安琪．推动司法职业化 筑牢司法责任制基石．人民法院报，2015-7-23.

[93] 刘静，王要勤．让数据为测算法官员额作答——北京二中院科学量化审判执行工作 动态配置审判资源．人民法院报，2014-11-13.

[94] 卢燕．司改三个月试点设法官助理让审案效率大大提升．青年报，2014-12-12.

［95］吕晓勋．裸官治理应有跟进动作．人民日报，2014-9-10．

［96］上海市第一中级人民法院．突出审判质量　具象个体考核　完善审判绩效考核机制．人民法院报，2020-2-3．

［97］江苏省苏州市姑苏区人民法院．"三段式"培养模式助力法官助理成长．人民法院报，2020-7-17．

四、论文

［98］汪一鸣．回归限权法官——打破法官助理定位困境．华东师范大学，2020．

［99］张敬新．司法责任制改革视角下的审判团队建设．山东大学，2017．

［100］刘晓东．论美国联邦法官助理制度．华东政法大学，2011．

附 录

中华人民共和国公务员法（节录）
（中华人民共和国主席令第 20 号）

……
第三章 职务、职级与级别

第十六条 国家实行公务员职位分类制度。

公务员职位类别按照公务员职位的性质、特点和管理需要，划分为综合管理类、专业技术类和行政执法类等类别。根据本法，对于具有职位特殊性，需要单独管理的，可以增设其他职位类别。各职位类别的适用范围由国家另行规定。

第十七条 国家实行公务员职务与职级并行制度，根据公务员职位类别和职责设置公务员领导职务、职级序列。

第十八条 公务员领导职务根据宪法、有关法律和机构规格设置。

领导职务层次分为：国家级正职、国家级副职、省部级正职、省部级副职、厅局级正职、厅局级副职、县处级正职、县处级副职、乡科级正职、乡科级副职。

第十九条 公务员职级在厅局级以下设置。

综合管理类公务员职级序列分为：一级巡视员、二级巡视员、一级调研员、二级调研员、三级调研员、四级调研员、一级主任科员、二级主任科员、三级主任科员、四级主任科员、一级科员、二级科员。

综合管理类以外其他职位类别公务员的职级序列，根据本法由国家另行规定。

第二十条 各机关依照确定的职能、规格、编制限额、职数以及结构比例，设置本机关公务员的具体职位，并确定各职位的工作职责和任职资格条件。

第二十一条　公务员的领导职务、职级应当对应相应的级别。公务员领导职务、职级与级别的对应关系，由国家规定。

根据工作需要和领导职务与职级的对应关系，公务员担任的领导职务和职级可以互相转任、兼任；符合规定资格条件的，可以晋升领导职务或者职级。

公务员的级别根据所任领导职务、职级及其德才表现、工作实绩和资历确定。公务员在同一领导职务、职级上，可以按照国家规定晋升级别。

公务员的领导职务、职级与级别是确定公务员工资以及其他待遇的依据。

第二十二条　国家根据人民警察、消防救援人员以及海关、驻外外交机构等公务员的工作特点，设置与其领导职务、职级相对应的衔级。

第七章　职务、职级升降

第四十五条　公务员晋升领导职务，应当具备拟任职务所要求的政治素质、工作能力、文化程度和任职经历等方面的条件和资格。

公务员领导职务应当逐级晋升。特别优秀的或者工作特殊需要的，可以按照规定破格或者越级晋升。

第四十六条　公务员晋升领导职务，按照下列程序办理：

（一）动议；

（二）民主推荐；

（三）确定考察对象，组织考察；

（四）按照管理权限讨论决定；

（五）履行任职手续。

第四十七条　厅局级正职以下领导职务出现空缺且本机关没有合适人选的，可以通过适当方式面向社会选拔任职人选。

第四十八条　公务员晋升领导职务的，应当按照有关规定实行任职前公示制度和任职试用期制度。

第四十九条　公务员职级应当逐级晋升，根据个人德才表现、工作实绩和任职资历，参考民主推荐或者民主测评结果确定人选，经公示后，按照管理权限审批。

第五十条　公务员的职务、职级实行能上能下。对不适宜或者不胜任现任职务、职级的，应当进行调整。

公务员在年度考核中被确定为不称职的，按照规定程序降低一个职务或者职级层次任职。

第十一章　交流与回避

第六十九条　国家实行公务员交流制度。

公务员可以在公务员和参照本法管理的工作人员队伍内部交流，也可以与国有企业和不参照本法管理的事业单位中从事公务的人员交流。

交流的方式包括调任、转任。

第七十条 国有企业、高等院校和科研院所以及其他不参照本法管理的事业单位中从事公务的人员，可以调入机关担任领导职务或者四级调研员以上及其他相当层次的职级。

调任人选应当具备本法第十三条规定的条件和拟任职位所要求的资格条件，并不得有本法第二十六条规定的情形。调任机关应当根据上述规定，对调任人选进行严格考察，并按照管理权限审批，必要时可以对调任人选进行考试。

第七十一条 公务员在不同职位之间转任应当具备拟任职位所要求的资格条件，在规定的编制限额和职数内进行。

对省部级正职以下的领导成员应当有计划、有重点地实行跨地区、跨部门转任。

对担任机关内设机构领导职务和其他工作性质特殊的公务员，应当有计划地在本机关内转任。

上级机关应当注重从基层机关公开遴选公务员。

第七十二条 根据工作需要，机关可以采取挂职方式选派公务员承担重大工程、重大项目、重点任务或者其他专项工作。

公务员在挂职期间，不改变与原机关的人事关系。

第七十三条 公务员应当服从机关的交流决定。

公务员本人申请交流的，按照管理权限审批。

第七十四条 公务员之间有夫妻关系、直系血亲关系、三代以内旁系血亲关系以及近姻亲关系的，不得在同一机关双方直接隶属于同一领导人员的职位或者有直接上下级领导关系的职位工作，也不得在其中一方担任领导职务的机关从事组织、人事、纪检、监察、审计和财务工作。

公务员不得在其配偶、子女及其配偶经营的企业、营利性组织的行业监管或者主管部门担任领导成员。

因地域或者工作性质特殊，需要变通执行任职回避的，由省级以上公务员主管部门规定。

第七十五条 公务员担任乡级机关、县级机关、设区的市级机关及其有关部门主要领导职务的，应当按照有关规定实行地域回避。

第七十六条 公务员执行公务时，有下列情形之一的，应当回避：

（一）涉及本人利害关系的；

（二）涉及与本人有本法第七十四条第一款所列亲属关系人员的利害关系的；

（三）其他可能影响公正执行公务的。

第七十七条 公务员有应当回避情形的，本人应当申请回避；利害关系人有权申请公务员回避。其他人员可以向机关提供公务员需要回避的情况。

机关根据公务员本人或者利害关系人的申请，经审查后作出是否回避的决定，也可以不经申请直接作出回避决定。

第七十八条 法律对公务员回避另有规定的，从其规定。

……

中华人民共和国人民法院组织法（节录）

（中华人民共和国主席令第 11 号）

…… 　　　　　第二章　人民法院的设置和职权

第十二条　人民法院分为：

（一）最高人民法院；

（二）地方各级人民法院；

（三）专门人民法院。

第十三条　地方各级人民法院分为高级人民法院、中级人民法院和基层人民法院。

第十四条　在新疆生产建设兵团设立的人民法院的组织、案件管辖范围和法官任免，依照全国人民代表大会常务委员会的有关规定。

第十五条　专门人民法院包括军事法院和海事法院、知识产权法院、金融法院等。

专门人民法院的设置、组织、职权和法官任免，由全国人民代表大会常务委员会规定。

第十六条　最高人民法院审理下列案件：

（一）法律规定由其管辖的和其认为应当由自己管辖的第一审案件；

（二）对高级人民法院判决和裁定的上诉、抗诉案件；

（三）按照全国人民代表大会常务委员会的规定提起的上诉、抗诉案件；

（四）按照审判监督程序提起的再审案件；

（五）高级人民法院报请核准的死刑案件。

第十七条　死刑除依法由最高人民法院判决的以外，应当报请最高人民法院核准。

第十八条　最高人民法院可以对属于审判工作中具体应用法律的问题进行解释。

最高人民法院可以发布指导性案例。

第十九条　最高人民法院可以设巡回法庭，审理最高人民法院依法确定的案件。

巡回法庭是最高人民法院的组成部分。巡回法庭的判决和裁定即最高人民法院的判决和裁定。

第二十条 高级人民法院包括：

（一）省高级人民法院；

（二）自治区高级人民法院；

（三）直辖市高级人民法院。

第二十一条 高级人民法院审理下列案件：

（一）法律规定由其管辖的第一审案件；

（二）下级人民法院报请审理的第一审案件；

（三）最高人民法院指定管辖的第一审案件；

（四）对中级人民法院判决和裁定的上诉、抗诉案件；

（五）按照审判监督程序提起的再审案件；

（六）中级人民法院报请复核的死刑案件。

第二十二条 中级人民法院包括：

（一）省、自治区辖市的中级人民法院；

（二）在直辖市内设立的中级人民法院；

（三）自治州中级人民法院；

（四）在省、自治区内按地区设立的中级人民法院。

第二十三条 中级人民法院审理下列案件：

（一）法律规定由其管辖的第一审案件；

（二）基层人民法院报请审理的第一审案件；

（三）上级人民法院指定管辖的第一审案件；

（四）对基层人民法院判决和裁定的上诉、抗诉案件；

（五）按照审判监督程序提起的再审案件。

第二十四条 基层人民法院包括：

（一）县、自治县人民法院；

（二）不设区的市人民法院；

（三）市辖区人民法院。

第二十五条 基层人民法院审理第一审案件，法律另有规定的除外。

基层人民法院对人民调解委员会的调解工作进行业务指导。

第二十六条 基层人民法院根据地区、人口和案件情况，可以设立若干人民法庭。

人民法庭是基层人民法院的组成部分。人民法庭的判决和裁定即基层人民法院的判决和裁定。

第二十七条　人民法院根据审判工作需要，可以设必要的专业审判庭。法官员额较少的中级人民法院和基层人民法院，可以设综合审判庭或者不设审判庭。

人民法院根据审判工作需要，可以设综合业务机构。法官员额较少的中级人民法院和基层人民法院，可以不设综合业务机构。

第二十八条　人民法院根据工作需要，可以设必要的审判辅助机构和行政管理机构。

第三章　人民法院的审判组织

第二十九条　人民法院审理案件，由合议庭或者法官一人独任审理。

合议庭和法官独任审理的案件范围由法律规定。

第三十条　合议庭由法官组成，或者由法官和人民陪审员组成，成员为三人以上单数。

合议庭由一名法官担任审判长。院长或者庭长参加审理案件时，由自己担任审判长。

审判长主持庭审、组织评议案件，评议案件时与合议庭其他成员权利平等。

第三十一条　合议庭评议案件应当按照多数人的意见作出决定，少数人的意见应当记入笔录。评议案件笔录由合议庭全体组成人员签名。

第三十二条　合议庭或者法官独任审理案件形成的裁判文书，经合议庭组成人员或者独任法官签署，由人民法院发布。

第三十三条　合议庭审理案件，法官对案件的事实认定和法律适用负责；法官独任审理案件，独任法官对案件的事实认定和法律适用负责。

人民法院应当加强内部监督，审判活动有违法情形的，应当及时调查核实，并根据违法情形依法处理。

第三十四条　人民陪审员依照法律规定参加合议庭审理案件。

第三十五条　中级以上人民法院设赔偿委员会，依法审理国家赔偿案件。

赔偿委员会由三名以上法官组成，成员应当为单数，按照多数人的意见作出决定。

第三十六条　各级人民法院设审判委员会。审判委员会由院长、副院长和若干资深法官组成，成员应当为单数。

审判委员会会议分为全体会议和专业委员会会议。

中级以上人民法院根据审判工作需要，可以按照审判委员会委员专业和工作分工，召开刑事审判、民事行政审判等专业委员会会议。

第三十七条　审判委员会履行下列职能：

（一）总结审判工作经验；
（二）讨论决定重大、疑难、复杂案件的法律适用；
（三）讨论决定本院已经发生法律效力的判决、裁定、调解书是否应当再审；
（四）讨论决定其他有关审判工作的重大问题。

最高人民法院对属于审判工作中具体应用法律的问题进行解释，应当由审判委员会全体会议讨论通过；发布指导性案例，可以由审判委员会专业委员会会议讨论通过。

第三十八条 审判委员会召开全体会议和专业委员会会议，应当有其组成人员的过半数出席。

审判委员会会议由院长或者院长委托的副院长主持。审判委员会实行民主集中制。

审判委员会举行会议时，同级人民检察院检察长或者检察长委托的副检察长可以列席。

第三十九条 合议庭认为案件需要提交审判委员会讨论决定的，由审判长提出申请，院长批准。

审判委员会讨论案件，合议庭对其汇报的事实负责，审判委员会委员对本人发表的意见和表决负责。审判委员会的决定，合议庭应当执行。

审判委员会讨论案件的决定及其理由应当在裁判文书中公开，法律规定不公开的除外。

第四章 人民法院的人员组成

第四十条 人民法院的审判人员由院长、副院长、审判委员会委员和审判员等人员组成。

第四十一条 人民法院院长负责本院全面工作，监督本院审判工作，管理本院行政事务。人民法院副院长协助院长工作。

第四十二条 最高人民法院院长由全国人民代表大会选举，副院长、审判委员会委员、庭长、副庭长和审判员由院长提请全国人民代表大会常务委员会任免。

最高人民法院巡回法庭庭长、副庭长，由最高人民法院院长提请全国人民代表大会常务委员会任免。

第四十三条 地方各级人民法院院长由本级人民代表大会选举，副院长、审判委员会委员、庭长、副庭长和审判员由院长提请本级人民代表大会常务委员会任免。

在省、自治区内按地区设立的和在直辖市内设立的中级人民法院院长，由省、自治区、直辖市人民代表大会常务委员会根据主任会议的提名决定任免，副院长、审判委员会委员、庭长、副庭长和审判员由高级人民法院院长提请省、自治区、直辖市人民代表大会常务委员会任免。

第四十四条 人民法院院长任期与产生它的人民代表大会每届任期相同。

各级人民代表大会有权罢免由其选出的人民法院院长。在地方人民代表大会闭会期间，本级人民代表大会常务委员会认为人民法院院长需要撤换的，应当报请上级人民代表大会常务委员会批准。

第四十五条 人民法院的法官、审判辅助人员和司法行政人员实行分类管理。

第四十六条 法官实行员额制。法官员额根据案件数量、经济社会发展情况、人口数量和人民法院审级等因素确定。

最高人民法院法官员额由最高人民法院商有关部门确定。地方各级人民法院法官员额，在省、自治区、直辖市内实行总量控制、动态管理。

第四十七条 法官从取得法律职业资格并且具备法律规定的其他条件的人员中选任。初任法官应当由法官遴选委员会进行专业能力审核。上级人民法院的法官一般从下级人民法院的法官中择优遴选。

院长应当具有法学专业知识和法律职业经历。副院长、审判委员会委员应当从法官、检察官或者其他具备法官、检察官条件的人员中产生。

法官的职责、管理和保障，依照《中华人民共和国法官法》的规定。

第四十八条 人民法院的法官助理在法官指导下负责审查案件材料、草拟法律文书等审判辅助事务。

符合法官任职条件的法官助理，经遴选后可以按照法官任免程序任命为法官。

第四十九条 人民法院的书记员负责法庭审理记录等审判辅助事务。

第五十条 人民法院的司法警察负责法庭警戒、人员押解和看管等警务事项。

司法警察依照《中华人民共和国人民警察法》管理。

第五十一条 人民法院根据审判工作需要，可以设司法技术人员，负责与审判工作有关的事项。

……

中华人民共和国法官法（节录）
（中华人民共和国主席令第 27 号）

第一章 总则

第一条 为了全面推进高素质法官队伍建设，加强对法官的管理和监督，维护法官合法权益，保障人民法院依法独立行使审判权，保障法官依法履行职责，保障司法公正，根据宪法，制定本法。

第二条 法官是依法行使国家审判权的审判人员，包括最高人民法院、地方各级人民法院和军事法院等专门人民法院的院长、副院长、审判委员会委员、庭长、副庭长和审判员。

第三条 法官必须忠实执行宪法和法律，维护社会公平正义，全心全意为人民服务。

第四条 法官应当公正对待当事人和其他诉讼参与人，对一切个人和组织在适用法律上一律平等。

第五条 法官应当勤勉尽责，清正廉明，恪守职业道德。

第六条 法官审判案件，应当以事实为根据，以法律为准绳，秉持客观公正的立场。

第七条 法官依法履行职责，受法律保护，不受行政机关、社会团体和个人的干涉。

第二章 法官的职责、义务和权利

第八条 法官的职责：

（一）依法参加合议庭审判或者独任审判刑事、民事、行政诉讼以及国家赔偿等案件；

（二）依法办理引渡、司法协助等案件；

（三）法律规定的其他职责。

法官在职权范围内对所办理的案件负责。

第九条 人民法院院长、副院长、审判委员会委员、庭长、副庭长除履行审判职责外，还应当履行与其职务相适应的职责。

第十条 法官应当履行下列义务：

（一）严格遵守宪法和法律；

（二）秉公办案，不得徇私枉法；

（三）依法保障当事人和其他诉讼参与人的诉讼权利；

（四）维护国家利益、社会公共利益，维护个人和组织的合法权益；

（五）保守国家秘密和审判工作秘密，对履行职责中知悉的商业秘密和个人隐私予以保密；

（六）依法接受法律监督和人民群众监督；

（七）通过依法办理案件以案释法，增强全民法治观念，推进法治社会建设；

（八）法律规定的其他义务。

第十一条 法官享有下列权利：

（一）履行法官职责应当具有的职权和工作条件；

（二）非因法定事由、非经法定程序，不被调离、免职、降职、辞退或者处分；

（三）履行法官职责应当享有的职业保障和福利待遇；

（四）人身、财产和住所安全受法律保护；

（五）提出申诉或者控告；

（六）法律规定的其他权利。

第三章　法官的条件和遴选

第十二条 担任法官必须具备下列条件：

（一）具有中华人民共和国国籍；

（二）拥护中华人民共和国宪法，拥护中国共产党领导和社会主义制度；

（三）具有良好的政治、业务素质和道德品行；

（四）具有正常履行职责的身体条件；

（五）具备普通高等学校法学类本科学历并获得学士及以上学位；或者普通高等学校非法学类本科及以上学历并获得法律硕士、法学硕士及以上学位；或者普通高等学校非法学类本科及以上学历，获得其他相应学位，并具有法律专业知识；

（六）从事法律工作满五年。其中获得法律硕士、法学硕士学位，或者获得法学博士学位的，从事法律工作的年限可以分别放宽至四年、三年；

（七）初任法官应当通过国家统一法律职业资格考试取得法律职业资格。

适用前款第五项规定的学历条件确有困难的地方，经最高人民法院审核确定，在一定期限内，可以将担任法官的学历条件放宽为高等学校本科毕业。

第十三条 下列人员不得担任法官：

（一）因犯罪受过刑事处罚的；

（二）被开除公职的；

（三）被吊销律师、公证员执业证书或者被仲裁委员会除名的；

（四）有法律规定的其他情形的。

第十四条 初任法官采用考试、考核的办法，按照德才兼备的标准，从具备法官条件的人员中择优提出人选。

人民法院的院长应当具有法学专业知识和法律职业经历。副院长、审判委员会委员应当从法官、检察官或者其他具备法官条件的人员中产生。

第十五条 人民法院可以根据审判工作需要，从律师或者法学教学、研究人员等从事法律职业的人员中公开选拔法官。

除应当具备法官任职条件外，参加公开选拔的律师应当实际执业不少于五年，执业经验丰富，从业声誉良好，参加公开选拔的法学教学、研究人员应当具有中级以上职称，从事教学、研究工作五年以上，有突出研究能力和相应研究成果。

第十六条 省、自治区、直辖市设立法官遴选委员会，负责初任法官人选专业能力的审核。

省级法官遴选委员会的组成人员应当包括地方各级人民法院法官代表、其他从事法律职业的人员和有关方面代表，其中法官代表不少于三分之一。

省级法官遴选委员会的日常工作由高级人民法院的内设职能部门承担。

遴选最高人民法院法官应当设立最高人民法院法官遴选委员会，负责法官人选专业能力的审核。

第十七条 初任法官一般到基层人民法院任职。上级人民法院法官一般逐级遴选；最高人民法院和高级人民法院法官可以从下两级人民法院遴选。参加上级人民法院遴选的法官应当在下级人民法院担任法官一定年限，并具有遴选职位相关工作经历。

第四章 法官的任免

第十八条 法官的任免，依照宪法和法律规定的任免权限和程序办理。

最高人民法院院长由全国人民代表大会选举和罢免，副院长、审判委员会委员、庭长、副庭长和审判员，由院长提请全国人民代表大会常务委员会任免。

最高人民法院巡回法庭庭长、副庭长，由院长提请全国人民代表大会常务委员会任免。

地方各级人民法院院长由本级人民代表大会选举和罢免，副院长、审判委员会委员、庭长、副庭长和审判员，由院长提请本级人民代表大会常务委员会任免。

在省、自治区内按地区设立的和在直辖市内设立的中级人民法院的院长，由省、自治区、直辖市人民代表大会常务委员会根据主任会议的提名决定任免，副院长、审判委员会委员、庭长、副庭长和审判员，由高级人民法院院长提请省、自治区、直辖市人民代表大会常务委员会任免。

新疆生产建设兵团各级人民法院、专门人民法院的院长、副院长、审判委员会委员、庭长、副庭长和审判员，依照全国人民代表大会常务委员会的有关规定任免。

第十九条 法官在依照法定程序产生后，在就职时应当公开进行宪法宣誓。

第二十条 法官有下列情形之一的，应当依法提请免除其法官职务：

（一）丧失中华人民共和国国籍的；

（二）调出所任职人民法院的；

（三）职务变动不需要保留法官职务的，或者本人申请免除法官职务经批准的；

（四）经考核不能胜任法官职务的；

（五）因健康原因长期不能履行职务的；

（六）退休的；

（七）辞职或者依法应当予以辞退的；

（八）因违纪违法不宜继续任职的。

第二十一条 发现违反本法规定的条件任命法官的，任命机关应当撤销该项任命；上级人民法院发现下级人民法院法官的任命违反本法规定的条件的，应当建议下级人民法院依法提请任命机关撤销该项任命。

第二十二条 法官不得兼任人民代表大会常务委员会的组成人员，不得兼任行政机关、监察机关、检察机关的职务，不得兼任企业或者其他营利性组织、事业单位的职务，不得兼任律师、仲裁员和公证员。

第二十三条 法官之间有夫妻关系、直系血亲关系、三代以内旁系血亲以及近姻亲关系的，不得同时担任下列职务：

（一）同一人民法院的院长、副院长、审判委员会委员、庭长、副庭长；

（二）同一人民法院的院长、副院长和审判员；

（三）同一审判庭的庭长、副庭长、审判员；

（四）上下相邻两级人民法院的院长、副院长。

第二十四条 法官的配偶、父母、子女有下列情形之一的，法官应当实行任职回避：

（一）担任该法官所任职人民法院辖区内律师事务所的合伙人或者设立人的；

（二）在该法官所任职人民法院辖区内以律师身份担任诉讼代理人、辩护人，或者为诉讼案件当事人提供其他有偿法律服务的。

第五章　法官的管理

第二十五条　法官实行员额制管理。法官员额根据案件数量、经济社会发展情况、人口数量和人民法院审级等因素确定，在省、自治区、直辖市内实行总量控制、动态管理，优先考虑基层人民法院和案件数量多的人民法院办案需要。

法官员额出现空缺的，应当按照程序及时补充。

最高人民法院法官员额由最高人民法院商有关部门确定。

第二十六条　法官实行单独职务序列管理。

法官等级分为十二级，依次为首席大法官、一级大法官、二级大法官、一级高级法官、二级高级法官、三级高级法官、四级高级法官、一级法官、二级法官、三级法官、四级法官、五级法官。

第二十七条　最高人民法院院长为首席大法官。

第二十八条　法官等级的确定，以法官德才表现、业务水平、审判工作实绩和工作年限等为依据。

法官等级晋升采取按期晋升和择优选升相结合的方式，特别优秀或者工作特殊需要的一线办案岗位法官可以特别选升。

第二十九条　法官的等级设置、确定和晋升的具体办法，由国家另行规定。

第三十条　初任法官实行统一职前培训制度。

第三十一条　对法官应当有计划地进行政治、理论和业务培训。

法官的培训应当理论联系实际、按需施教、讲求实效。

第三十二条　法官培训情况，作为法官任职、等级晋升的依据之一。

第三十三条　法官培训机构按照有关规定承担培训法官的任务。

……

中华人民共和国法官职业道德基本准则（节录）

（法发〔2010〕53号）

第一章 总则

第一条 为加强法官职业道德建设，保证法官正确履行法律赋予的职责，根据《中华人民共和国法官法》和其他相关规定，制定本准则。

第二条 法官职业道德的核心是公正、廉洁、为民。基本要求是忠诚司法事业、保证司法公正、确保司法廉洁、坚持司法为民、维护司法形象。

第三条 法官应当自觉遵守法官职业道德，在本职工作和业外活动中严格要求自己，维护人民法院形象和司法公信力。

第二章 忠诚司法事业

第四条 牢固树立社会主义法治理念，忠于党、忠于国家、忠于人民、忠于法律，做中国特色社会主义事业建设者和捍卫者。

第五条 坚持和维护中国特色社会主义司法制度，认真贯彻落实依法治国基本方略，尊崇和信仰法律，模范遵守法律，严格执行法律，自觉维护法律的权威和尊严。

第六条 热爱司法事业，珍惜法官荣誉，坚持职业操守，恪守法官良知，牢固树立司法核心价值观，以维护社会公平正义为己任，认真履行法官职责。

第七条 维护国家利益，遵守政治纪律，保守国家秘密和审判工作秘密，不从事或参与有损国家利益和司法权威的活动，不发表有损国家利益和司法权威的言论。

第三章 保证司法公正

第八条 坚持和维护人民法院依法独立行使审判权的原则，客观公正审理案件，在审判活动中独立思考、自主判断，敢于坚持原则，不受任何行政机关、社会团体和个人的干涉，不受权势、人情等因素的影响。

第九条 坚持以事实为根据，以法律为准绳，努力查明案件事实，准确把握法律精神，正确适用法律，合理行使裁量权，避免主观臆断、超越职权、滥用职权，确保案件裁判结果公平公正。

第十条 牢固树立程序意识，坚持实体公正与程序公正并重，严格按照法定程序执法办案，充分保障当事人和其他诉讼参与人的诉讼权利，避免执法办案中的随意行为。

第十一条 严格遵守法定办案时限，提高审判执行效率，及时化解纠纷，注重节约司法资源，杜绝玩忽职守、拖延办案等行为。

第十二条 认真贯彻司法公开原则，尊重人民群众的知情权，自觉接受法律监督和社会监督，同时避免司法审判受到外界的不当影响。

第十三条 自觉遵守司法回避制度，审理案件保持中立公正的立场，平等对待当事人和其他诉讼参与人，不偏袒或歧视任何一方当事人，不私自单独会见当事人及其代理人、辩护人。

第十四条 尊重其他法官对审判职权的依法行使，除履行工作职责或者通过正当程序外，不过问、不干预、不评论其他法官正在审理的案件。

第四章 确保司法廉洁

第十五条 树立正确的权力观、地位观、利益观，坚持自重、自省、自警、自励，坚守廉洁底线，依法正确行使审判权、执行权，杜绝以权谋私、贪赃枉法行为。

第十六条 严格遵守廉洁司法规定，不接受案件当事人及相关人员的请客送礼，不利用职务便利或者法官身份谋取不正当利益，不违反规定与当事人或者其他诉讼参与人进行不正当交往，不在执法办案中徇私舞弊。

第十七条 不从事或者参与营利性的经营活动，不在企业及其他营利性组织中兼任法律顾问等职务，不就未决案件或者再审案件给当事人及其他诉讼参与人提供咨询意见。

第十八条 妥善处理个人和家庭事务，不利用法官身份寻求特殊利益。按规定如实报告个人有关事项，教育督促家庭成员不利用法官的职权、地位谋取不正当利益。

第五章 坚持司法为民

第十九条 牢固树立以人为本、司法为民的理念，强化群众观念，重视群众诉求，关注群众感受，自觉维护人民群众的合法权益。

第二十条 注重发挥司法的能动作用，积极寻求有利于案结事了的纠纷解决办法，努力实现法律效果与社会效果的统一。

第二十一条 认真执行司法便民规定，努力为当事人和其他诉讼参与人提供必要的诉讼便利，尽可能降低其诉讼成本。

第二十二条 尊重当事人和其他诉讼参与人的人格尊严，避免盛气凌人、"冷硬横推"等不良作风；尊重律师，依法保障律师参与诉讼活动的权利。

第六章 维护司法形象

第二十三条 坚持学习，精研业务，忠于职守，秉公办案，惩恶扬善，弘扬正义，保持昂扬的精神状态和良好的职业操守。

第二十四条 坚持文明司法，遵守司法礼仪，在履行职责过程中行为规范、着装得体、语言文明、态度平和，保持良好的职业修养和司法作风。

第二十五条 加强自身修养，培育高尚道德操守和健康生活情趣，杜绝与法官职业形象不相称、与法官职业道德相违背的不良嗜好和行为，遵守社会公德和家庭美德，维护良好的个人声誉。

第二十六条 法官退休后应当遵守国家相关规定，不利用自己的原有身份和便利条件过问、干预执法办案，避免因个人不当言行对法官职业形象造成不良影响。

……

最高人民法院关于完善人民法院司法责任制的若干意见（节录）

（法发〔2015〕13号）

……

二、改革审判权力运行机制

（一）独任制与合议庭运行机制

4. 基层、中级人民法院可以组建由一名法官与法官助理、书记员以及其他必要的辅助人员组成的审判团队，依法独任审理适用简易程序的案件和法律规定的其他案件。

人民法院可以按照受理案件的类别，通过随机产生的方式，组建由法官或者法官与人民陪审员组成的合议庭，审理适用普通程序和依法由合议庭审理的简易程序的案件。案件数量较多的基层人民法院，可以组建相对固定的审判团队，实行扁平化的管理模式。

人民法院应当结合职能定位和审级情况，为法官合理配置一定数量的法官助理、书记员和其他审判辅助人员。

5. 在加强审判专业化建设基础上，实行随机分案为主、指定分案为辅的案件分配制度。按照审判领域类别，随机确定案件的承办法官。因特殊情况需要对随机分案结果进行调整的，应当将调整理由及结果在法院工作平台上公示。

6. 独任法官审理案件形成的裁判文书，由独任法官直接签署。合议庭审理案件形成的裁判文书，由承办法官、合议庭其他成员、审判长依次签署；审判长作为承办法官的，由审判长最后签署。审判组织的法官依次签署完毕后，裁判文书即可印发。除审判委员会讨论决定的案件以外，院长、副院长、庭长对其未直接参加审理案件的裁判文书不再进行审核签发。

合议庭评议和表决规则，适用人民法院组织法、诉讼法以及《最高人民法院关于人民法院合议庭工作的若干规定》《最高人民法院关于进一步加强合议庭职责的若干规定》。

7. 进入法官员额的院长、副院长、审判委员会专职委员、庭长、副庭长应当办理案件。院长、副院长、审判委员会专职委员每年办案数量应当参照全院法官人均办案数量，根据其承担的审判管理监督事务和行政事务工作量合理确定。庭长每年办案数量参照本庭法官人均办案数量确定。对于重大、疑难、复杂的案件，可以直接由院长、副院长、审判委员会委员组成合议庭进行审理。

按照审判权与行政管理权相分离的原则，试点法院可以探索实行人事、经费、政务等行政事务集中管理制度，必要时可以指定一名副院长专门协助院长管理行政事务。

8. 人民法院可以分别建立由民事、刑事、行政等审判领域法官组成的专业法官会议，为合议庭正确理解和适用法律提供咨询意见。合议庭认为所审理的案件因重大、疑难、复杂而存在法律适用标准不统一的，可以将法律适用问题提交专业法官会议研究讨论。专业法官会议的讨论意见供合议庭复议时参考，采纳与否由合议庭决定，讨论记录应当入卷备查。

建立审判业务法律研讨机制，通过类案参考、案例评析等方式统一裁判尺度。

……

（三）审判管理和监督

12. 建立符合司法规律的案件质量评估体系和评价机制。审判管理和审判监督机构应当定期分析审判质量运行态势，通过常规抽查、重点评查、专项评查等方式对案件质量进行专业评价。

13. 各级人民法院应当成立法官考评委员会，建立法官业绩评价体系和业绩档案。业绩档案应当以法官个人日常履职情况、办案数量、审判质量、司法技能、廉洁自律、外部评价等为主要内容。法官业绩评价应当作为法官任职、评先评优和晋职晋级的重要依据。

14. 各级人民法院应当依托信息技术，构建开放动态透明便民的阳光司法机制，建立健全审判流程公开、裁判文书公开和执行信息公开三大平台，广泛接受社会监督。探索建立法院以外的第三方评价机制，强化对审判权力运行机制的法律监督、社会监督和舆论监督。

三、明确司法人员职责和权限

（一）独任庭和合议庭司法人员职责

15. 法官独任审理案件时，应当履行以下审判职责：

（1）主持或者指导法官助理做好庭前会议、庭前调解、证据交换等庭前准

备工作及其他审判辅助工作;

(2) 主持案件开庭、调解,依法作出裁判,制作裁判文书或者指导法官助理起草裁判文书,并直接签发裁判文书;

(3) 依法决定案件审理中的程序性事项;

(4) 依法行使其他审判权力。

16. 合议庭审理案件时,承办法官应当履行以下审判职责:

(1) 主持或者指导法官助理做好庭前会议、庭前调解、证据交换等庭前准备工作及其他审判辅助工作;

(2) 就当事人提出的管辖权异议及保全、司法鉴定、非法证据排除申请等提请合议庭评议;

(3) 对当事人提交的证据进行全面审核,提出审查意见;

(4) 拟定庭审提纲,制作阅卷笔录;

(5) 自己担任审判长时,主持、指挥庭审活动;不担任审判长时,协助审判长开展庭审活动;

(6) 参与案件评议,并先行提出处理意见;

(7) 根据合议庭评议意见制作裁判文书或者指导法官助理起草裁判文书;

(8) 依法行使其他审判权力。

17. 合议庭审理案件时,合议庭其他法官应当认真履行审判职责,共同参与阅卷、庭审、评议等审判活动,独立发表意见,复核并在裁判文书上签名。

18. 合议庭审理案件时,审判长除承担由合议庭成员共同承担的审判职责外,还应当履行以下审判职责:

(1) 确定案件审理方案、庭审提纲、协调合议庭成员庭审分工以及指导做好其他必要的庭审准备工作;

(2) 主持、指挥庭审活动;

(3) 主持合议庭评议;

(4) 依照有关规定和程序将合议庭处理意见分歧较大的案件提交专业法官会议讨论,或者按程序建议将案件提交审判委员会讨论决定;

(5) 依法行使其他审判权力。

审判长自己承办案件时,应当同时履行承办法官的职责。

19. 法官助理在法官的指导下履行以下职责:

(1) 审查诉讼材料,协助法官组织庭前证据交换;

(2) 协助法官组织庭前调解,草拟调解文书;

(3) 受法官委托或者协助法官依法办理财产保全和证据保全措施等;

（4）受法官指派，办理委托鉴定、评估等工作；

（5）根据法官的要求，准备与案件审理相关的参考资料，研究案件涉及的相关法律问题；

（6）在法官的指导下草拟裁判文书；

（7）完成法官交办的其他审判辅助性工作。

20. 书记员在法官的指导下，按照有关规定履行以下职责：

（1）负责庭前准备的事务性工作；

（2）检查开庭时诉讼参与人的出庭情况，宣布法庭纪律；

（3）负责案件审理中的记录工作；

（4）整理、装订、归档案卷材料；

（5）完成法官交办的其他事务性工作。

（二）院长庭长管理监督职责

21. 院长除依照法律规定履行相关审判职责外，还应当从宏观上指导法院各项审判工作，组织研究相关重大问题和制定相关管理制度，综合负责审判管理工作，主持审判委员会讨论审判工作中的重大事项，依法主持法官考评委员会对法官进行评鉴，以及履行其他必要的审判管理和监督职责。

副院长、审判委员会专职委员受院长委托，可以依照前款规定履行部分审判管理和监督职责。

22. 庭长除依照法律规定履行相关审判职责外，还应当从宏观上指导本庭审判工作，研究制定各合议庭和审判团队之间、内部成员之间的职责分工，负责随机分案后因特殊情况需要调整分案的事宜，定期对本庭审判质量情况进行监督，以及履行其他必要的审判管理和监督职责。

23. 院长、副院长、庭长的审判管理和监督活动应当严格控制在职责和权限的范围内，并在工作平台上公开进行。院长、副院长、庭长除参加审判委员会、专业法官会议外不得对其没有参加审理的案件发表倾向性意见。

24. 对于有下列情形之一的案件，院长、副院长、庭长有权要求独任法官或者合议庭报告案件进展和评议结果：

（1）涉及群体性纠纷，可能影响社会稳定的；

（2）疑难、复杂且在社会上有重大影响的；

（3）与本院或者上级法院的类案判决可能发生冲突的；

（4）有关单位或者个人反映法官有违法审判行为的。

院长、副院长、庭长对上述案件的审理过程或者评议结果有异议的，不得直接改变合议庭的意见，但可以决定将案件提交专业法官会议、审判委员会进行讨论。院长、副院长、庭长针对上述案件监督建议的时间、内容、处理结果等应当在案卷和办公平台上全程留痕。

四、审判责任的认定和追究

（一）审判责任范围

25. 法官应当对其履行审判职责的行为承担责任，在职责范围内对办案质量终身负责。

法官在审判工作中，故意违反法律法规的，或者因重大过失导致裁判错误并造成严重后果的，依法应当承担违法审判责任。

法官有违反职业道德准则和纪律规定，接受案件当事人及相关人员的请客送礼、与律师进行不正当交往等违纪违法行为，依照法律及有关纪律规定另行处理。

26. 有下列情形之一的，应当依纪依法追究相关人员的违法审判责任：

（1）审理案件时有贪污受贿、徇私舞弊、枉法裁判行为的；

（2）违反规定私自办案或者制造虚假案件的；

（3）涂改、隐匿、伪造、偷换和故意损毁证据材料的，或者因重大过失丢失、损毁证据材料并造成严重后果的；

（4）向合议庭、审判委员会汇报案情时隐瞒主要证据、重要情节和故意提供虚假材料的，或者因重大过失遗漏主要证据、重要情节导致裁判错误并造成严重后果的；

（5）制作诉讼文书时，故意违背合议庭评议结果、审判委员会决定的，或者因重大过失导致裁判文书主文错误并造成严重后果的；

（6）违反法律规定，对不符合减刑、假释条件的罪犯裁定减刑、假释的，或者因重大过失对不符合减刑、假释条件的罪犯裁定减刑、假释并造成严重后果的；

（7）其他故意违背法定程序、证据规则和法律明确规定违法审判的，或者因重大过失导致裁判结果错误并造成严重后果的。

27. 负有监督管理职责的人员等因故意或者重大过失，怠于行使或者不当行使审判监督权和审判管理权导致裁判错误并造成严重后果的，依照有关规定应当承担监督管理责任。追究其监督管理责任的，依照干部管理有关规定和程序办理。

28. 因下列情形之一，导致案件按照审判监督程序提起再审后被改判的，不得作为错案进行责任追究：

（1）对法律、法规、规章、司法解释具体条文的理解和认识不一致，在专业认知范围内能够予以合理说明的；

（2）对案件基本事实的判断存在争议或者疑问，根据证据规则能够予以合理说明的；

（3）当事人放弃或者部分放弃权利主张的；

（4）因当事人过错或者客观原因致使案件事实认定发生变化的；

（5）因出现新证据而改变裁判的；

（6）法律修订或者政策调整的；

（7）裁判所依据的其他法律文书被撤销或者变更的；

（8）其他依法履行审判职责不应当承担责任的情形。

（二）审判责任承担

29. 独任制审理的案件，由独任法官对案件的事实认定和法律适用承担全部责任。

30. 合议庭审理的案件，合议庭成员对案件的事实认定和法律适用共同承担责任。

进行违法审判责任追究时，根据合议庭成员是否存在违法审判行为、情节、合议庭成员发表意见的情况和过错程度合理确定各自责任。

31. 审判委员会讨论案件时，合议庭对其汇报的事实负责，审判委员会委员对其本人发表的意见及最终表决负责。

案件经审判委员会讨论的，构成违法审判责任追究情形时，根据审判委员会委员是否故意曲解法律发表意见的情况，合理确定委员责任。审判委员会改变合议庭意见导致裁判错误的，由持多数意见的委员共同承担责任，合议庭不承担责任。审判委员会维持合议庭意见导致裁判错误的，由合议庭和持多数意见的委员共同承担责任。

合议庭汇报案件时，故意隐瞒主要证据或者重要情节，或者故意提供虚假情况，导致审判委员会作出错误决定的，由合议庭成员承担责任，审判委员会委员根据具体情况承担部分责任或者不承担责任。

审判委员会讨论案件违反民主集中制原则，导致审判委员会决定错误的，主持人应当承担主要责任。

32. 审判辅助人员根据职责权限和分工承担与其职责相对应的责任。法官负有审核把关职责的，法官也应当承担相应责任。

33. 法官受领导干部干预导致裁判错误的，且法官不记录或者不如实记录，应当排除干预而没有排除的，承担违法审判责任。

（三）违法审判责任追究程序

34. 需要追究违法审判责任的，一般由院长、审判监督部门或者审判管理部门提出初步意见,由院长委托审判监督部门审查或者提请审判委员会进行讨论,经审查初步认定有关人员具有本意见所列违法审判责任追究情形的,人民法院监察部门应当启动违法审判责任追究程序。

各级人民法院应当依法自觉接受人大、政协、媒体和社会监督,依法受理对法官违法审判行为的举报、投诉,并认真进行调查核实。

35. 人民法院监察部门应当对法官是否存在违法审判行为进行调查,并采取必要、合理的保护措施。在调查过程中,当事法官享有知情、辩解和举证的权利,监察部门应当对当事法官的意见、辩解和举证如实记录,并在调查报告中对是否采纳作出说明。

36. 人民法院监察部门经调查后,认为应当追究法官违法审判责任的,应当报请院长决定,并报送省(区、市)法官惩戒委员会审议。

高级人民法院监察部门应当派员向法官惩戒委员会通报当事法官的违法审判事实及拟处理建议、依据,并就其违法审判行为和主观过错进行举证。当事法官有权进行陈述、举证、辩解、申请复议和申诉。

法官惩戒委员会根据查明的事实和法律规定作出无责、免责或者给予惩戒处分的建议。

法官惩戒委员会工作章程和惩戒程序另行制定。

37. 对应当追究违法审判责任的相关责任人,根据其应负责任依照《中华人民共和国法官法》等有关规定处理:

(1) 应当给予停职、延期晋升、退出法官员额或者免职、责令辞职、辞退等处理的,由组织人事部门按照干部管理权限和程序依法办理;

(2) 应当给予纪律处分的,由纪检监察部门依照有关规定和程序依法办理;

(3) 涉嫌犯罪的,由纪检监察部门将违法线索移送有关司法机关依法处理。

免除法官职务,必须按法定程序由人民代表大会罢免或者提请人大常委会作出决定。

五、加强法官的履职保障

38. 在案件审理的各个阶段,除非确有证据证明法官存在贪污受贿、徇私舞弊、枉法裁判等严重违法审判行为外,法官依法履职的行为不得暂停或者终止。

39. 法官依法审判不受行政机关、社会团体和个人的干涉。任何组织和个人违法干预司法活动、过问和插手具体案件处理的,应当依照规定予以记录、通报和追究责任。

领导干部干预司法活动、插手具体案件和司法机关内部人员过问案件的,分别按照《领导干部干预司法活动、插手具体案件处理的记录、通报和责任追究规定》和《司法机关内部人员过问案件的记录和责任追究规定》及其实施办法处理。

40. 法官因依法履职遭受不实举报、诬告陷害，致使名誉受到损害的，或者经法官惩戒委员会等组织认定不应追究法律和纪律责任的，人民法院监察部门、新闻宣传部门应当在适当范围以适当形式及时澄清事实，消除不良影响，维护法官良好声誉。

41. 人民法院或者相关部门对法官作出错误处理的，应当赔礼道歉、恢复职务和名誉、消除影响，对造成经济损失的依法给予赔偿。

42. 法官因接受调查暂缓等级晋升的，后经有关部门认定不构成违法审判责任，或者法官惩戒委员会作出无责或者免责建议的，其等级晋升时间从暂缓之日起连续计算。

43. 依法及时惩治当庭损毁证据材料、庭审记录、法律文书和法庭设施等妨碍诉讼活动或者严重藐视法庭权威的行为。依法保护法官及其近亲属的人身和财产安全，依法及时惩治在法庭内外恐吓、威胁、侮辱、跟踪、骚扰、伤害法官及其近亲属等违法犯罪行为。

侵犯法官人格尊严，或者泄露依法不能公开的法官及其亲属隐私，干扰法官依法履职的，依法追究有关人员责任。

44. 加大对妨碍法官依法行使审判权、诬告陷害法官、藐视法庭权威、严重扰乱审判秩序等违法犯罪行为的惩罚力度，研究完善配套制度，推动相关法律的修改完善。

……

最高人民法院关于落实司法责任制
完善审判监督管理机制的意见(试行)

(法发〔2017〕11号)

为全面落实司法责任制改革,正确处理充分放权与有效监管的关系,规范人民法院院庭长审判监督管理职责,切实解决不愿放权、不敢监督、不善管理等问题,根据《最高人民法院关于完善人民法院司法责任制的若干意见》等规定,就完善人民法院审判监督管理机制提出如下意见:

一、各级人民法院在法官员额制改革完成后,必须严格落实司法责任制改革要求,确保"让审理者裁判,由裁判者负责"。除审判委员会讨论决定的案件外,院庭长对其未直接参加审理案件的裁判文书不再进行审核签发,也不得以口头指示、旁听合议、文书送阅等方式变相审批案件。

二、各级人民法院应当逐步完善院庭长审判监督管理权力清单。院庭长审判监督管理职责主要体现为对程序事项的审核批准、对审判工作的综合指导、对裁判标准的督促统一、对审判质效的全程监管和排除案外因素对审判活动的干扰等方面。

院庭长可以根据职责权限,对审判流程运行情况进行查看、操作和监控,分析审判运行态势,提示纠正不当行为,督促案件审理进度,统筹安排整改措施。院庭长行使审判监督管理职责的时间、内容、节点、处理结果等,应当在办公办案平台上全程留痕、永久保存。

三、各级人民法院应当健全随机分案为主、指定分案为辅的案件分配机制。根据审判领域类别和繁简分流安排,随机确定案件承办法官。已组建专业化合议庭或者专业审判团队的,在合议庭或者审判团队内部随机分案。承办法官一经确定,不得擅自变更。因存在回避情形或者工作调动、身体健康、廉政风险等事由确需调整承办法官的,应当由院庭长按权限审批决定,调整理由及结果应当及时通知当事人并在办公办案平台公示。

有下列情形之一的,可以指定分案:

(1)重大、疑难、复杂或者新类型案件,有必要由院庭长承办的;

（2）原告或者被告相同、案由相同、同一批次受理的 2 件以上的批量案件或者关联案件；

（3）本院提审的案件；

（4）院庭长根据个案监督工作需要，提出分案建议的；

（5）其他不适宜随机分案的案件。指定分案情况，应当在办公办案平台上全程留痕。

四、依法由合议庭审理的案件，合议庭原则上应当随机产生。因专业化审判需要组建的相对固定的审判团队和合议庭，人员应当定期交流调整，期限一般不应超过两年。

各级人民法院可以根据本院员额法官和案件数量情况，由院庭长按权限指定合议庭中资历较深、庭审驾驭能力较强的法官担任审判长，或者探索实行由承办法官担任审判长。院庭长参加合议庭审判案件的时候，自己担任审判长。

五、对于符合《最高人民法院关于完善人民法院司法责任制的若干意见》第 24 条规定情形之一的案件，院庭长有权要求独任法官或者合议庭报告案件进展和评议结果。院庭长对相关案件审理过程或者评议结果有异议的，不得直接改变合议庭的意见，可以决定将案件提请专业法官会议、审判委员会进行讨论。

独任法官或者合议庭在案件审理过程中，发现符合上述个案监督情形的，应当主动按程序向院庭长报告，并在办公办案平台全程留痕。符合特定类型个案监督情形的案件，原则上应当适用普通程序审理。

六、各级人民法院应当充分发挥专业法官会议、审判委员会总结审判经验、统一裁判标准的作用，在完善类案参考、裁判指引等工作机制基础上，建立类案及关联案件强制检索机制，确保类案裁判标准统一、法律适用统一。

院庭长应当通过特定类型个案监督、参加专业法官会议或者审判委员会、查看案件评查结果、分析改判发回案件、听取辖区法院意见、处理各类信访投诉等方式，及时发现并处理裁判标准、法律适用等方面不统一的问题。

七、各级人民法院应当强化信息平台应用，切实推进电子卷宗同步录入、同步生成、同步归档，并与办公办案平台深度融合，实现对已完成事项的记录跟踪、待完成事项的提示催办、即将到期事项的定时预警、禁止操作事项的及时冻结等自动化监管功能。

八、各级人民法院应当认真落实党风廉政建设主体责任和监督责任，自觉接受权力机关法律监督、人民政协民主监督、检察监督、舆论监督和社会监督，不断提高公正裁判水平。组织人事、纪检监察、审判管理部门与审判业务部门应当加强协调配合，形成内部监督合力，坚持失责必问、问责必严。

九、院庭长收到涉及审判人员的投诉举报或者情况反映的，应当按照规定调查核实。对不实举报应当及时了结澄清，对不如实说明情况或者查证属实的依纪依法处理。所涉案件尚未审结执结的，院庭长可以依法督办，并按程序规定调整承办法官、合议庭组成人员或者审判辅助人员；案件已经审结的，按照诉讼法的相关规定处理。

十、本意见自 2017 年 5 月 1 日起试行。

最高人民法院关于进一步全面落实司法责任制的实施意见(节录)

(法发〔2018〕23号)

……

一、坚定不移推进司法责任制改革

1. 深刻认识全面落实司法责任制的重大意义。全面落实司法责任制是党的十九大部署的重大改革任务，是人民法院贯彻落实习近平新时代中国特色社会主义思想，深化司法体制综合配套改革，推进审判体系和审判能力现代化的重要措施，对于确保人民法院依法独立公正行使审判权，充分发挥审判职能作用，为统筹推进"五位一体"总体布局和协调推进"四个全面"战略布局提供有力司法服务和保障，具有重要意义。各级人民法院要始终坚持以习近平新时代中国特色社会主义思想武装头脑、指导实践、推动工作，牢固树立"四个意识"，坚定"四个自信"，始终做到"两个维护"，坚决做到维护核心、绝对忠诚、听党指挥、勇于担当，始终在思想上政治上行动上同以习近平同志为核心的党中央保持高度一致，坚定不移深化司法体制改革，全面落实司法责任制，确保以习近平同志为核心的党中央关于司法体制改革的各项决策部署在人民法院不折不扣落实到位。

2. 牢牢把握全面落实司法责任制的目标导向和问题导向。全面落实司法责任制应当坚持目标导向和问题导向相统一，严格遵照法律规定、遵循司法规律，坚持司法为民、公正司法，坚持"让审理者裁判，由裁判者负责"。要着力破解司法责任制改革中存在的职能分工不明、审判责任不实、监督管理不力、裁判尺度不一、保障激励不足、配套机制不完善等突出问题，健全完善权责明晰、权责统一、监管有力、运转有序的审判权力运行体系，不断提升司法责任制改革的系统性、整体性、协同性，确保改革落到实处、见到实效。

二、完善新型审判权力运行机制，切实落实"让审理者裁判"的要求

3. 坚持一岗双责、权责一致。加强法院基层党组织建设，以提升组织力、强化政治功能为重点，深入推进人民法院基层党组织组织力提升工程，调整优化基层党组织设置，加强党支部标准化规范化建设，切实把基层党组织建设成为推进人民法院改革发展的坚强战斗堡垒。坚持抓党建带队建促审判，切实加强审判执行机构、审判执行团队的政治建设和业务建设，健全完善审判执行团队的党团组织，提升团队组织力和战斗力。各级人民法院领导干部要在严格落实主体责任上率先垂范，充分尊重独任法官、合议庭法定审判组织地位，除审判委员会讨论决定的案件外，院长、副院长、庭长不再审核签发未直接参加审理案件的裁判文书，不得以口头指示等方式变相审批案件，不得违反规定要求法官汇报案件。严格落实《人民法院落实〈领导干部干预司法活动、插手具体案件处理的记录、通报和责任追究规定〉的实施办法》《人民法院落实〈司法机关内部人员过问案件的记录和责任追究规定〉的实施办法》，法官应当将过问、干预案件情况在网上办案系统如实记录，并层报上级人民法院。

4. 加强基层人民法院审判团队建设。基层人民法院应当根据案件数量、案件类型、难易程度和人员结构等因素，适应独任制、合议制的不同需要，统筹考虑繁简分流和审判专业化分工，因地制宜地灵活组建审判团队。审判团队中法官与审判辅助人员实行双向选择与组织调配相结合，完善团队内部分工，强化审判团队作为办案单元和自我管理单元的功能，切实增强团队合力。统筹内设机构改革与审判团队建设，人员编制较少的基层人民法院可以设置综合审判庭或者不设审判庭，实行"院—综合审判庭"或者"院—审判团队"管理模式；人员编制较多的基层人民法院一般实行"院—审判庭—审判团队"的管理模式。

5. 明确司法人员岗位职责。各级人民法院应当根据法律规定和司法责任制要求，结合法院审级、案件类型、案件数量等实际情况，细化法官、法官助理、书记员等各岗位职责清单和履职指引，并嵌入办案平台。

6. 完善案件分配机制。各级人民法院应当健全随机分案为主、指定分案为辅的案件分配机制。根据审判领域类别和繁简分流安排，随机确定案件承办法官。系列性、群体性或者关联性案件原则上由同一审判组织办理。已组建专业化合议庭、专业审判团队或者速裁审判团队的，可以在合议庭或者审判团队内部随机分案。承办法官一经确定，不得擅自变更。因存在回避情形或者工作调动、身体健康、廉政风险等事由确需调整承办法官的，应当由院长、庭长按权限审批决定，调整结果应当及时通知当事人并在办案平台记载。

7. 全面推进院长、庭长办案常态化。各高级人民法院应当结合实际，科学合理、统一确定辖区内三级法院院长、庭长办案工作量。院领导办案工作量可以本院法官平均办案工作量或办理案件所属审判业务类别法官平均办案工作量为计算基数。科学统筹院领导办案类型，完善配套分案办法，健全院领导主要审理重大疑难复杂案件机制。加强对院长、庭长办案的网上公示和考核监督，充分发挥院长、庭长办案示范引领作用。担任领导职务的法官无正当理由不办案或者办案达不到要求的，应当退出员额。

8. 健全专业法官会议制度和审判委员会制度。各级人民法院应当健全专业法官会议制度，切实发挥专业法官会议统一法律适用、为审判组织提供法律咨询的功能。专业法官会议成员不以职务、等级为必要条件，参会人员地位平等。完善专业法官会议会前准备程序和议事规则，完善配套考核机制，提升专业法官会议质量。

健全专业法官会议与合议庭评议、审判委员会讨论的工作衔接机制。判决可能形成新的裁判标准或者改变上级人民法院、本院同类生效案件裁判标准的，应当提交专业法官会议或者审判委员会讨论。合议庭不采纳专业法官会议一致意见或者多数意见的，应当在办案系统中标注并说明理由，并提请庭长、院长予以监督，庭长、院长认为有必要提交审判委员会讨论的，应当按程序将案件提交审判委员会讨论。除法律规定不应当公开的情形外，审判委员会讨论案件的决定及其理由应当在裁判文书中公开。

9. 健全完善法律统一适用机制。各级人民法院应当在完善类案参考、裁判指引等工作机制基础上，建立类案及关联案件强制检索机制，确保类案裁判标准统一、法律适用统一。存在法律适用争议或者"类案不同判"可能的案件，承办法官应当制作关联案件和类案检索报告，并在合议庭评议或者专业法官会议讨论时说明。

10. 切实减轻审判事务性工作负担。审判辅助事务可以实行集约化管理，建立专门实施文书送达、财产保全、执行查控、文书上网、网络公告等事务的工作团队，提升工作效能。充分运用市场化、社会化资源，探索将通知送达、材料扫描、卷宗归档等辅助事务外包给第三方机构，将协助保全、执行送达等辅助事务委托给相关机构，提高办案效率。

三、完善新型监督管理机制和惩戒制度，切实落实"由裁判者负责"的要求

……

13. 细化落实院长、庭长审判监督管理权责清单。院长、庭长审判监督管理

权力职责一般包括:

(1) 配置审判资源,包括专业化合议庭、审判团队组建模式及其职责分工;

(2) 部署综合工作,包括审判工作的安排部署、审判或者调研任务的分配、调整;

(3) 审批程序性事项,包括法律授权的程序性事项审批、依照规定调整分案、变更审判组织成员的审批等;

(4) 监管审判质效,包括根据职责权限,对审判流程进行检查监督,对案件整体质效的检查、分析、评估,分析审判运行态势,提示纠正不当行为,督促案件审理进度,统筹安排整改措施,对存在的案件质量问题集中研判等;

(5) 监督"四类案件",对《最高人民法院关于完善人民法院司法责任制的若干意见》第24条规定的"四类案件"进行个案监督;

(6) 进行业务指导,通过审理案件、参加专业法官会议或者审判委员会等方式加强业务指导;

(7) 作出综合评价,在法官考评委员会依托信息化平台对法官审判绩效进行客观评价基础上,对法官及其他工作人员绩效作出综合评价;

(8) 检查监督纪律作风,通过接待群众来访、处理举报投诉、日常监督管理,发现案件审理中可能存在的问题,提出改进措施等。各级人民法院要根据法律规定和司法责任制要求,分别制定院长、副院长、审判委员会专职委员、庭长、副庭长的审判监督管理权力职责清单。院长、庭长在权力职责清单范围内按程序履行监督管理职责的,不属于不当过问或者干预案件。院长、庭长应当履行监督管理职责而不履行或怠于履行的,应当追究监督管理责任。

14. 进一步完善"四类案件"识别监管制度。各高级人民法院应当细化"四类案件"监管范围、发现机制、启动程序和监管方式。立案部门负责对涉及群体性纠纷、可能影响社会稳定等案件进行初步识别;承办法官在案件审理过程中发现属于"四类案件"范围的,应当主动向庭长、分管副院长报告;审判长认为案件属于"四类案件"范围的,应当提醒承办法官将案件主动纳入监督管理;审判管理机构、监察部门等经审查发现案件属于"四类案件"范围的,应当及时报告院长。探索"四类案件"自动化识别、智能化监管,对于法官应当报告而未报告的,院长、庭长要求提交专业法官会议、审判委员会讨论而未提交的,审判管理系统自动预警并提醒院长、庭长予以监督。院长、庭长对"四类案件"可以查阅卷宗、旁听庭审、查看案件流程情况,要求独任法官、合议庭在指定期限内报告案件进展情况和评议结果、提供类案裁判文书或者检索报告。院长、庭长行使上述审判监督管理权时,应当在办案平台标注、全程留痕,对独任法官、合议庭拟作出的裁判结果有异议的,可以决定将案件提交专业法官会议、审判委员会进行讨论,不得强令独任法官、合议庭接受自己意见或者直接改变独任法官、合议庭意见。

15. 强化案件质量评查。坚持案件常规随机评查、重点评查、专项评查相结合,重点评查发回重审案件、改判案件、信访案件以及曾纳入长期未结、久押不决督办范围的案件。依托信息化平台对已上网裁判文书、庭审公开情况进行质量评查,质量评查范围应当覆盖所有法官,全面提升法官责任意识。重点从案件评查中发现违法审判线索,并依照有关程序进行调查。严格区分审判质量瑕疵责任与违法审判责任,确保法官依法裁判不受追究、违法裁判必问责任。

16. 严格落实违法审判责任追究制度。各级人民法院对法官涉嫌违反审判职责行为要认真调查,法官惩戒委员会根据调查情况审查认定法官是否违反审判职责、是否存在故意或者重大过失,并提出审查意见,相关法院根据法官惩戒委员会的意见作出惩戒决定。法官违反审判职责行为涉嫌犯罪的,应当移交纪检监察机关、检察机关依法处理。法官违反审判职责以外的其他违纪违法行为,由有关部门调查,依照法律及有关规定处理。

17. 完善司法廉政风险防控体系。各级人民法院应当认真落实党风廉政建设主体责任和监督责任,自觉接受纪律监督、法律监督、舆论监督和社会监督,不断提高公正裁判水平。各级人民法院内部应当充分发挥司法巡查、审务督察、廉政监察员等功能作用,组织人事、纪检监察、审判管理部门与审判业务部门应当加强协调配合,形成内部监督合力。全面梳理办案流程、审限管理等关键节点,分析研判每个节点可能存在的办案风险,加强审判执行活动风险监控智能预警,促进司法廉政风险早发现、早预警、早处置。

四、统筹推进司法责任制配套改革,提升司法责任制改革整体效能

18. 统筹推进法官员额和政法编制合理配置。各高级人民法院应当严格控制法官员额比例,综合考虑区域经济社会发展、人口数量、办案数量等因素,完善法官员额动态管理机制,员额分配向基层和人案矛盾突出的法院倾斜。

各高级人民法院应当配合省级编制部门,健全完善省以下地方法院编制统一管理制度,强化审判运行态势分析,加强对法官工作量的科学测算,统筹考虑各市(区、县)法院的案件数量、类型、难易程度、增幅大小和辖区面积、人口数量、自然条件、发展状况、人民法庭数量等因素,精准分析测算各市(区、县)法院所需政法编制,将编制向编制紧缺、急需补充的法院倾斜,实现编制、案件量、人员的合理匹配。

19. 完善法官员额退出机制。各高级人民法院应当针对审判绩效不达标、辞职、辞退、被开除、违纪违法、任职回避、调出、转任、退休、个人申请退出等不同情形，规范员额退出程序，明确退出员额但仍在法院工作人员的职级、待遇等问题。各级人民法院应当保障法官对退出决定进行陈述、举证、申辩、申请复议的权利。员额法官因工作需要调整到法院非员额岗位，五年内重新回到基层或者中级人民法院审判业务岗位的，经所在法院党组审议后，层报高级人民法院批准入额；五年内重新回到高级或者最高人民法院审判业务岗位的，分别经本院党组决定入额。

20. 进一步完善法官初任和逐级遴选制度。健全完善从优秀法官助理中选任法官机制，配套建立科学完备的初任法官职前培训制度。有条件的地方可以开展跨院遴选，引导审判力量向人案矛盾突出的法院流动。

21. 加强法官助理、书记员的配备和培养。建立健全符合司法职业特点的法官助理招录机制，完善法官助理统一招录、保障机制。推行法学院校学生担任实习法官助理常态化制度，探索下级人民法院法官到上级人民法院交流担任短期助理制度，多渠道拓宽法官助理来源。积极研究建立法官后备人才培养体系，认真落实法官助理、书记员职务序列改革，创新完善法官助理培养模式，符合条件的法官助理可以申请参加法官遴选。各高级人民法院应当积极争取人社、财政等部门支持，加强聘用制书记员招录工作，落实聘用制书记员管理制度改革，切实稳定聘用制书记员队伍。

22. 完善司法人员业绩考核制度。坚持客观量化和主观评价相结合，以量化考核为主，充分考虑地域、审级、专业、部门之间的差异，注重采用权重测算等科学计算方法，合理设置权重比例。暂时不具备案件权重系数测算条件的地方，可以探索简便易行的案件工作量折算办法。将法官作为合议庭其他成员时的工作量、办理涉诉信访工作量、参加专业法官会议、审判委员会的工作量、案件评查工作量等纳入业绩考核。根据各级人民法院承担职能的不同，科学设置司法人员业绩考核内容。对法官和法官助理的业绩考核，应当考虑综合调研、审判指导等工作任务量，避免简单以办案数量作为考核业绩。对审判辅助人员的绩效考核，应当以岗位职责和承担工作为基本依据，注重与所在团队绩效相结合，听取法官和所在团队的意见。绩效考核奖金的发放，不与法官职务等级以及审判辅助人员职务挂钩，主要依据责任轻重、办案质量、办案数量和办案难度等因素，向一线办案人员倾斜。

……

最高人民法院关于全面深化人民法院改革的意见
——人民法院第四个五年改革纲要（2014—2018）（节录）

（法发〔2015〕3号）

……

（六）推进法院人员的正规化、专业化、职业化建设

建立中国特色社会主义审判权力运行体系，必须坚持以审判为中心、以法官为重心，全面推进法院人员的正规化、专业化、职业化建设，努力提升职业素养和专业水平。到2017年底，初步建立分类科学、分工明确、结构合理和符合司法职业特点的法院人员管理制度。

48. 推动法院人员分类管理制度改革。建立符合职业特点的法官单独职务序列。健全法官助理、书记员、执行员等审判辅助人员管理制度。科学确定法官与审判辅助人员的数量比例，建立审判辅助人员的正常增补机制，切实减轻法官事务性工作负担。拓宽审判辅助人员的来源渠道，探索以购买社会化服务的方式，优化审判辅助人员结构。探索推动司法警察管理体制改革。完善司法行政人员管理制度。

49. 建立法官员额制度。根据法院辖区经济社会发展状况、人口数量（含暂住人口）、案件数量、案件类型等基础数据，结合法院审级职能、法官工作量、审判辅助人员配置、办案保障条件等因素，科学确定四级法院的法官员额。根据案件数量、人员结构的变化情况，完善法官员额的动态调节机制。科学设置法官员额制改革过渡方案，综合考虑审判业绩、业务能力、理论水平和法律工作经历等因素，确保优秀法官留在审判一线。

50. 改革法官选任制度。针对不同层级的法院，设置不同的法官任职条件。在国家和省一级分别设立由法官代表和社会有关人员参与的法官遴选委员会，制定公开、公平、公正的选任程序，确保品行端正、经验丰富、专业水平较高的优秀法律人才成为法官人选，实现法官遴选机制与法定任免机制的有效衔接。健全初任法官由高级人民法院统一招录，一律在基层人民法院任职机制。配合法律职业人员统一职前培训制度改革，健全预备法官训练制度。适当提高初任法官的任

职年龄。建立上级法院法官原则上从下一级法院遴选产生的工作机制。完善将优秀律师、法律学者，以及在立法、检察、执法等部门任职的专业法律人才选任为法官的制度。健全法院和法学院校、法学研究机构人员双向交流机制，实施高校和法院人员互聘计划。

51. 完善法官业绩评价体系。建立科学合理、客观公正、符合规律的法官业绩评价机制，完善评价标准，将评价结果作为法官等级晋升、择优遴选的重要依据。建立不适任法官的退出机制，完善相关配套措施。

52. 完善法官在职培训机制。严格以实际需求为导向，坚持分类、分级、全员培训，着力提升法官的庭审驾驭能力、法律适用能力和裁判文书写作能力。改进法官教育培训的计划生成、组织调训、跟踪管理和质量评估机制，健全教学师资库、案例库、精品课件库。加强法官培训机构和现场教学基地建设。建立中国法官教育培训网，依托信息化手段，大力推广网络教学，实现精品教学课件由法院人员免费在线共享。大力加强基层人民法院法官和少数民族双语法官的培训工作。

53. 完善法官工资制度。落实法官法规定，研究建立与法官单独职务序列配套的工资制度。

……

最高人民法院关于深化人民法院司法体制综合配套改革的意见
——人民法院第五个五年改革纲要（2019—2023）（节录）

（法发〔2019〕8号）

……

（九）健全人民法院人员分类管理和职业保障制度体系

51. 完善编制动态调整机制。健全完善政法专项编制的统筹管理、动态调整机制，推动由省级机构编制部门会同高级人民法院将政法专项编制向人案矛盾突出地区和基层人民法院倾斜。调整优化各省（自治区、直辖市）人民法院现有政法专项编制的布局结构。

52. 完善法院人员分类管理制度。健全法官员额管理制度，完善法官交流和退出机制，明确退出的情形、程序、相应后果及救济办法等，实现员额进出常态化、制度化。完善人民法院综合业务部门人员交流机制和人才培养机制。完善审判辅助人员培训考核、培养选拔等机制，建设专业化审判辅助人员队伍。根据人民法院职能特点，结合公务员职务与职级并行制度，建立健全内部岗位交流机制，拓宽审判辅助人员、司法行政人员的职业发展通道。

53. 完善法官选任机制。配合有关部门统一规范法官遴选委员会的设置、职能。推动强化法官遴选委员会的专业把关职能，适当增加法律专业人士比重，规范遴选标准、程序，推动建立常态性和机动性相结合的遴选机制，确保空缺员额及时增补。完善从符合条件的法官助理中遴选法官的选任标准和工作机制，配套健全分别适应地方法院、专门法院职能特点的初任法官培养机制。健全法官逐级遴选制度配套措施。进一步完善从律师、专家学者和其他法律工作者中公开选拔法官的工作机制。

54. 完善法官单独职务序列配套举措。研究制定法官单独职务序列规定、法官等级比例设置办法和法官等级升降办法，推动形成法官等级按期晋升和择优选升的常态化机制，落实向基层人民法院倾斜的政策导向。健全完善从符合条件的法官中选拔产生人民法院领导干部的工作机制。协调相关部门明确与法官单独职务序列对应的配套生活待遇保障制度。

55. 健全法院人员待遇保障机制。全面落实法院人员工资制度改革，健全与法官工作实绩紧密联系的薪酬分配机制。推动落实法官基本工资标准正常调整机制，其他公务员调整基本工资标准时相应调整法官基本工资标准。完善审判辅助人员和司法行政人员职业保障政策。

56. 健全审判辅助人员配备机制。完善不同层级法院审判辅助人员的配备模式和标准。在坚持规范招录、严格把关的同时，探索适合市、县两级法院招录法官助理的有效措施，把党中央对艰苦边远地区公务员招考的倾斜政策落到实处。探索建立下级人民法院法官到上级人民法院交流担任短期法官助理工作机制。健全完善聘用制书记员的招录、管理机制。进一步加强司法技术专业队伍建设。建立健全法学院校学生到人民法院实习的常态化机制。

57. 推动司法警察管理体制改革。进一步落实编队管理要求，建立符合司法警务工作特点的管理体制。推动完善司法警察相关法律制度。推进司法警察执法勤务警员职务序列改革，进一步推动建立司法警察便捷招录机制、警务督察制度。健全完善警务辅助人员管理机制。积极推进司法警务信息化建设。

58. 完善法院人员教育培训机制。完善人民法院各类人员教育培训体系，着力提高法律政策运用能力、防控风险能力、群众工作能力、科技应用能力、舆论引导能力，建立覆盖职业生涯的终身学习制度。完善法官定期培训机制，确保每名法官每年至少参加一次脱产业务培训、每年参加业务培训不少于10天。完善法官教育培训师资库建设。坚持网络视频培训常态化、开放性，推进"云课堂"建设，建好在线精品课程库，完善相关配套措施。健全完善少数民族地区双语法官培训机制。完善人民法院与法学院校、科研机构双向交流制度。

59. 完善人民陪审员管理配套制度。贯彻落实人民陪审员法，细化人民陪审员参审案件范围、庭审程序、评议规则等问题。完善人民陪审员选任、培训、考核、奖惩管理办法。健全制度规定，推动完善人民陪审员履职经费保障体制。

60. 完善全国法院组织人事系统。建立统一、高效、标准的信息化管理平台，支持与人民法院各业务平台的数据共享互用，实现人事、案件、政务信息共享，推动全国法院人事管理系统化、专业化。

……

省级以下人民法院法官员额动态调整指导意见（试行）

（法发〔2020〕3号）

为实现法官员额精细化管理，建立科学高效、符合审判工作实际的法官员额配置、调整、管理机制，根据人民法院组织法、法官法等相关规定，按照中央推进司法体制改革精神，结合人民法院工作实际，制定本意见。

一、法官员额配置总体以省（区、市）为单位，不得超过中央设定的比例范围。

二、省级以下人民法院法官员额，由高级人民法院在核定总量内统筹管理，原则上以设区的市（地区）为单位，在省级范围内合理分配、动态调整；直辖市高级人民法院可将辖区中级、基层人民法院法官员额一并纳入统筹管理。

省、自治区内设的中级人民法院可以对辖区内的法官员额进行统筹配置、动态调整。

三、基层人民法院的法官员额配置，以核定编制、办案总量、法官人均办案量为主要依据。

高级、中级人民法院的员额配置，可以在核定编制、办案总量、法官人均办案量基础上，适当考虑对下业务指导等工作量。

四、法官员额配置应当向基层和办案一线倾斜。高级人民法院法官员额比例不得高于辖区基层人民法院平均水平。

五、上级人民法院可以根据辖区内法院法官办案工作量变化情况，以及人员编制、机构设置、案件数量、法官数量等情况，决定对法官员额的配置进行调整。

六、上级人民法院可以预留合理比例或数量的法官员额，用于辖区内调整配置。上级人民法院为动态调整预留的法官员额，原则上不得用于本院。

七、上级人民法院对辖区内法院法官员额进行调整配置的，可以调整使用预留的法官员额，也可以对各地法院已经配置的法官员额进行统筹调整。

八、出现下列情形之一的，应当及时对法官员额进行调整：

（一）法院案件数量大幅增加，法官员额明显不能适应办案工作需要的；

（二）因行政区划调整、机构撤销或设立等导致法院编制发生较大调整，案件数量或工作量发生重大变化的；

（三）法官办案数量较少，存在明显闲置的；

（四）其他确有必要调整员额的情形。

九、高级人民法院应当定期对辖区法院人员编制、案件数量、员额比例、法官人均办案工作量等进行全面调查评估，提出动态调整使用的意见，由院党组研究决定后实施。

十、上级人民法院对辖区法院法官员额实施全面调整的，原则上在一届院长任期内不超过两次，不宜频繁调整。

十一、法官员额的实时动态调整，原则上由有调整需求的人民法院提出，报上级人民法院批准。中级人民法院对辖区人民法院法官员额配置进行调整的，应当报高级人民法院备案。

十二、高级人民法院应当根据辖区内法院法官员额使用情况，及时统筹进行法官员额调整并启动法官入额、增补、退出工作。

十三、高级人民法院应当建立员额法官常态化增补机制，对辖区法院预留或空出的员额定期开展遴选，原则上每年开展员额法官遴选不少于一次。

十四、员额法官遴选中，在向省级法官遴选委员会推荐拟入额人选时，可综合考虑法院员额法官人均办案工作量、近期拟退休法官人数等因素，按照不高于员额法官空缺数30%的比例推荐递补人选。在下一次法官遴选工作启动前，因法官员额产生空缺的法院，可直接从递补人选中推荐拟入额人选，按程序报高级人民法院审批后办理任职手续。未能递补入额的人选，在下次员额法官遴选时，按照与其他人员相同的程序和标准参加遴选。

十五、根据工作需要，高级人民法院可以采取借用、转任等方式，将法官及所用员额、编制一并调整配置到需要增补法官的法院。

十六、高级人民法院应当结合工作实际，根据本意见研究制定本地区法官员额动态调整管理具体办法。

十七、本意见由最高人民法院政治部负责解释，自2020年2月1日起施行。

最高人民法院关于深化司法责任制综合配套改革的实施意见(节录)

(法发〔2020〕26号)

……

四、完善人员分类管理制度,加强履职保障体系建设

14. 推进法官员额动态管理。省级以下人民法院法官员额,由高级人民法院在核定总量内统筹管理,原则上以设区的市(地区)为单位,在省级范围内合理分配、动态调整。基层人民法院的法官员额配置,应当以核定编制、办案总量、法官人均办案量为主要依据,高级、中级人民法院的法官员额配置可适当考虑对下业务指导等工作量。

法官员额配置应当向基层和办案一线倾斜,高级人民法院法官员额比例不得高于辖区基层人民法院平均水平。上级人民法院对辖区法院法官员额进行调整配置的,可以调整使用预留的法官员额,也可以对已经配置的法官员额进行统筹调整。上级人民法院为动态调整预留的法官员额,原则上不得用于本院。法院员额动态调整后,适时相应调整相关法院法官等级比例核算基数,员额缩减的法院的法官等级职数可以逐步解决。

15. 推进政法专项编制动态管理。各高级人民法院应当加强与省级机构编制部门的沟通协调,明确协同管理方式,完善工作运行机制,理顺编制事项审批程序,妥善解决政法专项编制省级统一管理改革后面临的问题。在法院政法专项编制总量内,按照统筹兼顾、突出重点、实事求是的原则,综合考虑辖区面积、自然条件、人口数量、经济社会发展水平、案件规模以及现有编制数等因素,推动编制向人均办案量较大的地区、法院倾斜。按照盘活存量、动态调整、优化结构的原则,统筹考虑本省(自治区、直辖市)法官员额调整与政法专项编制调配的均衡性、准确性和协同性,强化政法专项编制科学管理,促进编制资源有序流动,提高编制使用效能。依托人事信息管理系统,及时更新编制、员额信息,准确、全面掌握变动情况。

16. 健全法官遴选制度。各高级人民法院应当建立法官常态化增补机制,对辖区法院预留或空出的员额定期开展遴选,每年开展法官遴选原则上不少于一次;探索开展法官跨地域遴选工作,跨地市遴选法官的,应当报经高级人民法院同意;跨省(自治区、直辖市)遴选法官的,应当报经最高人民法院同意。法官遴选过程中,在向省级法官遴选委员会推荐拟入额人选时,可以综合考虑法官人均办案工作量、近期拟退休法官人数等因素,按照不高于法官空缺数30%的比例推荐递补人选。下次遴选工作启动前,法官员额空缺的,可以直接从递补人选中推荐拟入额人选,按程序报高级人民法院审批后办理任职手续。未能递补入额的,在下次法官遴选时,按照与其他人员相同的程序和标准重新参加遴选。

17. 完善法官退出机制。担任领导职务的法官不办案、办案达不到要求,或挂名办案、虚假办案,拒不改正的,应当退出员额。法官具有退出员额情形,所在法院未启动退出程序的,上级人民法院应当及时督促。法官对涉及本人退出员额的决定有异议的,可以在收到决定后七日内向所任职法院申请复核。法官退出员额后需要免除法律职务的,应当及时提请办理相关免职手续。法官因惩戒委员会意见退出员额五年后,或因自愿申请、办案业绩考核不达标退出员额两年后,可以重新申请入额。

18. 健全法官逐级遴选制度。落实法官法关于法官逐级遴选的规定,健全上级人民法院法官助理到下级人民法院参加入额遴选的工作机制,完善与法官逐级遴选制度相配套的保障政策。最高人民法院、高级人民法院法官助理初任法官的,除原则上到基层人民法院任职外,也可以根据需要到中级人民法院任职。

员额制实施前在下级人民法院担任法官达到一定年限,符合现任职法院入额条件,且仍在审判部门协助办案的,可以在现任职法院参加入额遴选。经最高人民法院同意,各高级人民法院可对辖区内民族地区、边远地区遴选法官的学历和在下级人民法院的任职年限等条件适当放宽。最高人民法院会同有关部门,适时开展逐级遴选工作效果评估,不断完善逐级遴选制度。

19. 规范交流任职程序。各级人民法院法官因工作需要,由组织安排调整到非办案岗位或调离法院系统,退出员额五年内回到法院办案岗位且符合任职法院法官条件的,由高级人民法院批准或决定入额;上述人员如退出员额超过五年,需回到法院办案岗位参与办案满一年,经绩效考核合格后,按照上述程序办理入额手续。因工作需要在本省(自治区、直辖市)或跨省(自治区、直辖市)调到同级或下级人民法院办案岗位,或通过干部选拔任用程序选任到上级人民法院办案岗位,符合新任职法院员额法官条件的,由高级人民法院批准或决定入额;通过逐级遴选程序选任到上级人民法院担任法官的,即为员额法官,依照法定程序办理审判职务任命手续,无需再办理入额手续。经组织选派到法院办案岗位挂职锻炼的干部，符合挂职法院法官条件的，由各高级人民法院批准或决定入额；挂职锻炼干部入额的，不占用挂职法院的员额和职数。

20. 规范审判辅助人员和司法行政人员管理。中央政法专项编制的法官助理按综合管理类公务员管理，同时实行职级管理。在严把政治关、能力关和强化管理基础上，探索建立法学教师、法律院校学生等人员到法院交流、实习、担任法官助理的制度机制。书记员一般应当具有大学专科以上学历、熟练的速录技能和一定的法律专业知识，除部分办案岗位因涉密等需要保留部分政法编制书记员外，原则上不再占用中央政法专项编制，可以结合实际实行聘用制、雇员制等方式管理。编制内书记员按综合管理类公务员管理，同时实行职级管理。推动符合条件的编制内书记员适时转任法官助理。制定警务辅助人员管理办法，明确岗位职责、管理方式等。严格控制司法行政人员所占比例，基层人民法院司法行政人员原则上不得超过中央政法专项编制的15%。积极畅通司法行政人员与法官、审判辅助人员的交流渠道。

各级人民法院可以结合实际，对编制外书记员、警务辅助人员实行等级管理，不断完善激励措施，协调当地财政、人社等部门，将编制外书记员和警务辅助人员所需经费列入法院年度预算，予以统筹保障；合理确定编制外书记员和警务辅助人员的薪酬标准，并建立动态调整机制，健全与工作绩效挂钩的考核机制。加强编制外书记员和警务辅助人员基本养老、医疗、失业、生育、工伤等社会保险和住房公积金等社会保障待遇。

21. 完善法官单独职务序列管理制度。最高人民法院会同有关部门，制定法官单独职务序列管理相关规定。法官按照单独职务序列管理，采取按期晋升和择优选升相结合，特别优秀或工作特殊需要的一线办案岗位法官可以特别选升。择优选升应当控制在规定的等级比例或数量范围内，鼓励特别优秀的法官实行特别选升，特别选升可突破任职资格或越级晋升。法官年度考核被确定为基本称职、不进行年度考核，或参加年度考核不定等次的，该考核年度不计为晋升法官等级的年限。在党纪政务处分影响期内的，不得晋升法官等级。

法官因工作需要转任审判辅助人员、司法行政人员或交流到其他党政机关，根据法官等级晋升审批权限，综合考虑任职资历、工作经历等条件，比照确定职级：一级、二级高级法官可以确定为一级、二级巡视员，三级、四级高级法官可以确定为一级至四级调研员，一级至五级法官可以确定为一级至四级主任科员。交流到专业技术类、行政执法类职位的，比照交流到综合管理类职位的有关原则确定职级。

22. 健全薪酬待遇制度。健全落实法官单独职务序列改革试点实施后养老保险有关政策，完善落实与法官单独职务序列相配套的工资制度，推动落实法官工资正常调整机制，其他公务员调整工资待遇标准时，相应调整法官工资待遇标准。分配发放法官绩效考核奖金，应当按照"突出实绩、奖优罚劣、倾斜一线"的原则，不与法官职务等级挂钩，注重向一线办案人员倾斜。各级人民法院应当根据实际情况，合理确定奖励性绩效考核奖金档次标准和人员比例，真正拉开档次、体现差别。因违纪违法受到党纪政务处分的，影响期内不予发放奖励性绩效考核奖金；处分期间不足一年的，按比例核减发放奖励性绩效考核奖金。各高级人民法院应当积极争取当地党委、政府支持，加强与组织、财政、人社等部门沟通协调，全面落实与法官单独职务序列相配套的医疗、差旅、公务交通补贴、住房等待遇。

23. 健全绩效考核制度。各级人民法院应当遵循司法规律，综合考虑办案数量、办案质效等因素，区分人员类别、岗位特点以及案件类型，分层分级制定针对性强、级差合理、简便易行的绩效考核办法。法官绩效考核采取定量与定性相结合、量化为主的方式，科学制定和使用量化指标，采用加权测算等计算方法，合理设置权重比例。法官绩效考核包括办案数量、办案质量、办案效率和办案效果等基本内容，各级人民法院可以根据审判工作重点，进行相应调整。

对法官在完成办案任务的同时，根据组织安排参与专项工作、审判调研、业务指导等，应当科学设置考核指标，全面体现法官工作量。探索将智能化应用嵌入办案平台，自动抓取办案、办公数据，实时生成考核过程，动态更新考核内容，全程公开考核流程，确保考核结果客观、精准、可追溯。法官考核采取平时考核与年度考核相结合，年度考核以平时考核为基础。考核结果记入审判业绩档案，作为对法官奖惩、晋升、调整职务职级和工资、离岗培训、免职、降职、辞退的重要依据。考核不合格的，按规定调整岗位、降低等级、停发绩效奖金或退出员额。

24. 加强依法履职保护。进一步明确法官权益保障委员会职责，完善工作机制，加强安全教育培训。法官因依法履职遭受不实举报的，各级人民法院应当协调有关单位，及时澄清事实，消除不良影响，依法追究相关单位或个人的责任。各级人民法院应当依法健全与公安机关的联防联动机制，依法从严惩治对法院干警及其近亲属实施威胁恐吓、侮辱诽谤、报复陷害、暴力侵害等违法犯罪行为；法院干警及其近亲属受到人身威胁的，协调当地公安机关采取必要保护措施；认真落实关于依法惩治袭警违法犯罪行为的指导意见，依法加强对司法警察的履职保护。推动完善法院因公伤亡干警特殊补助政策。积极落实中央有关因公牺牲法官、司法警察抚恤政策，认真做好"两金"申报、发放和备案工作。进一步规范督察检查考核工作，坚决清理、取消不合理、不必要的考评项目和指标，切实为基层减负，为干警减压。

……

人民法院法官员额退出办法（试行）

（法发〔2020〕2号）

第一条 为进一步完善法官管理制度，不断深化法官员额制改革，建立能进能出的法官员额管理机制，根据人民法院组织法、法官法等相关规定，按照中央推进司法体制改革精神，结合人民法院工作实际，制定本办法。

第二条 法官员额退出，应当坚持以下原则：

（一）党管干部；

（二）人岗相适；

（三）业绩导向；

（四）能进能出；

（五）公开、公平、公正。

第三条 法官退出员额，包括申请退出、自然退出、应当退出三种情形。

第四条 法官自愿申请退出员额，具备正当理由的，经批准后可以退出法官员额。

第五条 法官具有下列情形之一的，自然退出员额：

（一）丧失中华人民共和国国籍的；

（二）调出所任职法院的；

（三）退休、辞职的；

（四）依法被辞退或者开除的；

（五）实行任职交流调整到法院非员额岗位的。

第六条 法官具有下列情形之一的，应当退出员额：

（一）符合任职回避情形的；

（二）因健康或个人其他原因超过一年不能正常履行法官职务的；

（三）办案业绩考核不达标，不能胜任法官职务的；

（四）因违纪违法不宜继续担任法官职务的；

（五）根据法官惩戒委员会意见应当退出员额的；

（六）入额后拒不服从组织安排到员额法官岗位工作的；

（七）配偶已移居国（境）外，或者没有配偶但子女均已移居国（境）外的；

（八）其他不宜担任法官职务的情形。

第七条 经任职法院法官考评委员会考核认定，法官具有下列情形之一的，应认定属于第六条第三项规定的"办案业绩考核不达标，不能胜任法官职务"：

（一）办案数量、质量和效率达不到规定要求，办案能力明显不胜任的；

（二）因重大过失导致所办案件出现证据审查、事实认定、法律适用错误而影响公正司法等严重质量问题，造成恶劣影响的；

（三）多次出现办案质量和办案效果问题，经综合评价，政治素质、业务素质达不到员额法官标准的；

（四）负有审判监督管理职责的法官违反规定不认真履行职责，造成严重后果的；

（五）其他不能胜任法官职务的情形。

第八条 省级以下人民法院员额法官因个人意愿申请退出员额或者具有本办法第六条情形之一的，由所在法院组织人事部门提出意见，经本院党组研究后层报高级人民法院审批。高级人民法院应在两个月内完成审批，如批准退额的，送省级法官遴选委员会备案。

最高人民法院员额法官因个人意愿申请退出员额或者具有第六条情形之一的，经最高人民法院党组批准后退出员额，并送最高人民法院法官遴选委员会备案。

第九条 省级以下人民法院员额法官具有本办法第五条情形之一的，所在法院应层报高级人民法院在一个月内完成退额手续，并送省级法官遴选委员会备案。

最高人民法院员额法官具有第五条情形之一的，最高人民法院应及时办理退额手续，并送最高人民法院法官遴选委员会备案。

第十条 法官对涉及本人退出员额的决定有异议的，可以在收到决定后七日内向所任职法院党组申请复核。

中级以下人民法院党组经复核不改变原退额决定的，应自收到当事法官复核申请三十日内，书面答复当事法官；经复核拟改变原退额决定的，应自收到当事法官复核申请三十日内，层报高级人民法院批准后书面答复当事法官，并送省级法官遴选委员会备案。

高级人民法院、最高人民法院党组应当自收到本院法官的复核申请后三十日内做出决定，并书面答复当事法官。

第十一条 上级人民法院发现下级人民法院的法官具有退出员额的情形,但下级法院未启动退出员额程序的,应当督促下级法院尽快启动相关程序。

第十二条 员额法官退出员额后需要免除法律职务的,应当及时提请办理相关免职手续。

第十三条 员额法官具有本办法第五条情形之一的,自上述情形出现时起,不再行使员额法官职权;申请退出法官员额或者具有本办法第六条情形之一的,自审批机关批准退出员额之日起,不再行使员额法官职权。

第十四条 员额法官退出员额后,转任法院司法行政人员、司法辅助人员的,应按照法官等级晋升审批权限,综合考虑任职资历、工作经历等条件,以及担任员额法官期间的审判业绩、工作表现、退出情形等因素,在规定的职数范围内,比照确定职务或职级。

第十五条 法官因惩戒委员会意见退出员额五年后,因本办法第四条、第七条情形退出员额两年后,可以重新申请入额。符合入额条件的,参加考试考核,按照统一程序遴选入额。

第十六条 本办法适用于全国法院纳入员额管理的法官。

第十七条 各高级人民法院应当结合工作实际,研究细化法官员额退出的情形和程序等内容,制定具体实施办法。

第十八条 本办法由最高人民法院政治部负责解释,自2020年2月1日起施行。